NECİP FAZIL KISAKÜREK

O VE BEN

NECİP FAZIL KISAKÜREK

O VE BEN

B Ü Y Ü K   D O Ğ U   Y A Y I N L A R I

O VE BEN / OTOBİYOGRAFİ

•

ESER
6

İlk Basım Tarihi : 1965

•

54. Basım / Eylül 2025

© Büyük Doğu Yayınları: 9
"Her hakkı mahfuz ve Büyük Doğu Yayınları'na aittir."

Kurucusu:
Necip Fazıl Kısakürek
Mehmed Kısakürek

Sahibi: Büyük Doğu Yayınları
Basım Yayın Prodüksiyon Ltd. Şti. Adına
Emrah Kısakürek

Eser Kullanım - Telif Hakları ve
Yayın Sorumlusu: Suat Ak

Dağıtım Sorumlusu: Osman Kısakürek

•

Baskı: İMAK Ofset Basım Yayın A.Ş.
Akçaburgaz Mah. 137 Sokak No:12
34522 Esenyurt - İstanbul
+90 444 62 18 Faks: +90 212 656 29 26

•

Büyük Doğu ® Yayınları
Basım Yayın Prodüksiyon Ltd. Şti.
Necip Fazıl Bulvarı, Keyap Sitesi F1 Blok No:44/88 Ümraniye - İstanbul
Telefon: (0216) 546 10 25 - 546 10 26 Faks: (0216) 546 10 24
www.buyukdoguyayinlari.com

Yayıncı Sertifika No: 45497
Matbaacı Sertifika No: 71320

ISBN 978-975-8180-24-0

NECİP FAZIL KISAKÜREK ERENKÖY . İST 1975

Bu eser, dünyaya gelişimden
bugüne kadar en hususî renkleri,
çizgileri ve sesleriyle hayatımın
hikâyesi ve asıl O'nu tanıdıktan
sonra mânasını anlamaya başla-
dığım vücut hikmetinin bende
tecelli eden yakıcı ifadesidir.
Bu bakımdan, kendilerini görün-
ceye kadar malik olabildiğim
birbuçuk esere nispetle bugün 60
cildi aşan ve hepsini birden o nura
borçlu bildiğim eserler arasında,
şimdikini, baş köşeye oturtulması
lâzım ve en mahrem iç ve dış
iklimlere doğru bir belirtiş olarak
takdim ederim.

Necip Fazıl

TANIYINCAYA KADAR
1904 - 1934

KONAK

Çemberlitaş'ta, Sultanahmet'e doğru inen sokaklardan birinde, kocaman bir konakta doğmuşum...

Harem ve selâmlık halinde iki kapılı, dört katlı ve bilmem kaç odalı bu konak, içinde, yakıcı hâtıraların kaynaştığı tütsü çanağıdır. Renk renk, şekil şekil, fısıltı fısıltı hâtıralar... Bazen de çığlık çığlık...

Çocuk denecek kadar gençken yazdığım «Bir Yalnızlık Gecesinin Vehimleri» isimli hikâyemdeki mekân, işte bu konak...

Selâmlık kapısının önünde, bodrum katının üstünde, birkaç merdivenle çıkılan, köşeleme mermer bir sahanlık ve yanında küçücük bir bahçe... Mermer sahanlığa, üst katın çıkıntısından iki sütun iniyor. Ve giriş kapısı...

Asıl bahçe, büyük bahçe, konağın arkasında... Bahçenin iki ucunda, uşak odası ve çamaşırhane, iki ayrı binacık... Ortada, yakın bir bildik gibi suratının bütün çizgileriyle tanıdığım bir dut ağacı. Bahçenin konak tarafında, dikine batırılmış çakıl taşlarından daracık bir yol.

Bahçeye, komşu konakların arka cepheleri bakıyor. Şu esvapçıbaşının, şu bilmem kimin evi...

Konağın içi müthiş girift. Kocaman salon... Sofalar üzerinde, büyüklü küçüklü odalar; ve odalardan geçtikçe oradan ve buradan sağa sola kıvrılan dehlizler, geçitler, aralıklar, merdivenler, bölümler... Her taraf loş, her köşede her ân akşam havası... Rutubet kokuyor her taraf...

•

Konağın birinci katında taş zeminli büyük yemek odası. Ayrıca resmî ziyaretlere mahsus odalar... İkinci katında teklifsiz misafirlere ait büyük salon - sofa. Buradan geçilen ve arka bahçeye bakan şatafatlı salon; ve oraya karanlık bir koridorla bağlı, büyükbabamın kitap odası. Sonra, üçüncü kattaki yatak odamız... Bu odanın yaldızlı çıtalarla çerçeveli siyah kadife kaplı tavanı, onun karşısında ve sokak üstünde, büyükbabamla cici annemin (babaannemin) büyük, çok büyük yatak odaları... Derken dördüncü kat ve tahtapoşlar... Yedikule'den gelen trenlere bakan ve insana baş dönmelerinin en tatlısını veren tahtapoşlar... Bunlar, hâtıralarımın bucak bucak kan lekelerini taşır.

BÜYÜKBABAM

Büyükbabamı görüyorum; aşağı kattaki yemek salonunda, büyük sofranın başında... Etrafında haremi, kızları, gelini ve torunları... Solunda ve yanıbaşında ben varım... Hava soğuksa muhakkak onun kürküne bürülüyüm...

Beş - altı yaşındayım...

Büyükbabam her ân bana bitişik yaşar.

O sofraya gelen sıcak yemeklerden hiç hoşlanmaz. İşte

cici annemi ve hizmetçileri haşlıyor. Herkes başı önünde, susuyor; bir benim başım dik... İstersem avaz avaz haykırabilirim, büyükbabamı da susturabilirim. Bana izin sonsuz... Büyüklerin, çocuklar yedikten sonra sofraya oturduğu zamanlarda da ben, hem küçüklerin hem büyüklerin masasında hep baş köşedeyim...

•

Büyükbabam İstanbul Cinayet Mahkemesi ve İstinaf Reisliğinden emekli, Maraşlı Kısakürekzâde Hilmi Efendi... Abdülhamîd'e atılan bomba hâdisesinin tarihî muhâkemesini büyükbabam yapmış... O devrin parasiyle, emekli aylığı olarak 80 altın alıyor.

Parası, bir adliye mûtemedi tarafından her ay konağa getirilir. Memura kapıyı açan uşak daima beni çağırır, ben de şıngır şıngır para torbasını kaptığım gibi büyükbabama götürürüm. Öbür torunlar da arkamda... Büyükbabam torbadan bir altın çıkarıp bana verir. Öbürlerine gümüş kuruşlardan ve nihayet çeyreklerden başka bir şey düşmez.

Ayda beş altına kalabalık ailelerin geçindiği o günlerde, 80 altının ve ayrıca birçok mülk ve akardan gelen iratların döndürdüğü konağı hayâl etmeli...

Aşçı ve yamakları, birçok uşak, dadı, kadın hizmetçi, zenci köle, arabacı; ve birer fayton ve kupa arabasiyle Şahin ve Mazlum isimli kestane dorusu iki pırıl pırıl at.

MATMAZEL

Bir de, matmazel aşağı, matmazel yukarı... Tatlısu Frenk'i, altmışlık bir kokona... Hem de bâkire... Babamın Fransızca öğretmeni, benim de mürebbiyem gûya...

Altmışına kadar (Mişel Zevako) tipi kahraman şövalyesinin atla gelip kendisini kaçıracağı günü bekleyen romantik kokona...

RUH

Anlaşılıyor ki, konağın ruhu büyükbabam; ben de onun ruhuyum... Çünkü biricik oğlunun biricik oğluyum... Babadan oğula, içinde yaşattığı soy ideâlinin onca en mükemmel numûnesiyim.

Sağ kolumu açar ve orada gördüğü ben'i babasındakine benzetir ve öper; elimin parmaklarını kendi el ayalarına yerleştirir ve mafsal yerlerindeki kırışıkları tıpkı babasındakilere eş bularak öper, öper.

Babasının ismi Ahmed Necip... Bana o ismi vermiş.

Zekâma gelince; bu noktadan mesuttur. Her vesileyle haykırır;

– Gel benim akl-ı evvel (akılda birinci) torunum!

Sonra tercihindeki hakikati göstermek için torunlarını önüne dizer, herhangi bir Divan'dan bir beyit okur, kimse onu tekrarlayamaz ve ben bülbül gibi başta ve sonda tekrar edince de;

– Gördünüz mü, der; nasıl sevmeyeyim akl-ı evvel torunumu?

Ve bana altın, öbürlerine çil kuruşlar...

Misafirlerine de her defa tiyatro perdesi gibi, benim zekâ sahnemi açmaktan daha büyük haz tanımaz...

Misafirler gittikten sonra, tütsüler üstünden atlatılırdım!.. Hâlâ kokuları burnumda...

CİCİ ANNE

Torunlarının «Cici Anne!» diye hitap ettiği büyük annem, büyükbabamın zevcesi Zafer Hanım, şanlı bir İstanbul hanımefendisi... Eski Halep Valisi, Hariciye Müsteşarı, Zaptiye Nâzırı Sâlim Paşa'nın kızı...

Sâlim Paşa Halep Valisi iken, kendisine bağlı bir mutasarrıflık olan Maraş'a gelmiş, Kısakürek oğullarının konağına inmiş; o zaman toy bir delikanlı olan büyükbabamı görmüş, zekâsına hayran olmuş, yanına almış, İstanbul'a gitmiş, tahsil ve terbiyesiyle uğraşmış, sonunda da kendisine damat etmiş...

Eğer bu satırların çerçevelediği şeyler, Efendime açılan yolumun ve bu yol başındaki ruhî anlarımın kalın hatlarla karalanmış, sadece malzemelik, basit dekorlarından ibaret olmasaydı; eğer bu dekorların bahane tiplerine ayrıca değer vermem icap etseydi; Zafer Hanımefendiye, uzun, çok uzun bahisler ayırmam, onu tek başına bir mevzu diye ele almam gerekirdi.

Kadın saçlarının topuklara kadar indiği o devirde bile, bugünün kesik saçlarına eş; kırpık saçlı başı ve daima sultanî edâsiyle cici annem, bütün İstanbul'da dillere destan elmasları, ziyafetleri, armonikli piyanosu ve çoğu Garp dillerinden tercüme sepet sepet romanları ve karmakarışık bir dekor içinde, Abdülhamîd devrinden Meşrutiyet sonrasına aktarılan, Şark ve Garp bulamacı, Tanzimat artığı, mihrakından oynatılmış ve yeni mihraka oturtulamamış hafakanlı İstanbul hanımefendisinin en tipik bir örneğidir. Cemiyetin ruhî dayanağındaki, o zamanlar alıp yürüyen şaşkınlık ve muvâzenesizlik, onun mizaç aynasından ne canlı akisler püskürtüyordu...

Her şeyden önce, müthiş bir sinir, vehim kumkuması...

Denizden korkar, vapura binemez; Sarıyer'deki köşküne, karadan Şahin ve Mazlum'un çektiği kupa arabasiyle gider.

Ölümden öyle ürker ki, geceleri yatağına dümdüz uzanmayı bile yarı ölüm sayar ve başının altına dört beş yastık koyar. Sanki oturduğu yerde ölüm onu bastıramaz ve omuzlarını yere getiremez.

Vehme bakın ki siz, konağın üçüncü katındaki yatak odasında, yangına karşı başka çare kalmazsa pencereden inmek üzere bir ip merdiven bulundurur. Halbuki o da yaşça altmışı geçkindir, hayli şişmandır, sargılar altında boru gibi duran bacaklariyle, ip merdivenden değil, konağın şahane merdivenlerinden bile rahat rahat inip çıkmak iktidarında değildir.

Çocuk sevmez, şefkatten pek anlamaz, evin mânevî havasını mayalandırıcı derinliğine bir iç hüviyet belirtmez; ya ilâç şişeleriyle dolu maun dolabına abanık, yahut görülmemiş israfların ve günübirlik meselelerin siniri içinde, çırpınır, durur. Ve hep, dışına biraz fazla sızan nefsâniyet haliyle göze çarpar.

Çocuklar yemesin diye arka salonun püsküllü kanepeleri altına sakladığı tatlıları bir hücumda yok etmek ve ip merdivenini pencerelerden sarkıtmak en büyük zevkimizdi.

Fakat o daima asîl ve zarif...

ÖBÜRLERİ

Evet, büyükbabam ve cici annem...

Konakta büyükbabam, bütün özeniş ve değişmelere rağmen, saffetli ve Anadolulu kalma seciyesinden; cici annem de, kâbus çatılarının ördüğü büyük şehir kadınında, kararmış bir iç hayatın dışına fışkırttığı bunalma halinden birer mostra...

•

Annesinin, cici annemin bir kopyası olan, Tevfik Fikret düşkünü küçük halam ve beş çocuğu... Daha ziyade babasına, büyükbabama çekmiş, içli ve ağır başlı büyük halam ve iki çocuğu... Etti mi yedi çocuk?

Ya ben?.. Evin veliahdı, baş gözdesi, erkek oğlun erkek oğlu...

Ve benden bir - iki yaş ufak ve hep boynu bükük kız kardeşim Selma... Kız olduğu için itibarda değildir; ve konağın, sadece ezilmeye memur gelini annemden başka kimseden himaye görmemektedir. Öbür torunlar, ev sahibi büyük babalarından himaye görmeseler de, Zafer Hanımefendinin kızları annelerinden gelen bir şımarıklık imkânı içindedirler. Fakat Selmacık ne büyükbabasından alâka görür, ne cici annesinden, ne de zaten hiçbir kimseyle hiçbir alâkası olmayan babasından, babamdan... O, evi dolduran dokuz çocuk içinde ağabeyi, ben, büyük küçük herkesin ensesinde boza pişirirken, minicik siyah önlüğüyle bir duvara yapışmış mahzun mahzun bakan ve önünden geçenleri rahatsız etmekten âdeta çekinen bir gölgeciktir. Altı yaşında ölen Selma, bebekliğinden beri, daima duvarlara yapışmış ve ortalarda şuna buna engel olmaktan ürkmüş, beyazı damar damar görünen elâ gözleriyle hep öleceği günü bekledi.

Selma bende, çocukluğumun en derin ukdelerinden biri...

•

Annemle babam mı?

Onları da birkaç satıra sığdırmaya mecburum.

Annem, uzaklardan, uzaklardan, Akdeniz kıyılarından

İstanbul'a hicret etmiş bir ailenin kızı. Babamla evlendiği zaman ondört - onbeş yaşlarında... Babam da onaltı - onyedi...

Annemin tarafı, Aksaray'da, birkaç odalı eciç-bücüç bir ahşap evde otura dursun...

Çocukluğunda, büyükbabamın biricik oğlu sıfatiyle hayâle sığmaz haşarılıkların kahramanı ve «Deli Fazıl!» lâkaplı babam saldırganlığını o hâle getirmiş ki, nihayet aile dostları içinde hikmet sahipleri:

– Kanı bir yanardağ gibi kaynayan bu çocuğu kurtarmak için, demişler; hemen tezinden, bu küçük yaşta evlendirmekten başka çare yok!..

Ve başlamışlar kendilerine denk ailelerden kız istemeğe...

Denk ailelerden hiçbiri bu garip çocuğa kızını vermemiş...

Annem gibi, aynı Akdeniz memleketinden olan cici annem bir yakını ve memleketlisi tarafından Aksaray'daki eciç - bücüç evin ondört - onbeşlik bâkiresini haber almış...

•

Aksaray'daki fakir evin önünde bir gün mükellef bir konak arabası duruyor. Kızı kaptıkları gibi konağa götürüyorlar.

Burnunun ucuna kadar kapalı, bütün ömrünce Allah'ı, Resûlünü ve emirlerini anıp ağlamaktan başka işi olmayan ve dört yanı hep ahret kardeşleriyle çevrili yaşayan dul ve ümmî anneannem, (İkinci Dünya Harbine kadar yaşadı) kayıtsız ve şartsız teslimiyet örneği derin ve fedakâr Müslüman - Türk annesi timsâli mübarek kadın, bu garip izdivaca razı oluyor. Öyle ya, kızını isteyen büyük bir aile...

Uğultu girdabı konakta, ondört - onbeşlik mâsum ve iptidaî, o da annesi gibi ümmî bâkirenin hâli?..

Öyle ki, babamın tavrı, anneme tahammül edemediği zamanlar «götürün!» diyor; çocuk kadını, konağa yakın bir tarafta tuttukları bir evciğe taşıyorlar. Sonra «getirin!» diyor; yaka - paça konağa döndürüyorlar, çocuk kadını...

Annem, uğultulu konakta en hatırlı hizmetçiden bir derece daha üstün, aslî kadronun en küçüğünden de bir derece aşağı ve herkesin gel-git emrine memur acı bir mazlumluk hayatı sürüyor; ve bütün ümidini, doğurduğu erkek çocuğa bağlıyor. Bana...

Ah!..

SİYAH KADİFE TAVAN

Halamın gelinlik odası diye süslenen, yaldızlı çıtaların çerçevelediği siyah kadife tavanlı salonda doğmuşum. Beni, vilâdiyeci bir erkek doktor almış...

O kadar cılız ve çelimsizmişim ki, doktor, sağ elinin şahâdet parmağiyle orta parmağını çenemin altına geçirmiş, beni mangal maşası gibi tutmuş ve leğene sokup bu vaziyette yıkamış...

Halime bakanlar:

– Yaşamaz bu çocuk!

Demişler.

Babam da, bir erkek çocuk sahibi olduğuna dair müjdeyi, o günlerde Boğaziçi'nde oturan büyükbabama vermek için tek başına kullandığı (brek) arabasının atını çatlatırcasına sürerek Sarıyer'i boylamış. Büyükbabam o kadar sevinmiş ki, o vakârlı ve ağır başlı Hilmi Efendi Hazretleri, hemen oğluyla beraber (brek) arabasına atlayıp aynı hızla İstanbul'a dönmekte ve kendisini havaî oğluna emanet etmekte tereddüd göstermemiş..

Fakat o da bana bakıp hayıflanmış:

– Çok küçük... Yaşar mı, yaşamaz mı, Allah bilir!
İşte tam tarih:

26 MAYIS
1904 - 1320
REBİÜLEVVEL - 1323

İki yaşında, Sarıyer'deki köşkün üst katında, beşikten yuvarlandığımı ve en önde büyükbabam, bütün ev halkının telâşla pat pat, merdivenlere koştuğunu hatırlıyorum.

Anneme, büyüklüğümde bu hâtıramı anlattığım zaman, gözleri dehşetle açılmıştı:

– Hayret! Tamamiyle doğru! Bütün köşk birbirine girmişti. Nasıl da hatırlayabiliyorsun?

O vakitler ilâve etmiştim:

– Köşkün arkasında, bahçe tarafında, çamaşırlık gibi bir yer vardı. Rafında da, bir tabak içinde beyaz bir madde. Duvara dayalı merdivenden çıkıp kaymak sandığım o maddeden yemeğe başladım. Meğer kireç kaymağı değil miymiş?.. Yine bütün köşk birbirine girmişti.

– Evet, evet, demişti annem; olur şey değil, sendeki hâfıza!..

Devam etmiştim:

– Galiba İstanbul'a gelen ilk otomobillerden birini babam satın almıştı. Bahçede otomobilin tekerlekleri, takozlarla hafifçe havaya kaldırılmıştı. Muayene mi, tamir mi bir şeyler yapıyorlardı. Gizlice arabanın altına girip âletlerini kurcalamaya başlamıştım. Üç dört yaşında var mıydım, yok muydum, bilmem! O sırada motoru işlettiler. Tekerleğin pul pul demirli lâstiği başıma çarptı ve derin bir yara açtı. Kanlar içinde yere serildim.

Annem haykırmıştı:

– Sus, sus! O meseleden büyükbaban, az kaldı hepimizi öldürecekti. Günlerce yatakta kaldın!

60 küsûr yıllık yaranın izini, sağ kaşımın üstünde, alnımın sağ yanında taşıyorum. Yara izi alnımda, fakat o günler nerede?..

SİRKELİ BEZLER

Alnımda, hâlâ, sirkeye batırılmış soğuk bezler hissetmekteyim. Keskin bir sirke ve hasta odası kokusu...

Evet, alnımda sirkeli bezler... Ateşimi alsın diye...

Bütün çocukluğum, ilk çocukluğum, hastalıkla geçti. On - onbeş yaşıma kadar, bir çocuğun çekmesi mümkün ne kadar hastalık varsa hemen hepsini çektim.

Kaç kere hayatımdan ümit kesilmiş; ve ben, Allah öyle istediği için, her defasında kefeni yırtmışım...

Oğlunun dünyaya gelişinden sonra, (Mekteb-i Hukuk)u bitiren babamın, bir baltaya sap olması için, büyükbabamın zoru altında tâyin edilip gittiği ve bizi alıp götürdüğü Bursa'da az kaldı ölüyormuşum...

Irmak kenarındaki evimizin odasında, mangal başında, eldiven çıkarır gibi, şerit şerit derilerimi yüzdüğümü biliyorum. Kızıl hastalığından kurtulduktan sonra... Hâlâ kulağımda ırmağın şırıltıları ve kırk derece ateş içinde seyredilen dünya.

Derken Mudanya'ya kadar yaylı araba ve İstanbul'a dönüş... Zaten benim Bursa'ya götürülmeme razı olmayan büyükbabam, bu kurtuluştan sonra babamı hemen İstanbul'a aldırtmış ve beni yanından hiç ayırmamış...

•

Büyükbabam bana en küçük yaşlarda okuyup yazmayı öğretti. Bilmem ki, dört - beş yaşında su gibi okuyup yazıyordum dersem inanır mısınız? O zamanın ağdalı diliyle günlük gazeteleri, dört - beş yaşında okuyor, anlıyor, hattâ anlatıyordum.

Daima hastalıktan hastalığa geçtiğim için, doktorum meşhur Kadri Reşit Paşa, sık sık konağa gelir ve bu erken ruhî inkişafımı bildiği için de, ben salona girince şöyle derdi:

– Gel bakalım, benim büyük küçüğüm!...

Ve bana sual sorup cevap aldıkça dört - beş yaşındaki çocukta bu vaktinden evvelki gelişmeye hayret ederdi.

TELKİN

Büyükbabam kitap odasında bir sedirde... Sedire çömelmiş, gözlüğü gözünde, dırıltılı bir şarkı söyler gibi Fuzulî Divanını okuyor. Ben de odaya girip yanına sokuluyorum. Beni kürkünün içine alıp öpüyor ve sonra bir kâğıt çıkarıp üstüne birtakım yazılar yazdırıyor ve:

– Yaz bakalım şuraya; diyor, büyükbabanın ismini yaz!..

Özene bezene, kâğıda bir «Hilmi» konduruyorum. Fakat sonundaki «ye» harfi biraz çarpık kaçıyor; bunu beğenmiyorum, büyükbabam duruşumdaki tereddütü anlıyor ve gülümseyerek ne yapacağıma bakıyor, «ye» harfinin kuyruğundan imza çizgisi gibi bir şey çekip düzeltiyorum ve kâğıdı uzatıyorum. Çirkinliği sezişim ve düzeltişim o kadar hoşuna gidiyor ki, beni göğsüne basıyor ve iftihar gözyaşları döküyor.

•

Yatakta da büyükbabamla beraberim ve kürkünün içindeyim...

İlk dinî telkinlerimi ondan aldım.

Yatakta ondan hep dinî menkıbeleri dinliyorum.

İşte, üçüncü katta, bizim yatak odamızın karşısındaki büyük yatak odasında, kocaman bir ceviz karyolada büyükbabamın yanında ve kürkünün içindeyim. Hazret-i Ali'ye, onun misilsiz kuvvet ve şecaatine dair bir menkıbe dinlemiş bulunuyorum.

Soruyorum:

– Büyükbaba, Hazret-i Peygamber mi daha kuvvetliydi, Hazret-i Ali mi?..

Beş - altı yaşındaki çocuk saffetinin içinden fışkıran bu sual, büyükbabama hem çocuklara, hem de büyüklere verilebilecek cevapların en güzelini verdiriyor:

– O kimseyle ölçülmez, O'nda Peygamber kuvveti vardı.

Büyükbabamın «O'nda Peygamber kuvveti vardı.» sözünü, hecesi hecesine hiçbir ân unutmadım.

Allah büyükbabama rahmet eylesin...

KISAKÜREK

En küçük yaşta aldığım telkinler arasında, bir de Maraşlılık, Anadoluluk şuuru... Büyükbabam, oğlunun ve torununun İstanbul'da doğmuş olmalarına rağmen, beni kökümle, kök nisbetimle alâkalanmaya dâvet ederdi.

Ne büyükbabamın rütbesi, ne bir şey... Maraş ve Kısakürek oğulları... Alâka bunlara... Yavuz Sultan Selim devrinde Maraş'ta hükûmet süren ve Osmanoğullarından daha eski bir familya olan Dulkadir (Zülkadir) oğullarına bağlı Kısakürek'ler kolu... İçlerinde birçok büyük din adamı bulunan Kısakürek oğullarının son vardığı halka, Mevlâna Bektut Hazretleri, Dulkadir oğludur. Büyükbabam da, Mevlâna Bektut'dan gelen kolun daima babadan oğula, ana dalı üstünde...

İsmin nereden geldiği üzerinde de birçok rivayet:

Maraş'ta vaktiyle bir kıtlık olmuş ve o zamanki cedlerimiz, kimine kısa, kimine uzun kürekle erzak dağıtmışlar da, ondanmış...

Yavuz Sultan Selim, Mısır seferinde Maraş'ı zaptettikten sonra bir camiin açılış merasiminde bir kürek lâzım olmuş da, cedlerimizden kısa boylu birini omuzlarından itip:

– Alın size bir kısa kürek!..

Demiş ve ondan sonra bu zatın kolu Kısakürek ismini almış...

Yok o değilmiş de kürek kemiğiymiş, şuymuş, buymuş...

Hangisiyse ve her neyse. Değer verilecek nokta, Kısakürek'lerin Yavuz Sultan Selim devrine kadar varan mazbut bir şecere içinde aralarından olgun din adamları yetişmiş, sâf Anadolulu bir sülâleden geldikleri.

Aşırı bir hemşehrilik gayreti güden büyükbabamın tesiri, konağın kapılarını, ardına kadar Maraşlı ziyaretçilere ve ricacılara açtırmıştı.

En küçük yaşlarımın hâtırası, Balkan Harbinin İstanbul'dan derinden derine duyulan boğuk top sesleri. Çatalca önlerine kadar gelen düşmana, denizden ve karadan atılan toplar... İmparatorluğun paniği... Balkan Harbinde bozgun veren ordu döküntüleri arasında yaralı birçok Maraşlı konağı doldurmuştu. Hayâl meyal, aralarında dolaştığımı ve onlara yiyecek ve içecek taşıdığımı görür gibiyim.

Tam sekiz yaşındayım.

YARAMAZLIK

Balkan Harbi yaralıları arasında gelip de, sonra büyükbabamın himayesine eren ve Adliyeye giren kalın siyah kaşlı, mert yüzlü, gayet ağır ve sâkin tavırlı Mustafa Efendi...

Bu Mustafa Efendi, son zamanlarda İzmit Ağır Ceza Reisiydi ve 1943'de Erenköy'ündeki evimize gelip o sene doğan ilk oğlum Mehmed'in kulağına ezan okumuştu.

İşte bu Mustafa Efendi bana, konağın ilk katında, yemek odası katındaki küçük ve resmî ziyaret odasında Kur'ân dersi verirdi.

Garip ve derinliğine doğru, bir iç hayat istidadı içinde, duygularım dışarıya vurduğu zaman ne türlü yaramazlıklara, haşarılıklara kalktığımı tasarlayabilir misiniz?

Benim için:

– Babasını geçecek galiba yaramazlıkta...

Diyenler de vardı...

Konağın tavanarası merdiveninden tâ birinci katın avlusuna kadar trabzanlar üzerinde kaymalar... Yaralı bir atın cılk etine pergelle dokunup ondan muhteşem bir tekme yiyerek yerde yuvarlanmalar...

Çamura bulanmış bir sürü çam kırığını bir kova içinde arabacının başına geçirmeler... Zafer Hanımefendinin ne kadar zaafı varsa onlara doğru hücum etmeler, onun armonikli piyanosunu avaz avaz bağırtmalar, ilâçlarını birbirine katmalar, kitaplarını altüst etmeler, kilerlerini boşaltmalar...

Neler, neler?

Öbür çocuklar da, Selmacığım müstesna, hep maiyetimdeler... Bir tehlike görünce can attığım liman, büyükbabamın eteği veya kürkü...

Bazen kendimi o kadar mesut hissederdim ki, önlerinden koşup geçtiğim birtakım eşyayı, mahzun ve boynu bükük görür ve dönüp okşardım.

Buna rağmen annemden yemediğim dayak kalmamıştır. Kendisini delice sevdiğim için büyükbabama şikâyet edemiyordum da ondan..

Nihayet Zafer Hanımefendi, büyükbabası sayesinde kendisini tam serbest hisseden haşarı üstü haşarı torununun ruhunu kamaştırmak, uyuşturmak için müthiş bir (narkoz) uyutucu keşfetti.

Dört beş yaşında okuyup yazmayı öğrenmiştim ya...

Beni romana alıştırdı.

ROMAN

Fransızların, aşağı tabaka muharrirlerine ait tümen tümen tercüme... Kırmızı kadife mantolu ve şapkası yeşil tüylü şövalye... Baykuşlar ve kara kediler arasında sırıtan tek dişli büyücü kadın... Adadaki kuleden çuval içinde denize atılan ceset, siyah kukuletalı kambur zangoç, beyazlar giyinmiş bâkire, silindir şapkalı ve çekme ruğan potinli kont cenapları; şato bahçesinin meşe ağacındaki kazıntılardan mâna devşirmeye çalışan kasketli ve pipolu dedektif... Yeter mi? Altı yedi yaşındaki bir çocuk muhayyilesinde bu kitaplar ne yapar? Kundaktaki çocuğa yalancı dolma yedirilince ne yaparsa onu...

Oniki yaşıma kadar süren bu ölçüsüz, abur cubur okuma hastalığı bende o hale gelmişti ki, on, onbir yaşıma doğru (Pol ve Virjini), (Graziyella), (Ladam-o kamelya), (Zavallı Necdet) gibi hissîlik ve edebîlik iddiasındaki eserlere kadar tırmanan alâkam, nihayet hastalığa dönmüş, gecelerimi ve gündüzlerimi bir ağ gibi sarmıştı. Sonraları (Pol ve Virjini)yi Heybeliada'da Papaz mektebi tarafındaki çamlar altında sabahtan akşama kadar okuyup gözlerim yaş dolu, oracıkta kaldığımı, güneş battıktan sonra beni arayıp bulduklarını ve zorla eve sürüklediklerini söylersem ne dersiniz?

(Mişel Zevako)lardan öyle bir tesir kalmıştı ki üzerimde, bazen geceleri Sultanahmet tarafındaki bir dostunu ziyarete giden büyükbabamın arkasında, en arkada fener taşıyan bir uşak, belime çini sobanın uzun maşasını kılıç diye takmış, kendimi muhafız bir şövalye farziyle yürürdüm.

Birgün bir düğünde, çalınan sazlardan garip bir vecde düşmüştüm. Kendimi beyaz bir at üzerinde dört nala gelip düğün evine girerken görüyor ve sonra telli pullu gelini atımın terkisinde, kaldırım taşlarından kıvılcım fışkırtarak kaçırıyordum.

ACITAN HAYÂL

Bakın, hayâlim, nasıl patlayasıya şişirilmişti:

Meşhur dedektiflerin yardımcıları vardır ya; ben de torunlar arasında, küçük halamın oğullarından birini kendime muavin yapmış, konağın arkasındaki Binbirdirek mahzenlerinde, faili meçhul cinayetlerin gizli kaatillerini aramaya çıkmıştım.

(Gökbayrak)taki Canbey'in mukavvadan tolgası ve süpürge sapından kargısı da ayrı...

Şişelerde renk renk ilâçları birbirine katıp kimsenin bilmediği gizli terkibi arıyordum.

Şimdi bütün bunları ben, gâyeleri kendilerinden ibaret hoş ve renkli hikâyeler diye anlatmıyorum; ruhumun ne yollardan ve nasıl pişmeğe başladığını ve nelere istidat kazandığını göstermek ve her şeyi ORAYA bağlamak için kısa kısa noktalıyorum.

Marazî bir hassasiyet...

Acıtan bir hayâl kuvveti...

Ve bu arada dehşetli bir korku...

O yaşta bile anlıyordum ki, ben başka türlü, ayrı yaratılışta bir insanım ve hissettiklerimle öbür insanların duydukları arasında müthiş bir fark...

İşte ilk çocukluğumun, kendi öz bünyesi içinde ve dışarıdan aldığı bin bir tesir altında, hüviyeti...

Arada bir (Güzel Prenses) romanının o hafta çıkan formasını satın almak üzere tek başıma konaktan çıkıp birkaç yüz adım mesâfedeki aktar dükkânının önüne vardığım zaman, meçhul semtlerden gelen ve meçhul semtlere giden meçhul şahıslara karşı anlatılmaz bir korku duyar ve kendi kendime sorardım:

– Ben de büyüdüğüm zaman bunlar gibi korkmadan her tarafa gidip gelebilecek miyim? Hele bir memleketten bir memlekete nasıl gidip gelebileceğim?..

Ve formayı göğsüme bastırmış, koşa koşa eve gelir, kapının ziline var kuvvetimle basardım.

SESLER VE...

Derin, yırtıcı, kanatıcı hassasiyetimin başlıca iki tesir kutbu, bekçilerle satıcılar... Gecenin en beklenmez saatinde paket taşlarının üstüne inen, ucu demirli sopa sesleri ve bir haykırış:

– Yangın var!.. Azapkapısında, Güngörmezlerdeeeee!

Azapkapısı... Ne korkunç isim... Altı köşeli çivi başlarına çarpılan kafalardan, kanlı saç yoluntuları yapışmış demir çaprazlı, içinden bir evcik geçecek kadar geniş ve yüksek kapı... Güngörmezler. Damları birbirine yapışık eğri - büğrü evlerin sınırladığı yılankavî sokaklar. Cin yatağı ahşap eve sokulan kundak. Kundakta, buruş buruş bir çocuk yüzü. Çocuk katıla katıla ağlıyor... Şeytan alevlerin yaylanışına bak!.. Birden çöken dam ve bir ateş püskürtüsü; kıvılcım tipisi... Ve bütün bu hayâllerin gerisinde artık uzaklarda, çok uzaklarda, Anadolulu bir ses:

Yangın var!!

Yangın kundağı gözümde gazlı bir bez değil «kundak» kelimesinin iltisakiyle, yüzü buruş buruş, katıla katıla ağlayan bir çocuk... Alevler içinde unutulmuş bir çocuk. Ve işte korkunun en dokunaklı timsali!..

Ve satıcılar... Ruhumu acılaştıran akşam saatlerinde satıcılar:

Sokaktaki havagazı fenerlerini elindeki değnek meşaleyle yakan bin adamın arkasından satıcılar:

– Yoğurtçu!.. Yoğurtçu!..

– Simitçi!.. Akşam simidi!

O zaman, oturduğum odanın tavan köşesine doğru bir noktada can çekişen günün son ışıklarına bakıp sedire yüzükoyun uzanmak ve hıçkıra hıçkıra, katıla katıla ağlamak isterdim.

Güneşin, kıvrıla kıvrıla, istikâmetleri burgulaya burgulaya ancak sabah ve akşamın bellibaşlı saatlerinde ve bellibaşlı noktalarına sızabildiği bu loş konakta bana her şey dipsiz bir mânanın ihtarcısıydı.

Güneş gören tarafları soluk kadife perdeler...

Tavanarasındaki tahtapoştan seyrettiğim, yırtıcı çığlıklarla koşuşan ve arkasında dumanları yavaş yavaş eriyen trenler...

Arka bahçeye inen merdivenin tepesinde kırmızı, sarı, portakal rengi, mor, yeşil, mavi camların ötesindeki dünya...

Ve her şey...

Çocuktan daha çocuk, 6 - 7 yaşlarında, yakıcı bir hayâl beni her şeyin ötesine sürüklüyor, bana bu dünyayı dar ve bunaltıcı gösteriyordu.

Kulağıma bende bir anlatılmaz, isimlendirilmez, derinliğine sarkılmaz «dâüssıla»nın yankısını fısıldıyor her şey...

Ve ben ağlıyordum.

Sebebini bilmeden, ne istediğimi bilmeden...

Bu hallerim gözden kaçmamış olacak ki, bir aralık kitaplarıma el koydular:

– Artık okumak yasak!..

ERMİŞLİK VEHMİ

Büyükbabamın kitap odasındaki sedirde geçirdiğim bir hastalık içinde, gece yarısı birden bire uyandım. Ateşimin düştüğünü hissettim, başımdaki sirkeli bezi attım ve yatakta doğruldum. Günlerdir uyumayan anneciğim, bir koltuk üzerinde sızmış, dalmıştı.

Gökler dolusu sessizlik... Çok uzaklarda tek tük köpek havlamaları...

Birden bire kendimi öyle hafif, derin, eşya ve hâdiselerin nabzını tutan öyle ince bir idrak duygusu içinde buldum ki, acaba bu dünyada benim kadar duyan ve anlayan ikinci bir mahlûk var mıdır, diye düşündüm. Sanki hayatın düğümleri lif lif çözülmüş, muammaların anahtarları elime teslim olunmuştu.

Annem uyandı:

– Ne var Necip?

– Bir şey yok anneciğim!

– Ateşin düştü mü?

–Düştü.

– Kendini nasıl hissediyorsun?

– Çok iyi anneciğim!

– Haydi uyu!

Küçücük çocuğun ermişlik vehmiyle, o gece sabaha kadar uyuyamamıştım.

Her şeyi unutsam o geceyi unutamam.

MEKTEP

Roman okuma durağından sonra eski yaramazlığım büsbütün patlak vermiş olacak ki, cici annemin de israriyle mektep... Çok kısa bir mahalle mektebi devresinden sonra büyükbabam benim elimden tuttu; ve yakasında, Fransız hükûmetinden aldığı (Lejyon donör) nişanının kordelâsı, (Mecelleyi kaleme alan heyet içinde Mehmed Hilmi imzası da vardır. Fransızlar, aslı İslâmî olan bu büyük eserin müelliflerine nişan vermişlerdir) beni Gedikpaşa tarafındaki Fransız mektebine yazdırdı. Papazlar, hükûmetlerinin dünyada sayılı insanlara verdiği millî nişanlarını taşıyan ihtiyara taşkın bir hürmet gösterdiler. Fakat bu mektepte yapamadım. Beni oradan alıp yine aynı semtteki Amerikan kolejine verdiler.

Tam, ana sınıfı yaşındayım...

Hâlâ hatırımda; (Mis Marden) isimli ak saçlı bir Amerikan kadını, bana ismimi cismimi sordu. Cevap verdim. Bir kâğıt uzattı ve:

– Şuraya tarihi yaz, dedi; hangi senedeysek yaz!

Ve benim «1328» yazdığımı görünce, kendisi, bir kâğıt üzerine, büyük yazılarla «1912» diye yazdı.

Bunca yıl önce geçen hâdiseyi, o kâğıdı elimle tutacak kadar kendime yakın görüyorum.

●

Amerikan mektebinden çabucak usanıverdim, çıktım. Bende oradan kalan tek hâtıra, mektebe giderken Gedikpaşa bakkallarından birinden akşamları kahvaltı diye alıp yolda yediğimiz «beş ekmek, beş peynir»ler... Yani beş paralık ekmek ve beş paralık peynir... Beş para; beş kuruşun kırkta biri ve bugün artık piyasada kalmamış bir kıymet... Bununla dumanları buram buram tüten kabuk tarafından kocaman bir dilim ekmek, ve ayrıca bugün ancak 9 - 10 liraya alınabilecek, kaymak gibi bir dilim peynir verirlerdi. Altın para zamanına göre şöyle böyle 5 yüz misli pahalılaşan hayat...

•

Derken Büyükdere'de Emin Efendinin Mahalle Mektebi, İstanbul'da Büyük Reşit Paşa Nümune Mektebi; bir aralık Vaniköyünde Raif Ogan'ın Müdür ve Peyami Safa'nın mubassırlık ettiği «Rehber-i İttihat» ve daha bilmem ne...

Roman okuma, yaramazlık, hastalık, büyükbabamın kolunda sık sık Beyazıt'ta, Mısır Çarşısı eşyası satan bir dükkâna girip kakule almalar, vesaire, içiçe devamda...

Büyükbabam geceleri Sultanahmet tarafında oturan Faiz Efendi isimli bir din adamını ziyarete gider, beni de yanına alırdı. Önde, elinde bir fener, yol gösteren uşak, arkada da ben... Büyük çini sobanın; topuzu kılıç kabzasına benzer maşasını belime takar, ona kılıç gibi dayanır, büyükbabamın muhafızı bir şövalye edasiyle arkadan gelirdim.

BÜYÜKDERE

Birinci Dünya Harbine doğru Büyükdere'de bir yalı satın aldılar. 500 altın liraya... Bugünün parasiyle 4 - 5 Milyon lira... Tam deniz kenarında önünden bir sahil yolu geçen bir yalı... Çemberlitaştaki konak gibi, karışık, dolambaçlı; iki katlı; cin yuvası kocaman bir barhane...

Yalının bitişiğinde ismine «Barba» denilen ihtiyar bir Rum'un dükkânı var... Balık oltasından çukulatasına, defter ve kaleminden kuş üzümüne kadar her şeyi satan bu ihtiyar, hususiyle çocukların uğrağı... Benim de çil çil kuruşlarımın avuçlandığı damarları şişkin, nasırlı eller... Günde beş - on kelimeden fazla konuşmayan ve hep dalgın, denize bakan, bu çürümüş çınar, zamanın yıpratıcılığından bir kitâbe gibi görünmüştü bana; ve 9 - 10 yaşındaki çocuğu şöyle düşündürmüştü:

– Ben de mi bir gün böyle olacağım?

Yalının önündeki balıkçı kızaklarının üstünde oynarken baş aşağı denize düştüm. Kızağın dört köşe ızgara tahtalarından geçen başım, denize dökülmüş bazı çerçöp maddelerle büsbütün yumuşak kumlara saplandı. Nefessizlikten ölüyor gibi oldum. Bir balıkçı hemen koşup beni ayak bileklerimden kavradığı gibi çıkarmış... Yalıda beni yine ayak bileklerimden tutup yuttuğum suları boşaltmaya çalıştılar. Büyükbabamın sağı solu haşlayan ve suçlayan dik sesi...

•

On yaşlarında bir çocukta kadın diye bir mesele, içini kavuran bir his var mıdır? Başkalarını bilmiyorum fakat bende, karşı durulmaz bir duyguydu bu... Lâtinlerin (Odora di femina - kadın kokusu) dedikleri şey, o yaşta her mesamemi doldurmuştu.

Bir gün, halamın oğlunu, yalının biraz ilerisinde; bize misafir gelen bir hanımın küçücük kızıyla gezerken gördüm. Onları takibe çıktım. Sahil boyunca yürüdükten sonra döndüler. Beni görmemeleri için, oracıktaki fırının önüne yerleştirilmiş atlara taşıtılan iki taraflı ekmek küfelerinin ortasındaki boşluğa giriverdim. Benden 1 yaş büyük, sessizlik ve mahçupluk örneği çocuk, yanında saçları kurdelâlı küçücük kızla gülüşerek geliyordu. Öfkeden çatlayacak hale geldim. Eve onlardan evvel varmak için koştum. Arka taraftan girdim ve taşlığın sonunda, sokak kapısının arkasında onlara kapıyı elimle açmak için bekledim: Geldiler, kapıyı açtım ve ayağımı yeğenimin göğsüne var kuvvetimle çarptım. Beyaz çoraplı ve beyaz iskarpinli ayağımı hâlâ yeğenimin göğsünde görüyor ve onun «ne yapıyorsun Necip?» diyen sesini duyuyorum. 10 yaşındaki Necip (Otello)yu yaşıyordu.

•

Büyükdere'deki yalıda en çarpıcı ve ruh kumaşımın en hassas noktasını belirtici hâtıram yalıya giren hırsız...

Ne olduğunu, ne bittiğini hatırlamıyorum. Hatırladığım, yalının alt katındaki salonda büyüklerin konuşmaları:

– Ben bir ses duydum. Arkadaki bahçe tarafında bir el tahta kaplamalara vurdu ve kısık kısık mırıldandı: Mehmed usta uyuyor musun?

(Mehmed usta o sırada yalıda yapılan bir ek odanın inşa işiyle meşgul ve evin hısımlarından biridir.)

– Hiç Mehmed ustadan şüphe edilebilir mi?.. Aslâ!

–Hırsızlar evvelâ ikinci katın sofasındaki meşin sandığı açmışlar ve oradan Beyefendinin (büyükbabam) nişanlarını çalmışlar. Sandığa eğilen birini gelin hanım (annem) görmüş ve karanlıkta, bol saçları yüzünden Matmazele benzetmiş... «Ne yapıyorsun orada Matmazel?» diye seslenince de hırsızlar kaçmaya başlamışlar. Fakat altın ve pırlantalı nişanlar uçup gitmiş...

– Biz de gürültü üzerine hemen yataklarımızdan fırlayıp sofaya çıktık. Hırsızlar paldır - küldür merdivenlerden iniyorlardı. Giderken taşlıktaki duvar çivilerinde asılı palto, baston, şemsiye gibi şeyleri toparlamayı ihmal etmediler.

– Beyefendi Necip nerede diye haykırdı. Odasına atıldık. Yatağında yoktu. Her şey unutuldu ve Necip aranmaya başlandı. Hiçbir yerde yok... Beyefendinin yüreğine inmek üzere... Nihayet onu, yatak odasına bitişik helâda kapıyı içerden sürmelemiş, sessiz sedasız oturuyor bulmayalım mı?

Bütün bunları, o sırada Büyükdere Merkez Memuru (Emniyet Amiri) dayıma anlatıyorlar ve dayım, kendi öz evi demek olan yalıya girmek cesaretini gösterenlere karşı ibretle, dişlerini sıkarak her şeyi not ediyor.

Ve ben, büyükbabamın kürkü altında; korkudan zangır zangır titreyerek dinliyorum. Çocuk muhayyilemde hırsız, bana korkuların en dipsizini veriyor ve suratı meçhul bu tipte suikastçı gizlilik ifadesinin kemiklerime kadar dondurucu esrarını okuyorum...

SELMA'NIN TABUTU

Kız kardeşim Selma öldü. Annem, ikinci kattaki salon - sofada, orta yerdeki sedirin üstünde, yüzünü tırnaklariyle gerek çığlık çığlık ağlamakta... Yanında onu sükûnete getirmeğe çalışan, mahzun tavırlı iki erkek... Dayılarım...

Üstünde beyaz gelin tülleri uçuşan küçücük tabut, konağın selâmlık kapısından çıkıyor...

Annem Selma'cığın ölümünden öyle sarsıldı ki, ağır beyin hummâsına tutuldu. O hastalıktan da kalkıp verem oldu.

Annemi büyük dayımın yanında, İsviçreye gönderdiler. Orada bir sanatoryumda bir müddet kalıp İstanbul'a döndü.

Bu devre benim, tekrar kitaplara dalıp hassasiyetimin en had derecelere ulaştığı çığır...

Hele Vaniköyünde, Serasker Rıza Paşa yalısındaki «Rehber-i İttihat» mektebinde, ilk defa tattığım yatılı talebe acısıyle, Rıza Tevfik'in «Selma sen de unut yavrum» şiirini okuyarak, Boğaziçi'ne bakan büyük pencereler önünde döktüğüm gözyaşları...

•

Selma'ya ait bir hâtıram sonra sonra beni yakacak hale geldi:

Büyükbabamdan kıpkızıl bir lira çeyreği kopardığım bir gün, onu Selma'ya göstermiştim. Yavrucağın elinde, hafifçe ısırılmış, mini mini dişlerinin izini taşıyan bir elma vardı. Lira çeyreği o kadar hoşuna gitmişti ki, o ebediyen mahzun, yahut hüzün ebediyetiyle dolu gözlerini bana dikmişti de:

– Ağabey, demişti; bu elmayı sana vereyim de o parayı bana ver! Biraz ısırdım ama, ziyanı yok, değil mi?

Pırıltılı lira çeyreğini vermiş, fakat elmayı da almak gibi bir gaflete düşmüştüm.

Sonra sonra dövündüğümü hatırlıyorum:

– Ah, niçin lira çeyreğini verdim de, hafifçe ısırılmış elmayı kendinde bırakmadım? Niçin «O da senin olsun!» diyemedim.

Hayatımın ilk büyük vicdan azabı budur.

SEN ÇIK ODADAN

Hemen arkasından Birinci Dünya Harbi, allak bullak yeryüzü, yıkılan maddî ve mânevî muvâzeneler, annem İsviçre'den döndükten sonra bir müddet doktor tavsiyesiyle Heybeliada'da oturuşumuz, oradaki Nümune Mektebine girişim ve büyükbabamın ölümü...

Büyükbabam, konağın üçüncü katındaki malûm büyük yatak odasında bana Allah ve Resûlünden bahsettiği karyolanın içinde ve yanımda öldü.

Hastalığında beni bir an yanından ayırmamış; yüzüme dalarak beyaz sakalına damlayan tuzlu gözyaşlariyle ağlamış ve ancak komaya geçtikten sonradır ki, torununu görmez olmuştu.

Hayatında hep açık gideceğinden bahsettiği gözleri kapalı, göğsü bir körük gibi inip çıkıyor.

Sonra hafifçe açılan gözlerini, ayak ucundaki pencerenin tepesinde oynaşan akşam ışıklarına dikerek ruhunu teslim etti.

Annem ve halam:

– Haydi sen çık odadan, dediler bana, git, çocukların yanına git!

Boynum bükük, çıkıp gittim.

Cici annem büyük salonda dövünüyor:

– Evin direği yıkıldı!

Ve ben dehşetle insanları inceliyorum. Hissî olmaktan ziyade, zihnî bir işkence içindeydim.

Büyükbabamı, aşağı kattaki yemek odasına bitişik, kurnalı hamamın kerevetine uzattılar. Çocuklarla bahçe tarafında hamam penceresine tırmandık, içeriye baktık.

Kerevetin üzerinde sapsarı, fil dişi renginde, sakalının her teli yüzüne tek tek yapıştırılmış gibi, büyükbabam...

Büyükbabamın cenaze merasimi muhteşem oldu. Çemberlitaş'tan Beyazıt'a kadar uzanan bir kalabalık onu Edirnekapısına kadar götürdü. Trablus harbinde İstanbul'a muhacir gelip bizim konağa kapılanan Ali isimli bir hizmetkârın, mezara indirilen tabut üzerine kapanıp «beni de beraber gömün!» diye çığlık kopardığını hatırlıyorum.

Mezara şu taşı diktiler:

Rütbe-i Bâlâ ricâlinden Mahkeme-i Cinayet ve İstinaf Reisi Maraşlı Mehmed Hilmi Efendinin ruhuna FÂTİHA...

HEYBELİADA

Heybeliada'da küçük bir kira evine taşındık. Doktorların, İsviçre'den dönen anneme, havası iyi gelir diye tavsiye ettikleri yer...

Heybeliada'daki kiralık evinde, çocukluk hassasiyetim, son irtifaını buluyor.

Bayıltıcı çam kokuları, sabahlara kadar okunan acıklı romanlar ve ağlamalar; ve orada ben. Bahriye Mektebi tarafından yanık boru sesleri ve trampetli divan merasimi... Bir ağızdan haykırış:

– Padişahım çok yaşa!

O sırada, komşularımızdan birinin kızını sevdim, yahut sevdiğimi sandım. Bir gece mehtapta çamlara çıkıp kızı düşünürken, kalbimin yanında ayrı bir kalbin vurduğunu duydum; amma tam bir fizik ihsas halinde duydum ve kendi kendime mırıldandım:

– Demek ki, aşk buymuş!..

Babası bir Yemenli olan bu kızdan hatırladığım, bir çift hâreli ve yosunlu elâ gözden sonra, gayet tatlı, derin bir tebessüm... Adanın çocukları ve delikanlıları onun beyaz köşkü önünde geçit resmi yaparlar ve bir tebessümünü koparmaya bakarlardı. Fakat o, bu tür kuşatılmış olmaktan mı, nedir, onlara derin bir bezginlikle cevap verirdi.

Bu kızı, 30 - 40 yıl sonrasına kadar, uzaktan, muhitimin etrafında gördüm; evlendiğini ve çoluk çocuk sahibi olduğunu haber aldım, ama 11 yaşıma ait saffet kapılışımı kaybettiğim için kendisinde eski sihrinden hiçbir iz bulamadım.

Bu kız bende, malikiyet içindeki mahrumiyetlerin timsali kadını 11 yaşındaki çocuğa göre remzlendiren bir örnek oldu.

•

Kendimi Heybeliada'da ayrı bir yıldızda hayâl ediyordum. Uzaktan Maltepe kıyıları ve tepeden seyredilen İstanbul, sanki bin yıllık mesâfedeydi ve kuvvetli bir dürbünle yakınlaştırılmış gibiydi. Okuduğum hissî romanların iklimi içinde yaşıyordum.

•

Heybeliada'da sık sık yoluma çıkan Rum ölüleri...

Neftiye çalmış siyah kadife eski tabutlarda, o zaman apaçık giden Rum ölüleri... Elbiseli, erkekse kolalı yakalı ve kravatlı, yeni giydirilmiş potinlerinin parlak köselesi üzerinde ayakkabı numaraları sırıtan korkunç ölüler...

Ölüm karşısında «mahrem»in, silinmenin, soyunup bir patiska altında saklanmanın, tabut içine gizlenmenin sırrını örseleyen, dolayısiyle İslâm'ın üstünlüğünü belirten bu canhıraş manzara, çocuk ruhumu boğuyordu.

Akşamları gezintiye çıkan Bahriyelilerin kılıkları, bal peteğindeki hendese şiirine uygun intizamları, hususiyle insanı gurbetten gurbete davet eden boruları, beni o kadar sarmıştı ki, aralarına katılmaya can attım. Heybeliada Numune Mektebini bitirdikten sonra Bahriye Mektebinin kabûl imtihanlarına girdim, (estetik) ölçülere kadar varan incelemelerden geçirildim, kazandım; ve Birinci Dünya Harbinin sonlarına doğru «Mekteb-i Fünun-u Bahriye» talebesi oldum.

İLK MUHASEBE

Namzet ve harp sınıfları boyunca Bahriye Mektebinde geçen dört senem, beni çocukluğun son basamaklarından alıp delikanlılığın ilk basamaklarına çekici nâzik devre...

O güne kadar muhasebem, her unsuriyle hassasiyetimi gıcıklayan koca bir konak, her ferdinin nereden gelip nereye gittiğini bilmediği uğultulu bir cereyan içinde, her ân iniltilerle açılıp örtülen mırıltılı kapılar arasında ve bütün bir ses, renk ve şekil cümbüşü ortasında, beş hassemin sınırını tırmalayıcı ve ilerisini araştırıcı derin bir (melankoli) duygusundan ibaret... Bana konaktaki çocukluğumdan kalan ve ilerideki basamaklarda gittikçe kıvamlanan bu hassasiyet, sonunda, Büyük Velî'nin eşiğine yüz süreceğim âna kadar - otuzuma yaklaşıncaya dek- mücerret, müphem, formülleşmemiş ve sisteme girmemiş, hayat üstü bir hayat, ideal hayat hasretinin, kulaklarıma devamlı fısıltısını akıttı. Oniki yaşımdan yirmi küsur, hattâ otuz yaşıma kadar süren, gûya kendime gelme, billûrlaşma ve şahsiyetlenme çığırımda, şu veya bu bahanenin çarkına tutulmuş, döner, döner ve kendimi hep günübirlik bahanelerin hasis kadrosunda belirtmeye çabalarken, bu fısıltıyı; seslerin, renklerin, şekillerin ve mesafelerin ötesindeki hakikatten çakıntılar bırakıp geçen bu fısıltıyı hiç kaybetmedim. Madde içi hayatta perende üstüne perende atarken, madde ötesi hayatın, ruhumda daima ihtarcısına, gözü uyku tutmaz nöbetçisine rastlıyor; ve arada bir bu nöbetçinin selâmını alıp yine beni sürükleyen çarklara takılıyor, ona:

– Haydi, beni nereye götüreceksen götür, kime teslim edeceksen et!

Diyemiyordum.

Otuz yaşıma kadar da muhasebem budur.

Bundan sonra, Büyük Mürşidin eşiğine kadar, zaman ölçüsüne nisbetle çok hızlı çizgilerle gideceğim için, bu toplu hükmü, tepeden inme, yerine oturtuyorum. Beni oralara, bilmeden hasretini yaşadığım iklime çeken saikin daha evvel bende bulduğu istidat zeminini göstermek, böylece kendimi değil, yine onu belirtmiş olmak için de, başlarda kaydettiğim gibi, öz hayatımdan ve nefsimden noktacıklar serpmek zorunda kalıyorum.

Yoksa (o iklim) ve muhteşem saray dururken, benim köstebek yuvası evimin ve solucan hayatımın ne değeri olabilir; ve başlangıçta sürdüğüm hayata nasıl bağlanabilir?..

Hayatım, başından beri muazzam bir şeyi bulmanın cereyanı içinde akıyordu. Şu veya bu miskin vesilenin hassasiyeti içinde birini arıyordum.

BİRİNİ...

O, kim mi?

Allah'ın Sevgilisi...

Sonsuzluk ikliminin batmayan güneşi ve ebedîlik sarayının paslanmaz tâcı...

Tek dâva O'nu bulmakta, bulduracak olanı bulmaktaydı.

Binbir istikâmette seke seke, sağa sola büküle büküle, renkten renge bulana bulana, hiçbir şeyden habersiz ve insandaki meccani emniyet ve bedahet saadeti karşısında şaşkın, hep o BİR etrafında helezonlar çizen bir hayat...

Benim hayatım budur!

BAHRİYE MEKTEBİ

O zamanın ütopyasına göre harb kazanıldıktan sonra bize geçecek olan Fransız donanmasının zırhlılarında vazife görmeğe ve prenseslerin ellerinden öpmeğe namzet zabitler sıfatiyle yetiştirildiğimiz, bu şartlara göre seçilip alındığımız, herkes saman ekmeği yerken nefis sofralara oturtulduğumuz, müzikle yemek yediğimiz, saraylara mahsus muaşeret edepleri içinde yuğurulduğumuz, böyleyken disiplinlerin en yakıcısı içinde kavrulduğumuz, memleketin en namlı hocalarına mâlik bulunduğumuz ve tatile üç ayda bir çıktığımız Bahriye Mektebi...

Şiire orada başladım.

Vesilesi şiir kitabımın başında yazılı...

Bizden, hayatımızın en çarpıcı vak'asına dair birer vazife istiyen edebiyat muallimine «Büyükbabamın ölümü» isimli bir nesir verdim, onun taşkın takdirlerini kazandım; ve sonra şiire başladım. Derken edebiyat muallimimizin eline bir de şiir sıkıştırınca onun şu hitabına çarptım:

– Yooo! Artık çizmeyi aşıyorsun! Bu yaştaki çocuk şairliğe kalkamaz! Bekle, sabret!

Zavallı hocam; altı yedi sene sonra bana bir lokantada rastlayacak ve ismi yeni çıkmaya başlayan şair talebesinden, yıllardır yazı yazdığı halde bir türlü tanınamamış mahzun edebiyat hocası sıfatiyle özür dileyecektir.

HOCALARIM

Din Dersleri Hocamız, İslâmiyetin bütün insanlığı nasıl kuşatacağına dair bir tahassüs ve tahayyül yazımı o kadar sevdi ki; onu sınıfta okuttu, yüzüme dikkatle baktı ve istikbâlde benden çok şeyler beklediğini söyledi.

Bu, Aksekili Ahmed Hamdi Efendiydi. Demokrat Parti devrinde Diyanet İşleri Reisliğinde bulunan ve makamiyle vicdanı arasındaki muhasebe neticesinde kalbi çatlayıp ölen Ahmet Hamdi Aksekili...

Diyanet İşleri Reisliğinde oldukça sık temasta bulunduğum merhum, talebesine o zamanlar biçtiği kıymeti Allahın gerçekleştirmiş olduğunu söylerdi.

•

Tarih Hocamız Yahya Kemal!

Yine Hocalarımızdan Hamdullah Suphi'nin sınıfa girip, bize:

–Türk dili ve şiirinin en usta yontucusu!

Diye takdim ettiği Yahya Kemal!..

Boyuna burnunu karıştıran kontrolsüz hâli, dalgın ve eşyadan habersiz tavrı, efsane kahramanları etrafında boyuna köpürttüğü satıhcı heyecaniyle, Yahya Kemal, beni o zamandan çekmedi.

Bir de İbrahim Aşkî Bey...

Hocalarımızın en yaşlısı, derin irfan sahibi, ancak birkaç tanıdığı arasında maruf ve herkesçe meçhûl hususî kıymet... Edebiyat ve felsefeden, riyaziye ve fiziğe kadar iç ve dış bir çok ilimde derin ve mahrem mıntıkalara kadar nüfuz edebilmiş, bir kaç risalecikten başka hiçbir şey neşretmemiş ve kabuğunun içinde sönüp gitmiş, bu kızıla çalan palabıyıklı ve Tatar suratlı insan, sonradan bize Edebiyat Muallimi oldu; ve bana bilmeden, isteklisi olduğum dünyadan, belki derme çatma, fakat ilk adresleri verdi. Edebiyat derslerindeki vazifelerimden bende bir şeylere dikkat etmiş olacak ki:

– Sen oku, dedi; her şeyden evvel oku! Amma okumaya başlamadan evvel bil, ne okuyacağını bil! Sonra sınıfa dönüp hitap etti:

–Talebe ne demektir? Talep etmekten, istemekten gelir bu isim... Talep etmek de bir ilimdir, bir ilk ilim... İlim istiyebilmek için de bir ilk ilim ister. Muallim de böyledir; bir taraftan öğretirken, bir taraftan da talebesi ona öğretir.

Sınıfın kapısında, ona:

– Ne okuyayım, dedim; ne okumamı tavsiye edersiniz?

– Ben getiririm!

Dedi ve bana iki kitap getirdi: Sarı Abdullah Efendinin Semerât-ül Fuad (Gönül Verimleri) isimli meşhur eseriyle,

«Divan-ı Nakşî» diye, sahibini bilmediğim manzum bir kitap...

Tasavvufla, deri üstü deri bir satıh plânında da olsa, ilk temasım başlıyordu.

Fuzulî'nin;

«İlm-i kisbiyle pâye-i rif'at,
Arzu-yu muhal imiş ancak.
Aşk imiş her ne var âlemde
İlm, bir kîl-ü kaal imiş ancak.»

Mısralarını sık sık tekrarlayan ve (kesbî - sonradan kazanılmış) bilgilerle yükselmenin muhâl olduğunu anlayacak ve her şeyi aşka bağlayacak kadar ârif olan İbrahim Aşkî Bey, aynı zamanda yaman buluşlara, nüktelere sahipti.

Bana derdi ki:

–Sana diyorum ki: Gel, işte yeşillik, işte otlak. Dört ayağını dayamışsın, gelmem diyorsun!

O sıralarda, bir mecmuanın tefrika ettiği (Erenlerin Bağından) münasebetiyle Yakup Kadri için de demişti ki:

– Bağına girmiş amma üzümünü yiyememiş!..

•

Atlarken, zıplarken, koşarken, talim ederken, vazife görürken, cevap verirken, dinlerken, konuşurken, daima içimde bir his; birinci ve üstün yaratılmış olmak, muradlarıma yakın bulunmak hissi... Başarmak için yaratıldım duygusu... Amma gurur değil...

MESELELERİM

Mektebin camiindeki minareden sabah ve yatsı ezanları okunurken yatağımdan doğruluyor, elimle başımı kapatıyor ve anlatılmaz haşyet duyguları içinde yüzüyorum.

Baş meselem, Allah...

Koltuğumun altında, yaprakları öd ağacı ve gül yağı kokan «Semerat-ül Fuad» ve yumurta akiyle parlatılmış esmer kâğıt üzerine yazma «Divan-ı Nakşî», rıhtım boyunda dalgalara karşı düşünce... Darağacına çekilen Mansur'un menkibesi, taç ve tahtını yele veren İbrahim Ethem'in macerası ve dünyayı bütün nakışlariyle perde üzerindeki gölgelere benzeten Nakşî şair, ruhumu, akşam loşluğuna, akşam ıssızlığına çevirmişti.

Karagözvâri bir «Edebiyat-ı Cedide» dili içinden tabiat levhalarına, (plastik) görünüşlere takılan ilk şiir zevkim artık yavaş yavaş istikâmet değiştiriyor, ruhumun tıpasına bir tirbuşonla asılıp delmeye ve orada, dipte, dibinde bir şeyler aramaya savaşıyordu.

•

Şeyh Galip'e kadar Divan şiirinin ve Anadolu halk şairlerinin soylu ve köklü hüviyetleri bir tarafa; Abdülhak Hâmid'ine ve Tevfik Fikret'ine kadar bütün Tanzimat ve Tanzimat sonrası edebiyatı, gözümde her ân kuklalaşmakta...

•

«Edebiyat-ı Cedide» romanının meselesiz insan tipi, daha bülûğ yaşına ermemiş bu çocuğun hayretini dürtüyordu. Bir kaç merhale boyunca Türk cemiyetinin içine sürüldüğü hayat ve bu hayatın kopyacı sahteliği de, gözümde, henüz teşhisi yerine getirilememiş ve formülleştirilememiş bir seziş... Kandilleri sönmeye yüz tutan tarihî kubbenin altında pırıldatılacak yeni ışıktan ne bir iz, ne bir işaret... Sonraları bende sistemleşen bu görüş gizli mayasını o zamandan almaya başlamıştı. Fakat daima belirsiz, rehbersiz, ahşap tavanlardaki budaklardan şekil çıkarmaya çalışan hecelemeler halinde...

•

Büyük teneffüs salonunda etrafımda halka halka biriken arkadaşlara, vaktiyle okuduğum (Mişel Zevako)lardan şifahî parçalar tefrika eder, evvelâ «Talebe Yazıları», sonra «Nihal» isimli, el yazması haftalık bir mecmua çıkarır ve bütün bu arada yapmadığım yaramazlık ve görmediğim ceza bırakmazken, ver elini bülûğ çağı...

Bu çağ bende, yıllarca sonra, otuz yaşıma doğru öteler âlemine bakan bir çift gözün üzerine attığı ilk nazarla altüst olan ve fikir çilelerinin en kanlısı içine düşen ruh bünyemin haberci ve işaretçi hengâmesidir.

İLK ÇİLE

Başımda ne sabit fikirler, kurcalayışlar, tırmalayışlar.

Evvelâ, daire, yuvarlak vehmine, kıskacına düştüm.

Dünya yuvarlak, güneş yuvarlak, ufuk çepçevre yuvarlak, başım yuvarlak, bileğim yuvarlak, yuvarlak yuvarlak... Her şey, her madde, bir dairenin sınırı içinde... Hattâ üç köşe, dört köşe şekiller bile nihayet, dairenin bükülmüş, zedelenmiş ve zorlanmış istihâlelerinden başka bir şey değil... Maddenin madde olabilmesi için mutlaka bir dairenin hükmü altına girmesi lâzım...

Bu, yarı hikmetli, yarı mecnun vehim, tırnaklarını çocuk ruhumun zarına öyle geçirdi ve beni öyle sıkıntılı bir idrak cenderesine soktu ki, haftalarca ondan sıyrılamadım. Teki, tek olanı, mutlakı, mutlak olanı arayan ruhum, aradığının değil, kendi varlığının sıkıntısı içinde bunalıyor; ve «bedahet» dediğimiz seziş zevkini kaybettikçe anlamayı da kaybettiği hissini veren cehennemden beter bir azaba düşüyordu.

Bütün bedahetler, meccanî ve hazırlop insan emniyetleri nazarımda yeniden gerçekleştirilmesi lâzım birer mahiyet alıyordu. İnsanların kaşları, gözleri, parmakları bile tuhafıma gidiyor, bunları ilk defa görüyormuş ve sebebini anlayamıyormuşcasına bir garabet duygusu beni kaplıyordu.

Bir de, bu hislerin arkasında, hayâle sığmaz korkular:

– Ya bir sabah kalkar da, kendimde, konuştuğum dilden tek kelime bulamıyacak olursam?

–Ya hafızamı, tabiî zevklerimi, bütün insan ve eşya münasebetlerini idare eden emniyet duygumu kaybedersem?

–Öldükten sonra ebedî hayat... Cennet veya Cehennemde ebediyet... Sonu olmamak? Hep var olmak, hep var olmak?.. Bu dünyadaki devam ölçüsüne göre nasıl kavranır bu iş? Akıl patlamaz da ne yapar?

Bugünkü cevaplarından o zamanlar hiçbirine malik bulunmadığım bu akrep sualler, çocuk beynimi dişliyordu. Ebedî hayata inanarak onu kavrayamamaktan gelen sıkıntım, ters istikâmette, yokluğu kavrama istikâmetinde tecelli etseydi, işte o zaman aklımın patlaması gerekmez miydi?

Onu bugün düşünebiliyorum; ve bugün biliyorum ki, «yokluk», o da bir «var», Allah'ın var ettiği bir «var»... Kısacası bir mahlûk.

•

Bir gece yarısı, arkadaşlarım mışıl mışıl uyurken hafakanlar içinde yatağımdan fırlayıp yüzümü yıkadıktan sonra, kendime:

– Adam sen de!.. Hep de en kuvvetli taraflarından şüphe ediyorsun! Her şeyi kendi zıddına alacağına, uygun tarafından kabûl etsene!.. Herkese uysana!..

Diye kuvvetli bir telkin yapmasaydım, hâlim nice olurdu bilmem.

Evet, bir gece yarısı rıhtımda dalgaların sesi, havlum omuzumda, yüz yıkama yerinden dönerken kendime yaptığım bu sert telkin, beni, düşer gibi olduğum çukurdan bir anda kurtardı ve çocukluk delikanlılık arası devremin serbest insiyaklarına bırakıverdi. Sele kapıldım ve müthiş bir taşkınlık, coşkunluk, kaynama, fıkırdama seciyesi içinde pürüzsüz bir satıh üzerinde akmaya başladım.

Fakat daima «ben»imin derinliklerinde, uykularımın yosunlu dibinde, dalgınlıklarımın ufuk gerisinde, o, hiçbir zaman kaybolmayan mahzun davet:

– Gel, gel! Neredesin, neredesin?..

ŞAİR

Mektepte lâkabım şairdir, bir de koca kafa... Küçük yaşlarda da kafam buydu; vücudum sonradan ona yetişti.

Şair aşağı, şair yukarı!.. Benden bir kaç sınıf ileri olan Nazım Hikmet de şair... Amma lâkapsız... Heveskâr şiirleri yazıyor.

İngilizce yolundan Garp edebiyatiyle de temas kurmuş, (Şekspir)den (Oskar Vayld)a, (Fuzulî)den (Ahmet Haşim)e kadar, köşe bucak, taramaktayım.

Ziya Gökalp'ın etrafındaki hececiler ve açık Türkçeciler, gözümde, yeni âlete yeni ses katamıyan basit devşirmeler...

Ziya Gökalp Türkçülüğü de kekremsi bir şey... Zayıfladığı sanılan bir «eski»nin yerini almaya bakıyor ama nerede? Ne gittiği sanılanın muhasebesi var, ne geldiği sanılanın... Vatan harap, bir hây-u-hûy'dur gitmekte...

Millî Mücadele başlamış ve mektebin, Prenses ellerinden öpmeğe namzet vals ve muaşeret edebî mütehassısı talebesi, birden bire maddî ve mânevî sefalete düşmüştür...

İstanbul'da ittihatçıların polis şeflerinden olan büyük dayım da Anadolu'ya geçmiş, vilayetlerden birinde polis müdürü...

Bizden, hususiyle mektebi bitirip deniz talebesi ve mühendis (ikinci mülâzım - teğmen) olan talebelerden de Anadoluya kaçan kaçana...

İçinde hayatımın en güzel dört senesi geçen ve şahsiyetimin temel duyguları pişen Bahriye Mektebine artık sığamıyorum. Fena halde sıkılıyorum. Niyetim Darülfününa (Üniversiteye) gitmek ve orayı bitirmek... Edebiyat değil; çünkü sanatkârı ders olma yolundan geçmeğe muhtaç görmüyorum. Meselâ, felsefe şubesi...

Mektebin namzet sınıfından ayrı, üç harp sınıfını bitirdikten ve mezuniyet vaziyetine geçtikten sonra diplomalarımızı beklerken, birden bire ilâve ettikleri dördüncü sınıf o kadar canımı sıktı ki, bu sınıfı bitirmemeye karar verdim. Kararımı küçük dayıma acıklı ve gayet edebî bir mektupla haber verdim ve onda bulduğum izin tavrı üzerine yıl sonunda imtihan kâğıtlarını boş olarak teslim ettim.

Kaydımı sildiler. Bir müddet sonra da elime o tarihte namzet ve sadece üç harp sınıfından ibaret Bahriye Mektebini tamamen ikmal ettiğime dair bir vesika verdiler.

Aradan 30 yıl geçecek ve meşhur Malatya dâvasının savcısı, esas ile hiçbir alâkası olmadığı halde benim Bahriye Mektebinden ahlâksızlıktan kovulduğumu iddia edecektir. Yahudi ve Mason tesiri altında hiçbir insanın düşemeyeceği bir şenaat derecesine düşen, bir aralık Bakan koltuğunda da oturan ve sonra bir trafik kazasında ölen bu savcıya cevabım, elimdeki vesika ve şu anda Türkiye Cumhur Reisi bulunan sınıf arkadaşım Fahri Korutürk'tür.

ELVEDA

Babam annemden ayrılmış ve başka bir kadın almıştır. Yeryüzünde yalnız çile çekmeye ve en genç çağından sonra bir daha erkek yüzü görmemeye mahkûm annem, küçük dayımın yanındadır.

Bahriye Mektebinden çıkınca birden bire kendimi, köprü üzerinde, küçük dayımın yaptırdığı sivil elbise içinde buldum. Sokaklarda elvan elvan, biçim biçim, İngiliz, Fransız, İtalyan askerleri, gittikçe açılan (Tango) çarşaflı kadınlar, İstanbul'un içine birer fuhuş şeytanı halinde düşen beyaz Ruslar, nereye gideceklerini ve ne yapacaklarını şaşırmış beyaz sarıklı hocalar, yere eğik astragan zabit kalpakları ve fesler; hummâsız ve meselesiz kafalar üzerinde kırmızı fesler... Hiçliğe doğru uğul uğul akan bir cemiyet...

Elveda Bahriye Mektebi; çamlarının altında, rıhtımının taşlarında, dershanelerinin sıralarında, teneffüshanelerinin masalarında, dörder çifte işkampavyalarında ve süt beyaz kotralarında, kendime gelişimin en rikkatli anlarını yaşadığım unutulmaz bucak...

•

Erzurumda polis müdürü bulunan büyük dayımın yanına gittik. Ben, annem ve anneannem... Bir ecnebi kumpanyasının vapurunda güverte yolcusu olarak, denklerimizin üzerine uzanmış, Trabzon ve oradan yaylı arabayla sekiz günde Erzurum... Niyetim, kışın son demlerini Erzurum'da geçirdikten sonra İstanbul'a küçük dayımın yanına dönmek ve sonbaharda «Darülfünun»a girmek... Yolda, Zigana dağlarının çam ağaçları ve herbirinin ağzından halat kalınlığında billur sular akan pınarlarla süslü heybeti, Kopdağının da göklere doğru kabaran ziynetsiz ve içine kapanık haşmeti beni büyüledi. Yolda, bir handa iri bir ağaç kovuğundan farksız odamızda, kuru nevalelerimizi yerken, birden korkunç tüfek sesleriyle irkildik. Bir yaylım ateştir gidiyor. Meğer İnönü zaferi değil miymiş... Köylüler bayram etmekte... Kendi dünyasında yaşayan ve dış dünyaya bir (hiyeroglif) gibi bakan anneannemin masum üstü masum bir lâfı:

– Bari dışarıya çıkalım da bir gazete alalım!

Kop Dağında gazete!!!

Arabacımız, daha doğrusu birçok arabanın sahibi, aynı zamanda bir eşkiya çetesine kumanda ettiği söylenen Tevfik, rahvan bir atla yanımızdan gidiyor ve arada sırada araba sürücüsünün yanına geçip beni atına bindiriyor... İşte, bende at merakını uyandıran ilk vesilelerden biri... Bu at ilgisi, Erzurum'da, konağımızın ahırına bağlı bir ata boyuna binmek, ondan sonra süvari zabiti üniformasını taşıyacağım günlerde büsbütün azmak ve oturduğum bahçelik ve kırlık semtlerde daima ahırımda bir, hatta iki soylu at bulundurmak suretiyle 60 yaşıma kadar benden ayrılmadı.

Erzurum; sonraları Anadolu'nun en saffetli yerlerinden biri olarak kalbime nakşedilen Erzurum'da, bu yere ve onun yerlisine ait ilk intibam yine ata bağlıdır:

Bir gün ahırımızda âriyet olarak bırakılan ve benim besleye besleye şişirdiğim, hattâ azgınlaştırdığım ata binmiş, çarşı tarafından geçiyordum. Her taraf kar... Kar iki yana tepeleme çekilmiş ve ortasında ancak tek adamın geçebileceği, üstüne kömür tozu serpili ince bir yol bırakılmış... Atım azgın... Kantarmaya abanmış, yavaşlamak bilmez bir hızla ilerliyor, dizginlere asılışıma hiç aldırmıyor, önümde baştan aşağı damalı bir çarşafa bürülü bir kadın yürüyor. Kadına çarpacağım! Ata hâkim olamamamın hicabiyle kadına haykırmak zorunda kalıyorum:

– Hey, hatun! Kenara çekil!

Nereye çekilsin?.. Kar yığınının tepesine mi çıksın?.. Kadın dönüp arkasına bakmıyor bile... Var kuvvetimle dizginlere asılıyorum. At biraz yavaşlıyor, fakat kadına hafifçe çarpmaktan da kendini alamıyor. Birden dizginlere yapışan ve atı zınk diye olduğu yere mıhlayan bir el... Genç bir Erzurum dadaşı...

– Ata binmeyi bilmezsin! Zenne kişiye de çarparsın! Nola senin halin!

Korkunç hakaret!.. Bu hakarete hak verip geçeceğime onun daha büyüğüne lâyık bir âdilikte bulunuyorum. Polis Müdürü dayımın mevkiine güven duygusuyla genç Erzurumluya diyorum ki:

– Sen benim kim olduğumu biliyor musun?..

İşte o zaman Erzurum delikanlısı, beni hayran bırakan ve aslâ hatırımdan çıkmayan cevabını veriyor. Yüzüme nefretle bakıp atımın sağrısına bir tokat aşkediyor ve:

– İstersen vâli paşanın oğlu ol, diyor; haydi çek git!

Ufukları, feza cüsseli bir pehlivanın şişkin kol adalelerini andıran dağlarla sınırlı, geceleri aya merdiven dayamak ve yıldızları yemiş gibi koparmak hissini verici, hiçbir şek ve şüphe karartısı taşımaz, berrak, sonsuz berrak bir madde çerçevesi içinde, işte en basit bir Erzurum delikanlısının tüttürdüğü mânadaki saffet ve asalet!..

Aradan uzun yıllar geçtikten sonra, güya Erzurumlu şair Kemalettin Kâmi'ye (Kamu) bu madde ve mâna hususiyetlerini anlattığım zaman, o benzetişime hayran olmuştu. Halbuki o, hâlis bir Erzurumlu, yahut Erzurumlu'nun hâlisi değil, tersiydi; en ucuz tarafından bir inkârcı, bir dinsiz...

Ne örümcek, ne füsûn;
Kâbe Arabın olsun,
Çankaya bize yeter!

Diyen adam...

OK MEYDANI

O kışı Erzurum'da geçirdikten sonra İstanbul'a döndük. Küçük dayımın Kasımpaşa'da tuttuğu, küçük ve ahşap ev... Tepelerde, Ok Meydanına yakın bir semtte...

Sonbaharda Darülfünun'a gireceğim. Felsefe şubesine... Gündüzleri felsefe ve edebiyat okuyor, akşam üzerleri de Ok Meydanı'na doğru gezintiye çıkıyorum. Haliç ve İstanbul yakası, gök mavisi bir duvar üzerinde, bir işleme gibi görünüyor bana... Haliç ve Topkapı'dan Sarayburnuna doğru kubbeler ve minareler... Bu manzaradan isim veremediğim bir hasret tüttüğünü hissediyorum. Bir giden var, bir beklenen var. Ok Meydanı'na çıkan yollardaysa tozu toprağa katan ve matemli bir kadın gibi saçını yolan bir rüzgârdan başka bir şey yok.

Düğümlenirken uzun yolların ufukta ucu,
Bugün de gelmedi, hasretle beklenen yolcu.

Ok Meydanı gezintilerimde içimi şiir rüzgâriyle şişiren demlerin bana aruz vezninde söylettiği ilk denemelerden biri...

İlk şiirlerimden biri (postayla göndermiştim) bir gazetenin edebî ilâvesinde çıktı. Heyecanım büyük... İsmimi matbaa harfleriyle şiirimin altında görünce, sandım ki dünya - âlem o ânda gazeteye eğilmiş beni okumakta... Elimde gazete, çarşıdan eve doğru yürürken, nargilesini çeken kasap, esneyen bakkal, sırıtan manav ve şunun bunun, yanıma koşup:

– Tebrik ederiz Necip Fazıl Bey! İşte şöhrete kavuştunuz!

Dememelerinden âdeta hayretteydim.

Bahriye Nezaretinden aldığım tahsil vesikasında, sonradan ilâve edilen dördüncü sınıfı bitirmediğim kayıtlı olduğundan bununla «Darülfünun»a kabûl edilip edilmeyeceğim bir meseleydi. Hiç uğraşmamaya, hakkımı tesbit ettirmek için zahmete katlanmamaya karar verdim.

O zaman, ya lise, yahut yüksek mektep diplomasiyle, olmazsa imtihanla girilen «Darülfünun» kapısındaki istekli kalabalığına karıştım ve imtihanı parlak şekilde kazandım.

DARÜLFÜNUN

Cumhuriyetin ilânı yakın. Ben 17 yaşlarındayım. Bahriye mektebinde olduğu gibi Üniversitenin de belki en küçük talebesiyim ve şimdiki Edebiyat Fakültesinin bulunduğu yerdeki Zeynep Hanım konağının ve sonra eski Harbiye Nezareti binasının en hareketli çocuğuyum. Darülfünun'u yeni bitirmiş olan Hasan Âli Yücel, Zeynep Hanım konağındaki Darülfünun Kütüphanesinde (Hâfız-ı Kütüp) kütüphane memuru ve arkadaşım... İlk şiirlerim ona okunuyor ve o, bunlara bayılıyor.

CUMHURİYET Mİ, ASLÂ!

Refet Paşa, Ankara'nın fevkalâde mümessil ve murahhası olarak İstanbul'a gelmiş ve misli masallarda görülmedik bir kucaklanışla karşılanmıştır. Yedisinden yetmişine, hayır, henüz doğanından ölmek üzere bulunanına kadar bütün İstanbul sokaklarda, Paşanın geçeceği yollarda...

Zaif vücudu, zarif edası, incecik astragan kalpağı ve gayet güzel kesilip biçilmiş çizmeleriyle Refet Paşa, arabasında doğrulmuş, göklerin tavanını zangırtadan şu halk çığlığını dinliyor:

– Yaşa, Paşa! Vatan kurtarıcılarına selâm!

İstiklâl Savaşı zaferi'nin halkta uyandırdığı ilk duygu...

Paşa, Zeynep Hanım konağına, «Darülfünun»a geldi. Gençliğin omuzları üstünde yukarı salona çıkarıldı ve yüzlerce talebe, hoca ve alâkalıya karşı tantanalı bir nutuk çekti. Bu nutka, her şeye ilk veya son demde sahip çıkmayı bilen dönme profesörlerden Müslihiddin Adil de, yayvan ağızı ve iki tarafa bir öğütme makinesi şeklinde çaprazvarî gidip gelen çenesiyle aynı parlaklıkta bir cevap verdi.

Refet Paşa elinde bir Alman mecmuası, bağırıp duruyor:

– Bakın şu mecmua ne yazıyor? Zaferin peşinden, Anadolu Hükümeti, kısa zamanda Cumhuriyeti ilân edecekmiş!.. Bu gidişin varacağı nokta burasıymış. Aslâ, aslâ efendiler, millî hükümet ve Türkiye Büyük Millet Meclisinin aslâ böyle bir niyeti yoktur!..

İşler daima böyle başlar ve bilindiği gibi biter. Üç sene sonra, artık gözden düşmüş Refet Paşa'nın Ankara - İstanbul arası bana trende neler anlattığını göreceksiniz.

ÜSTÂDLAR

Birgün «İkdam» gazetesine gidip Yakup Kadri'yi gördüm. Henüz Anadolu'ya geçmemiş ve Ankara'ya taşınmamıştır. «İkdam» gazetesinde «Tahlil ve Terkip» başlığı altında yazılar kaleme almaktadır.

Yakup Kadri, üslûbu ve «Edebiyat-ı Cedide» budalalarına nispetle zengin dünyasiyle, Bahriye Mektebinden beri ruhumu çekenlerden... Hususiyle onun «Erenlerin Bağından» isimli nesirlerine günlerce abandığım olmuştu. Bir gün de onun için edebiyat muallimimiz, tasavvufçu İbrahim Aşkî Bey:

– Erenlerin bağına girmiş ama üzümünü yiyememiş...

Demişti. Kaydetmiştim.

Bugün, üzümünü yiyememek şöyle dursun, erenlerin bağına girmiş olmasını da kabûl edemeyeceğim, bu kabuk üstü derin adam, o zamanlar bana, kalem ve fikir haysiyetinin ve iç murakabeye sahip muharririn ta kendisi gibi görünmüştü. Sahte büyüleri çözülüp, çehrelerinin olanca sığlık ve kabalığiyle meydana çıkan ve bütün sihrini kendinden değil, bizim ruh püskürtümüzden aldığı belli olan kadın misâline denk, Yakup Kadri, benim gözümde, boyaları dökülmüş bir ahşap maddedir...

İLK ŞİİRLERİM

Evet, Yakup Kadri'yi görmek için, «İkdam» gazetesine gittim.

Odasının kapısını vurdum. Gür ve tok bir ses «giriniz» dedi. Girdim ve elimdeki defteri masasına bırakarak:

– Ben, dedim; Felsefe talebesiyim. Şiir yazıyorum. Takdir ettiğim ender kalemlerden biri olduğunuz için şiirlerimi size getirdim. Beğenecek olursanız neşirlerine lütfen delâlet edersiniz.

Ve tek kelime beklemeden ve eklemeden çıkıp gittim. Kalem kaşları, açık alnı, vakârlı çizgiler taşıyan yüzüyle

Yakup Kadri, üzerimde iyi bir tesir bırakmıştı. Onda, Bahriye Mektebinden hocam ve sonraları, ahbabım Yahya Kemal'in, ya dalgın ve unutkan, yahut yılışık ve lâubali yüzünden eser yoktu.

Vilâyet Mescidinin solunda, (Arşiv) dairesinin bitişiğindeki ahşap binada (hâlâ duruyor) karargâh kurmuş olan «Yeni Mecmua» onun fikrî idaresindeydi.

Bir iki hafta geçti, geçmedi; kafamda bir bomba!!! 17 yaşındaki çocuğun şiirleri en genci 35 - 40 yaşındaki üstadların yazıları arasında yayınlanmaya başlamaz mı?..

Mecmuaya bakan, Fevzi Lûtfi (Karaosmanoğlu)... Mecmuanın etrafında Yakup Kadri, Ahmet Haşim, Yahya Kemal, Halide Edip, Refik Halid, Ahmet Refik, Köprülüzâde Fuat ve benzerleri... «Yeni Mecmua»nın bu Ziya Gökalp'ten sonraki devresinde, fikir yazılarını, daha ziyade Darülfünun hocaları yazıyor; ve ilk hamlede oraya kabûl edilmek bir muvaffakiyet sanılıyor.

Güya tasavvufî bir hava tütüyor ilk şiirlerimden. Çilesini çekmeye henüz (12-13) yıl uzak olduğum dâvanın, bütün inceliklere uzak, (fantazi) plânında bir heveskârıyım. «Ben»i büsbütün ezmek ve süründürmek yerine taht'a oturttuğumun farkında değilim.

Bir benliği bin secdeye versem,
Vermek, yine benden, yine benden

Yahut, satıh içi kof kelime plânında bir özeniş:

Sevgilime kul oldum,
Güzelliği seçeli.
Varlıkta yoksul oldum,
Benliğimden geçeli.

Vücut ruha ağ gibi,
Bir düğümlü bağ gibi
Muhabbet, menbâ gibi
Kevserinden içeli

Aruzla hece vezni arasında bocalıyorum. Fakat temel daima hece...

Benim de yerim bu el oldu yâhu
Gençlik bahçesinde sel oldu yâhu!
Çünkü tâ derinden bağrımı yaran,
O başımın tâcı el oldu yâhu!
Saçları boynumda dalgalandı da,
Beni boğmak için tel oldu yâhu!
Ateşte yaktıktan sonra nefesi
Külümü savurdu, yel oldu yâhu!
Ben bu halden ibret almadan göçtüm.
Ondan ibret alan, el oldu yâhu!

17 - 18 yaşlarının gayet acemi ve iptidaî şiir çabalayışı...

SES

Zamanenin «Edebiyat-ı Cedide» kartonlarından sonra «Fecr-i Âti» kuklalarından elenmiş üstadları, bu çocuğa ve onun getirdiği yeni sese hayran... Hece vezninin Ziya Gökalp devşirmeleri, Yusuf Ziya, Orhan Seyfi, Faruk Nâfiz gibi şairler de, aralarında Nazım Hikmet, müşterek şiir broşürleri çıkarıyor, bir ikisi işi güldürmecilik esnaflığına dökmeyi fikir ve şiir çilesinin üstünde tutuyor; ve ana dile açık Türkçenin bu ilk ve posa şairleri, «Yeni Mecmua» sütunlarına lâyık görülmüyor. Henüz «Hece»nin kemmiyet âleti üstünde, keyfiyet cevheri getirilmemiştir.

Delikanlı muhayyilemde o kadar büyüttüğüm bu üstadların, birkaç temas içinde gözümde nasıl karagözleştiklerini, sığlaştıklarını anlatamam. Hepsinde bir cüce hırsı ve birbirini küçültme çabası, ceketlerinin altından çıkmış bir iç çamaşırı gibi meydanda...

Yukarıda, «Yâhu» redifli şiiri gördünüz ya!.. «Mezar Kitâbesi» adını taşıyan bu şiir için, bir gün Ahmet Haşim'in «Yeni Mecmua» idarehanesinde Fevzi Lûtfi'nin yanında bana söylediği sözü unatamam:

– Çocuk! Bu sesi nerede buldun sen?

Sonra, verdiği rütbeyi kıskanmış olacak ki, ilâve etti:

– Kendini bir şey sanma! Yakup Kadri'nin seni tuttuğuna da bakma! Tesiri altındasın da ondan... Sanatkâr, tesiri altında kalanı sever.

En aşağı 35 - 40 yaşındaki üstad pâyeli insanın, 18'lik çocuk heveskâra söylediği bu söz, o zaman bana çok dokundu. En iptidaî zaaflarını, cücelik duygularını yenemeyen bu insanlara karşı:

– Hale bak sen; kimlere inanıyoruz?

Diye düşünmekten ve o çağda bile beni gerimdekilerden ayıran sınır çizgisini görmekten nefsimi alıkoyamadım.

«Yeni Mecmua»nın pişmiş üstadları, bu koca kafalı ve yeni sesli çocuğa hayretle bakıyorlardı.

Bana gelince, nefs zebunluğu bakımından onlardan beterdim. Belirtmiş olduğum gibi neşredilmiş ilk şiirimden başlayarak, dünyada artık beni tanımayan tek kişi kalmadığını, kahvelerde, sokaklarda, salonlarda hep beni konuştuklarını sanıyordum... Herkes cüce, bense dev...

HAYRAN

Hayranlarımdan biri de Mustafa Şekip Tunç. Üniversitede Ruhiyat Hocamız Mustafa Şekip...

Gece gündüz onun Süleymaniye tarafındaki ahşap evindeyim. Sınıfta kendisini dinlediğim Mustafa Şekip, evinde sabahlara kadar beni dinliyordu. Gitgide hocalık ve talebelik tersine döndü ama, onun, ileride bir hayli yumuşattığım ruhunu bir türlü pazarlıksız imana çekemedim.

Mustafa Şekip'in ben talebesiyken doğan ve Güzel San'atlar Akademisi Mimarî şubesinde benim talebemken ölen erkek çocuğu için bebekliğinde bir ninni yazmıştım. Galiba bu çocuk beni, hele ölüm döşeğindeki son ânına doğru, babasından daha iyi anladı. Babasının putperest adı «Şâman» ismini taktığı çocuk, son anlardaki telkinimle Müslüman öldü.

•

Üniversitede Ahmet Kutsi Tecer ile Ahmet Hamdi Tanpınar, arkadaşlarım... Ahmet Hamdi Edebiyat Fakültesinde ve bizden daha eski... Kutsi ise «Dâr-ül Muallimin-i Âliye: Yüksek Muallim Mektebi»nde yatakhane arkadaşım... Ahmet Hamdi'nin lâkabı «Kırtipil Hamdi».. Kutsi lâkapsız...

Mısır püskülü renginde açık sarı saçlı, gayet (karakteristik) kalın dudaklı, son derece sâkin tavırlı ve hislerini peçeleme sanatında usta Ahmet Kutsi Tecer de şair... Fakat ne o, ne Ahmet Hamdi henüz neşir plânına çıkabilmişler...

Ahmet Hamdi'yi Üniversitede gözüm hiç tutmadı. Fakat Kutsi ile çabucak kaynaştık. Bu kaynaşma, daha ziyade onun bana tahammül etmeyi bilmesinden, (kapris)lerime sessizlikle cevap vermesi ve onları sineye çekmesinden doğuyor. Şiirleri de, bir gergef hünerinden ileriye geçmiyor ve (metafizik) ürpertiye yanaşamıyor. Ama muhakkak ki, «hece»ye yeni bir zarafet, âhenk ve (mistik - sırrî) bir dil getirmek istidadında... Kutsi'nin bu dış yüzden işçilik sanatını o kadar beğeniyorum ki, onu bir müddet sonra tanıdığım Peyami Safa'ya bir harika diye vasıflandırıyorum. Her şeye (Şarlok Holmes)den kopya, «Cingöz Recai» gözüyle bakan Peyami Safa da, bu kadar medhin altında benim kuvvet ve rahatlığımı sezeceği yerde, zaafıma ve sırrımı ağzımdan kaçırmış olmama hükmediyor ve ileride, çok ileride, çeyrek asır sonra yazacağı bir yazıda polis hafiyeliğini yerine getiriyor ve Kutsi'yi şiirde benim üstadım diye gösteriyor. Hattâ aynı zat, benim «Kaldırımlar» şiirimin kendinin bir romanından araklama olduğu vehmini sonuna kadar muhafaza etmiştir. Eğer bu şiirle onun romanının neşir tarihlerine bakılacak olursa, iş lâboratuar kesinliğiyle de anlaşılır ve bu takdirde Peyami Safa'nın romanındaki o pasajı benden çalmış olması icap eder. Fakat hayır! O pasajla benim şiirim arasında öyle bir keyfiyet farkı vardır ki, Peyami'yi benim evimden çaldığı İsfahan halısını bir çuvala çevirmiş olmaktan tenzih ederim.

1923'den 1943'e kadar en sıkı - fıkı dostluk çerçevesi içinde tanıdığım Peyami, bakın nasıl yoluma çıktı?..

ARKADAŞ

Beylerbeyi'nde oturuyorduk. Hayatı boyunca bana fazla bir alâka göstermemiş olan babam, ben daha Üniversiteye girmeden ve 33-34 yaşlarında ölmüştü. Ben daima annem ve küçük dayımla beraberim. Bir de, malûm mübarek anneannem...

Beylerbeyi'nin yalılar boyu caddesindeki çınarlar arasında ve şiir hummâları içinde gidip gelirken, daima bir gölgeye rastlıyordum. Elleri arkasında, benim gibi koca kafalı, üstelik cılız vücutlu, hep düşünceli, spor ceketli ve gri pantalonlu, ihtiyarla çocuk bulamacı bir genç... Onun için, muharrir, romancı demişlerdi.

Bir gün Boğaziçi vapurunda, Hasan Âli Yücel, onu bana takdim etti.

– Peyami Safa Bey...

Ve aramızda hemen büyük bir dostluk tutuştu. İkinci Dünya Harbine kadar süren, derken siyasî görüş ayrılığından gölgelenen, hele benim mürşid eşiğinden içeri göz atışımdan sonra büsbütün tavsayan; Türkiye'nin en büyük şairi bilinirken Müslümanlıktan başka gâye tanımayışım meydana çıkınca, benden teker teker el çekenlerle bir hizada pörsüyen, tekrar canlanan ve aynı gâyede buluşuyormuşuz hissini veren; yine, çatlayıp kuruyan ve öylece kalan mahzun bir dostluk... Ama gençliğimin en sıcak dostluklarından biri. Boyuna çizgisine girer gibi olup, sonra çizgisinden çıkar gibi olan, fakat hiçbir zaman tam zıddına dönmeyen bu eski dostluğu, arada bir tersine çevirici tek saik, daima Peyami'nin değişmeleri olmuştur. Biz sabit kaldık ve hep yerimizde bekledik. Zira yerimizi bulmuştuk.

PARİS

Cumhuriyetin ilânından bir yıl sonra Maarif Vekâleti bir imtihan açtı: Lise ve Üniversite mezunlarından Avrupa üniversitelerinde tahsile gönderilecek ilk Cumhuriyet talebesine mahsus imtihan... Darülfünunun son sömestreleri sırasında ve Yüksek Muallim Mektebinde bulunduğum, Anadoluculuk ideali gütmeğe başladığım, Anadolulu gençlerin (Mükrimin Halil, Hilmi Ziya Ülken, Ahmet Halit Bayrı) çıkardığı bir dergide (Anadolu Mecmuası) şiirlerimi neşrettiğim bu hengâmede, Avrupa, gözümde pırıl pırıl ışıldamaya başladı. Matbaayı getiren İbrahim Müteferrika, (Versay) hayranı Yirmisekiz Çelebi, (Şarlotenburg) meddahı Sadullah Paşa, ucuz Hürriyet Kahramanı Namık Kemal, Tanzimat zarifi Abdülhak Hâmid'den beri bir çoğunun gidip de hakikatte hiçbir şey getirmediği ve buradaki temelle oradaki çatıyı birleştiremediği Avrupa.

İmtihana girdim ve galiba en iyi derecelerden biriyle kazandım. Yabancı dil imtihanını İngilizceden verdiğim halde Londra'ya değil Paris'e gönderiliyorum ve altı ay lisan öğrenme müddeti almış bulunuyorum.

Gazeteci mânasına muharriliğim de o tarihte başlar.

Paris'e hükümet talebesi olarak gönderilişimin resmî muamelesini de ikmal etmek için, «Vakit» gazetesinin Ankara muhabiri sıfatiyle yeni idare merkezine, odun yakan bir lokomotifin arkasında ve 36 saatte vardım.

Toz, çamur, kerpiç ev ve astragan kalpak panayırı bir Ankara...

Her işimi bitirip dönerken de trende Refet Paşayla karşılaştım. Yalnız ikimizin bulunduğu eski ve kırmızı kadifeli birinci mevkide, o günlerde bazı arkadaşlariyle muhalefete geçmiş olan Paşa, bana içini döktü:

– İstanbul'da nasıl karşılandığımı bilirsiniz! Şu, varmak üzere bulunduğumuz Eskişehir'de beni bekleyen askerî kıtalar nerede şimdi? İlâhi kanun mutlaka yerine gelecektir...

•

Galata rıhtımında cebimdeki Türk liralarını en yakın sarraftan Fransız frangına çevirip bana getiren şiir dostum Ahmet Kutsi, yanında beni uğurlamaya gelen Mustafa Şekip...

Mustafa Şekip, veda ânında ve herkesin duymasını istediği bir tonla dedi:

– Tarihin malı olduğunu unutma!

KÂBUS ŞEHRİ

(Bormida) isimli, salapurya büyüğü bir vapurla Marsilya'ya hareket ettik. Aramızda vapurda yemek verilmeyeceğini sanıp da çıkın çıkın nevalesini yanına alan ve sonra yemek verildiğini görünce onları kamarasının lûmbozundan denize atan şu mahut felsefeci, Kâinatın İlâhi vahye muhatap Efendisine felsefe isnat edecek kadar anlayışsız ve nasipsiz Cemil Sena, Şeyhülislâm Hayri Efendi'nin oğlu Suat Hayri (Ürgüplü), (Enerjetizm) adlı bir felsefe nazariyesi icat ettiği zannında Namdar Rahmi gibi tipler ve son derece alâkaya değer bir genç, Burhan Ümit (Toprak)... Çoğu İstanbul yaldızlı bu kerpiç tiplerle bir arada Paris'e ilk Cumhuriyet talebeleri olarak gidiyoruz. Yolda zavallı salapuryamızın küçücük bacasiyle iki sıska direğine kadar bütün gövdesini yutup sonra kusan, fırtınalı bir deniz üzerinde 7 gün çırpınış ve Marsilya...

«Harb-i Umumî»ye «Harab-ı Umumî», hünkârlık makamındaki bazı tiplerin taşıdığı «Gazi» ünvanına «hava gazı» gibi adlar takarak, insanları ve hâdiseleri kafiyeli kelime oyunlariyle yaftalamaya bayılan bir hariciyecinin sonradan yakıştırdığı tâbirle «Buhran Nevmid», yani Burhan Ümit, gölgem kadar yakınım... Paris hayatım boyunca hangi semtte, hangi otel ve pansiyonda oturdumsa beraberimde... Bıyık bıraksam bıyık bırakır, kessem keser. Öyle ki bıyığımın sol tarafını kesip sağını bıraksam o da öyle yapar. Ama sanılmasın ki, Burhan basit bir madde kopyacısı. O kendi ifadesiyle «Yaşanmaya değer hayat»ı arayan, içi içine sığmayan, şahsı ve cemiyetinin hayat ölçülerinden iğrenen, tarihî gelişimimizin getirdiği bazı inkılâplaraysa hiç güveni olmayan, sahteyi sezen ve «mutlâk»ı dileyen ulvî rahatsızlardan biridir; ve kendisindeki bu kıvılcımlanmayı bir anda yangına çevirici bir insan ve arkadaş olarak beni bulmuştur. Bense henüz kendimi bulmaktan uzak olduğum o devirde bu buhranlı gence karşı, (Şekspir)in «olmak mı, olmamak mı?» diye ifadelendirdiği gidiş gelişlerimle tam bir (solusyon - hâl şekli) mevkiindeyim. Halbuki namzedi olduğum gerçek hâl şekline ve onun ergin ve olgun tavrına henüz ne kadar uzağım!

Paris hayatım, benim de kendi kendimi arayışımın müthiş helezonları ve korkunç girinti ve çıkıntıları arasında, nefs cesareti bakımından hayâl yakıcı bir tablo çizdi; ve Burhan Toprak bu tabloya, daima uzaktan anlar gibi olup da aslâ yanaşamadığı ve bir nevi (burjuva) muvâzenesini feda edemediği bir hayranlık gözüyle baktı. Bütün ömrünce de içine dalamadığı «nâr-ı beyza» potasının dıştan hayranı sıfatiyle mırıldandı, durdu:

– Hayat mı, eser mi?.. İşte bütün mesele?..

Ve...

Ve yaratılışındaki nâdir mayaya ve onun donacağı kalıbı aramaktaki kıvranışlarına rağmen, ne özlediği hayatı yaşayabildi, ne de eserini yazabildi. Yanık bir kafa, hazin bir örnek olarak, geldi, geçti.

Kâbus şehrini bendeki tesiri bakımından kendi aynamda mânalandırırken, bütün kırık döküklüğü içinde benim aynam olmaya doğru giden Burhan Toprak'ta özleştirmek mümkündür.

İhtilâç, râşe, takallüs, hafakan üfleyici ve semânın bütün yıldızlarını maskeleyen ışıkları ve canavar dizisi halindeki binalariyle, bir şeyi, büyük bir şeyi peçeleyici kâbus şehri... Kadını, kumarı, içkisi; (bohem) hayatı, şüpheci felsefesi, sar'a nöbetleri içinde sanatı; çözmeye çalıştıkça dolaşan ve büsbütün düğümlenen meseleleriyle Paris... Susadıkça gaz içmenin ve gaz içtikçe susamanın ve pırıltılı kadehler içinde ebedî bir su hasreti çekmenin hali... Her türlü madde alâyişi ve nefsânî saadet cümbüşü içinde, hissi iptal edilmiş ruhun ilk bakışta ağrı ve sızı göstermeyen kıvranışlarına yataklık, hüsran beldesi...

Burhan Toprak'la bir gün (Sen) nehrinin bir köprüsü üzerinden geçerken, kendisine şu sözü söylediğimi hatırlıyorum:

–Bir gün gelecek; bu makine dünyasının son buhranı kertesinde beklenen fikir kahramanı zuhur edecek ve kollarını açarak insanlığa seslenecek: «Ne yaptınız, mukaddes emaneti, ne yaptınız?..»

Paris, remzleştirdiği bütün Batı mâmuresiyle beraber, perdenin önünde aldatıcı nakışlar olarak öyle bir (plâstik) hârikası ki, sadece perde gerisindeki karanlık ve haraplıktan haber vermeye memur ve dertli başını taştan taşa vura vura, bunalımdan bunalıma kıyamete kadar köşe kapmaca oynamaya mecbur... Ve işte Batı!

Kâbus şehrindeki hayatımı anlatmaya hicabım ve İslâmî edebim mânidir.

Yalnız üç beş çizgi.

Aylarca şehrin gündüzünden habersiz bir gece yaşayışı... Oteldeki odamın aynası karşısında, yanaklarımı tırnaklayarak döktüğüm gözyaşları... Çok defa otelin sabah kahvaltısından ibaret günlük gıda...

Ve ıstırap, ıstırap, ıstırap... Kendi kendine gelmediği zaman zorla arayıp da bulduğum, bulmak için her şeyi yaptığım, her vesileyle tökezleyip dümdüz yürümeye razı olmadığım ve daima inkisarına istekli çıktığım ıstırap...

Efendim ve kurtarıcıma, 10 yıl öncesinden böyle mi hazırlanıyordum?

FİLDİŞİ KULE

Üstün nizam ve topluluk derken başıboşluk ve serserilik... Üniversite talebeliğinden Paris dönüşüne kadar geçen yılların özü. Ondan sonra bu hâl bende büsbütün azdı.

Şiirimdeki özenme tasavvufî edâ ve Anadolu şiirinin «Koşma» şekline bağlı iptidaî hassasiyet de gittikçe silinip, yerine dipsiz bir korku, sınırsız bir gurbet duygusu, devamlı bir ihtilâç, vecdini kaybetmiş büyük şehirlerin boğucu kâbusu geçti. İlk eserim «Örümcek Ağı» birinci; sonraki kitabım «Kaldırımlar», ikinci merhâlenin belirticileri...

Bir de, şiiri kendisinden, öz nefsinden ibaret bilen, ona başka murat biçemeyen, hasis gâyelere bağlı aşağılık tebliğ şiirleri yanında şiirin, öz muradına ancak Allah gâyesiyle varabileceğini ve ancak böylelikle telkin şiiri olabileceğini henüz kestiremeyen, ham ve yarım bir (poetik) anlayışı...

Ve bu anlayış icabı, Fransızların «Fildişi Kule» dediği hodbinlik hisarına çekilip meydan ve «avam» şairi olmaktan nefret duygusu; ve ancak Çin Mandarenleri sayısında bir seçilmişler ve süzülmüşler, «havâs» zümresine hitap zevki...

Halbuki Peygamberler, seçilmişler ve süzülmüşlerden, «havâs»dan hiçbir ferdin ulaşamıyacağı mucizelerini meydan yerine ve «avam» perdesine dökmüşlerdi. Dâva ise, mutlak eşsiz ve münezzeh Peygamber tecellisinden sadece bir hikmet payı alıp, kendi oluş çapı içinde, en üst ve en alt tabakayı birleştirebilmekte...

Yani, Peygamber, her şeyde olduğu gibi, şiirin usûlünde de rehber...

Şiir ve sanat, kendisini mutlak hakikate memur ederek ve müessese hikmetini mutlak hakikate doğru ebedî bir arayış diye çerçeveleyerek, bir yandan sonsuz meçhuller iklimine fener tutan ve eşyanın nabzını sayan bir telkinci, öbür yandan da aynı dâvaya bağlı içtimaî heyecanın bestekârı ve dış ölçülerin mimarı bir tebliğci sıfatiyle, iç ve dış gâyesini birleştirmiş olur.

Bu işin de gâyesi;

Allah...

Sâf şiirin bizde en büyük ustaları, Yunus Emre, Bâki, Fuzulî, Şeyh Galip; başka hangi mihenge vurulabilirler?..

Ancak Mürşid kapısında üflenen havanın yüzüme çarpmasiyledir ki, çözebildiğim bu sırra, o zamanlar alabildiğine uzak; sert ve dikenli bir benlik kabuğunda mahpus ve alabildiğine başıboş, genç, pek genç sanatkâr... Sanatı sanat için bildiği gibi, toprak üstü sürüngen yaşayışını da gerçek hayat sanan ve başını göğe kaldıramayan mağrur cüce...

BOHEM HAYATI

Avrupa talebeliği imtihanındaki başarım yüzünden sömestrelerini ikmal etmiş olduğum resmen kabûl edilen Üniversiteye bir daha uğramadım. Devlet kapısından irkildiğim için bir ecnebi bankasına girdim; mahut konağın, ben Paristeyken ölen cici annemden kalma hissesini 10 kuruş yerine 1 kuruşa satıp yedim; Heybeliada'da hasta döşeğinde beni gözleyen sevgili anneme koşacak bağlılık duygusunu bile kendimde bulamadım ve hep o şeytan kabuğunun içinde, nefessiz ve huzursuz, sürünmekte devam ettim.

Banka memuriyetiyle Anadolunun cenubu... Tez vakitte soluk soluğa İstanbul'a dönüş... Banka memuriyetiyle Anadolunun şimali... Kısa zamanda nefes nefese yine ana şehre avdet... Bu gidiş ve gelişler, İstanbul'da daralıp Anadolu'da açılmak, sonra Anadoluda patlayıp İstanbul'da ferahlamak isteğinin boş yere baş vurmaları... Yoksa daralmak ve patlamak esas...

Beyoğlu pansiyonlarında ve Fikret Adil'in Asmalımescit

sokağındaki tavanarası garsoniyerinde, ressamlı, heykeltraşlı, şairli, muharrirli, profesörlü bir kalabalığa gömülü, daral, patla, dur!..

Bu hayatın, kendisi yok ama, ismi var: (Bohem) hayatı... Mide gurultusu kadar başıboş insiyakların ve tabak gıcırdatılınca duyulan sinir kamçılanmaları gibi en kaba teessüriyetlerin hayatı... Bu hayat süresince bende, derin bir bunalma, ruh sıkışması, kendinden kaçma, kendini unutmaya çalışma hâli... Belki de bu hâlden kurtulmak içindir ki, kendimi cehennem çarkına büsbütün kaptırmış bulunuyorum. Ve çabaladıkça batıyorum.

Yirmi yaşını henüz aşmışım... Kendi kendimin, kendi mahrem «ben»imin üstüne bir çeki taşı koymuş, taşa da çıkmış, hora tepmekteyim:

– Sus! Sesini duymak istemiyorum!

TENEKE MADALYALAR

Nazım Hikmet'le de çalıştığımız ve biri ruhçu, öbürü maddeci; biri tebliğ, öbürü telkin şiiri olarak karşılıklı iki zıt kutbu temsil ettiğimiz bu devrede, Cumhuriyet gazetesinin Peyami Safa idaresindeki edebî sahifesinde toplanmış bulunuyoruz.

Sene 1928... Benim şiir diyapazonumun herkesçe beğenilmek noktasından en dik irtifaları kaydettiği basamak... Bütün eser mevcudum o zaman 64 yaprak ve 128 sahifeyi geçmezken, hakkımda yazılıp çizilenler bunun on mislini aşmakta... Yakup Kadri, Alp Dağlarından gönderdiği makalelerde beni ilk defa tarafından keşfedilmiş bir dehâ diye belirtir. Nurullah Atâ (Ataç) benim gedikli meddahım geçinir; İsmail Habib «Edebî Yeniliğimiz»de, bendeki his ve hayâl yüksekliğine hiçbir şairin çıkmamış olduğunu kaydeder, Peyami Safa ile Mustafa Şekip de işi, dürüst fikir plânında incelemeye çalışır; ve daha ileride de Yaşar Nabi, ismimi «bir mısraı bir millete şeref verecek şair» diye anarken...

Bunları niçin ortaya döküyorum, biliyor musunuz; bunları, bu teneke madalyaları?.. Ben, O Tepenin rüzgârını aldıktan ve Müslümanlığımı bayraklaştırdıktan sonra, bu insanlardan bir ikisi müstesna, hemen hepsi ve daha niceleri benden yüz çevirdi ve beni, «Sanatına kıyan geri adam» diye yaftaladı da ondan.

Evet; tepemden aşağı bu yarım adamların takdir eşyası, renk renk (serpanten) ve (konfetti) yağmuru halinde inerken, ben bütün bu cümbüşler içinde yine huzurumu bulamıyor, öz çehremi göremiyor; ve ruhumu, üçüncü buuttan mahrum bir satıh plânına mıhlı, çıkartma kâğıdı kelebeğinden ayıramıyordum. Bu kelebeğin canlanması, titremesi, kımıldanması; kanatlarını çırpmaya başlaması ve yapıştığı satıhdan fırlayıp mesafeler boyunca uçması lâzımdı.

Ama nasıl?

Bunun için iki cendereden sıyrılıp çıkmak lâzımdı:

Aletten yoksunluk, hedeften mahrumluk...

Alet, dil, Türkçe... Bu aletin (Pentatonik) basitliği ve havasızlığı beni boğuyordu. Cedlerimizin bu dâvayı kavrayıp Türkçeyi bir çarşaf gibi Arapça ve Farsça meyve ağaçlarının dalları altında açmaları ve yemişlerini devşirmeleri, böylece içinde tek bir mücerret mefhum bulunmayan dillerini düşünür hale getirmiş olmaları bana yapılması şart tek iş olarak görünüyor; fakat bu gidişin iğretilikten ileriye geçemeyişi, bünyeyle kaynaştırılamayışı ve aslî maddeleri almak dururken sarf ve nahvine kadar iktibasçılık yobazlığına düşülmesi, hususiyle «Edebiyat-ı Cedide» devrinde en ağdalı Divan Edebiyatında bile rastlanmayacak ve Arapla İranlıyı şaşırtacak derecede sun'iliğe yol açılması ruhuma son derece giran geliyordu.

Düşünün; aslında idaresi ve hazmettirilmesi bilindikten sonra tam yemişini verecek bu eşsiz kıymetlerin Türkçe'den kovulup yerlerine millî hançere yabancısı hırıltılar alınan yeni dil, adı ve saniyle uydurukça, şimdi bana nasıl görünür?..

Söyleyeyim: Kurbağa vakvaklarından daha sevimsiz ve anlamsız.

Gelelim hedefe, muhit ve cemiyete...

Eski Yunanda bir tracedya şairinin, temsil ettiği marifet adına donanma kumandanlığına bile lâyık görülmesi ölçüsüne karşı, öteden beri şâire bir yarı deli ve tam şapşal gözüyle bakan bir cemiyetten ne bekleyebilirsiniz? Bu cemiyet karşısında, katırlara saman yerine Orkide serpen sanatkârın acısını hayâl edebilir misiniz? Nazım Hikmet ve takipçilerinin sadece şaşırtma ve apıştırmaya dayanan kaba tebliğ canbazlıklarını, en uyanıklariyle marifet sayan bu cemiyette, fezayı titretici telkin fısıltılarına pazar bulabilir, hele ondan sonraki mâna, şekil ve ruh yoksunu mide gurultularını alt alta dizme ve kolayların en sefiline yapışma hünerine karşı idraki bulabilir misiniz?

Ama ne pahasına olursa olsun, olmalıydım; ve «yaşanmaya değer hayat»ı cemiyet ve devlet şekline dek nakışlandırmalıydım.

Eksiğim O'ydu.

ONLAR VE BİZ

Her ân nedamet, her ân nefsinden şikâyet ve her ân ilcalarına körü körüne itaat hâlindeki Burhan Toprak dostumuzun diline pelesenk ettiği malûm söz:

Hayat mı, eser mi?

İçinde bizzat yaşanacak hayata ermek mi, onu hayâl edip beyaz yapraklar üstüne kelimeler dökmek mi?..

Üstün muradı anlatmakta bu çok kısır ifadenin hedefini çılgınca arayan bir oluş hasretinden başka bir delaleti yoktu. Bulunması gereken bizzat hayattı; asıl hayat... Onu bul da evvelâ yaşa, sonra yaz yazabildiğin kadarını... Burada yaşayabilmekle yazabilmek beraber...

Garp âleminde, kendilerince yaşayabilenler, yâni duyup yazabilenler arasında, en mahrem ve azaplı seziş sınırlarını zorlayabilmiş bir kaç isim tanıyorum: Büyük mustariblerden (Paskal), (Bodler), (Göte), (Tolstoy) ve (Rembo)... İlki, insan tefekkürünü zorlaya zorlaya işi Peygamberlerin eteğine yapışmakta bitirmiş, kapkaranlık bir çile deminde birden bire parlayan bir alevle karşılaşmış ve sonunda:

– Filozofların bahsettiği değil, Peygamberlerin haberini getirdiği Allah!

Diye haykırmış ve tek tek bir çok Peygamber ismi saydığı halde, Peygamberlerin Efendisini bulamamış ve kıl farkiyle kurtuluş gemisini kaçırmış insan...

İkincisi, 19. Asır makine medeniyeti içinden, eşya ve hâdiseleri insan hâkimiyetinden kaçırıcı, ne azametli bir buhran gelmekte olduğunu, bilmeden, dumanlı şehirlerin havasını kasvet şiiriyle bestelemiş, şeytana esir ruh...

Üçüncüsü:

– İnsanlar ömürlerinde bir kere bülûğ acısı çekerler; fakat dehânın çocukları, sık sık ve bir çok defa... Böylece her defasında gençleşirler.

Diyecek kadar ulvî nefs muhasebesine yakın, fakat tumturaklı lâfızlar cambazlığına da düşkün, büyük üniformalı, fakat kolayca anlaşılabilecek haşmetli bir lâfazan; bir Fransız edibinin tâbiriyle «muhteşem eşek».

Dördüncüsü, ölüm korkusunu, bir gece hasta yatağından fırlayıp malikânesinin ormanında ve at sırtında ondan kaçmaya kalkışacak derecede ileriye götüren cins hassasiyet... Beşincisi ve belki en değerlisi de, kafasındaki mücerretler hummâsını, en genç yaşta birden bire çıldıracak hale gelip bir anda şiiri bırakmak zorunda kalasıya alevlendirmiş, ondan sonra ömrü devamınca şiir söylememiş, tımarhane korkusiyle tek teşbih yapmamış, Afrika çöllerinde Fransız Coğrafya Cemiyetine kuru raporlar yazmış ve kırkına varmadan Marsilya'da ölürken, Araplardan öğrendiği dille ve ayniyle:

– Allah kerim...

Diye ruhunu teslim etmiş, yırtıcı ve yırtılan idrak...

Ve onun bir sözü:

«– Gerçek hayat burada mevcut değil...»

Yahut:

«– Gerçek hayat buradaki değil...»

Veyahut:

«– Gerçek hayat, var olup da burada olmayan mânasına, nâmevcut...»

Fransızcası: «– La vraie vie est absente.»

Bunların hepsi Allah'ın pervaneleriydi; yol bilmeyen yanık pervaneler... Ve insanda kılavuzsuz, Allah'ı aramanın, bulur gibi olup bulamamanın veya büsbütün kaybetmenin, belki en ileri, fakat ümitsiz cehdini temsil ediyorlardı.

(Sokrat)tan (Bergson)a, (Şekspir)den (Meterling)e, (Epiktet)den (Dekart)a, (Homer)den (Valeri)ye kadar da kol kol, şu veya bu nisbet ölçüsü ve üstelik bir şeye ermiş olmanın mağrur vehmi içinde hep aynı dalgalanış...

Bunlar beni doyuramıyor, büsbütün acıktırıyordu. Maddeciler, kuru akılcılar, ölçüp biçiciler ve beş hasse kadrosunda yaşayanlarsa dairemin daşında... Muhteşem tarafları da olmayan, mağrur ve rahat eşekler...

Artık düşünün siz; Batının oluşunu, hem de gayet acemi ve tereddütlü dış çizgilerle kopya etmek gayretindeki Tanzimat ve sonrası fikircileri ve edebiyatçıları, benim için ne kadar köksüz ve sahte...

En genç yaşta muhitine girdiğim ve «ben Tanzimatı yaşadım ama, ruhunu ve mânasını senden öğreniyorum!» tavrına kadar teslimiyetine şahit olduğum büyükbabam yaşındaki Abdülhak Hâmid ve etrafı...

Her işte ve her yerde Allahı göstermeye mahsus eşyanın gizli dördüncü buudu şöyle dursun, üçüncü buutdan bile mahrum satıh cüceleri, çıkartma kâğıdı kahramanları... Beyni kanayan tek kişi yok...

Eşi Lüsyen hanım hayranımdır ve beni salonunun tuğra şahsiyeti saymaktadır.

NE VAKİT

Hiçbir şeyle doymayan, kanmayan, yetinmeyen, ne şiirimdi, ne fikrim, ne kültürüm... Çocukluğumda görür gibi olup kaybettiğim çarpıcı renk, çekici ses, tılsımlayıcı edâ... Buydu aradığım... Şiirin, fikrin, bilginin üstünde bir âlemden, kapılarımı tırmıklıyan, pencerelerimi zangırdatan işaretler almış ve artık onları bir daha bulamaz olmuştum.

Bütün dış hayat, bildiğimiz bütün oluşlariyle, başımın üstünde bir takım basık tavanlardan ibaret... Onları bir bir yıktıkça, çıkan ikinci katın tavanı da bana alçak geliyor ve ciğerlerimin muhtaç olduğu havaya bir türlü çıkamıyordum.

Çatıyı da yıkamıyordum.

Fikirde daima, ruhçu, tecritçi, sezişçi, keyfiyetçi; sır idrakine bağlı ve ilâhi vahdeti tasdikçiydim. Fakat bu hâller, ateşe kartpostal üzerinden bakmak, onu resimden tanımak gibi bir şeydi. İçine giremiyor, ötesine geçemiyordum. Olamamanın ve tam bulamamanın içime yerleştirdiği huzursuzluğu da hiçbir şey dağıtamıyordu. Geceleri beni topuklarımdan çekip:

– Hani ya, ne vakit?

Diye yalvaran sesi duymamak için de, zaman zaman, kendimi kaba nefsâniyetime büsbütün bırakıyor, en sert nefs esareti altında yaşıyordum.

Kadın:

Bana mahrumluğumu anlatmaktan başka bir şey getiremiyordu.

İçki:

Zaten marazi çaptaki coşkunluğumu kamçılamaya muhtaç olmadığım için onunla bağdaşamıyor, anlaşamıyor, onu fıtrattan sevmiyordum.

Kumar:

İşte felâketim!.. Kendimden kaçmak ve içimdeki sabit fikirleri uyutmak için bende ilâç haline gelen gebertici zehir... Beni çürüten, şahsiyetimi lif lif yolan, dış hayata ve cücelere karşı müdafaalarımı tek tek düşüren bu zehir, şeytanın içime girmek için ruh kalemde açtığı en korkunç gedikti. Paris'ten getirdiğim ve ilk gençlik, gençlik, olgunluk, hattâ ihtiyarlık çağına kadar kendimi su ve ekmek ihtiyacından fazla kaptırdığım, arada bir büyük davranışlar ve dövünmelerle arka çevirip tekrar ağına tutulduğum bu zehir, (Aşil)in topuğundaki zayıf nokta hayâline taş çıkartacak çapta, üstüne şeytanın eli değer değmez teslim oluverdiğim bir ukde yaşatıyordu ruhumda...

•

1928'den 1934'e, böylece altı yıl geçti.

Arada, Ankara'da yerleşip on sene kaldığım ve müfettişliğine kadar yükseldiğim bir banka...

Ankara'da temasım Yakup Kadri ve Falih Rıfkı'nın evleriyle... Geceleri, ya birindeyim ya öbüründe. Falih Rıfkı'nın

İstanbul'dan tanıdığım eşi (paradoks - saçmalık mantığı) ve (aforizm - her şeyi iptal gayreti)ndeki genç şaire salonlarını açmış; ve kocasına aykırı noktalarda bile onun ekşi fikirlerinden hazzetmek zevkini kaybetmemiştir. Falih Rıfkı karısı gibi değil... Bana karşı asık yüzlü ve şüpheci... Medenî adam ölçüsüne leke sürmemek için de beni istiskal edemiyor. Onun, evinde bulunmadığı zamanlarda bile kollarını sallaya sallaya girip çıkan genç şair hakkında esprisi:

– Bir gün gelecek, Necip Fazıl'ı, pijamalarımı giymiş olarak evimde bir koltuğa yaslanmış, bana «hoş geldiniz!» derken göreceğim!

Ankara'da, eski neslin üstadları sayılan Falih Rıfkı, Yakup Kadri; ve yakınları, Şevket Süreyya Aydemir ve Burhan Belge; ilk ikisi Türk inkılâbı dedikleri, köksüz oluşu, öbürleri de bu inkılâba materyalizma ve komünizmada kök arayıcı bir dâvayı savunucu satıh aydınları olarak, nazarımda süslü püslü kuklalar... Düşünmeyi değil de konuşmayı becerebilen...

Derken askerlik, yine Ankara... Vicdan azabı gibi toz toz yağan yağmurunun altında cinnet buhranlarına düştüğüm Trabzon ve oradan İstanbul...

Bankanın İstanbul şubesinde muhasebe şeflerindenim... Unutmayalım... Sene 1934... Kışın... Senenin başındaki kış...

Lüsyen Hanımefendinin, beni, salonunda ecnebilere takdim ederken daima tekrarladığı gibi:

– Otuzdan aşağı şairlerimizin en üstünü...

Çerçevesi içindeyim...

YALI VE İÇİNDEKİLER

Beylerbeyi'nde bir yalıda oturuyoruz. (Bohem)likten biraz sıyrılmış, şimdi de (konfor) ve (dekor) merakına düşmüş vaziyetteyim. Madde estetiğine tutuluş...

Yalıda anneannem, annem ve küçük dayım... Anneannem; şu, annem 14 - 15'lik bir bakireyken evlenişinde anlattığım, Aksaraydaki eğri büğrü ahşap evin cinlere karışmış kahramanı... Beş vakit namazında ve her ân Allah ve Resûlünün bahsinde yaşayan; ve günün 24 saatini ya ağlamak, ya düşünmek, ya dua etmekle geçiren mübarek kadın... Ayak parmağından saçına dek kar gibi beyaz tülbent kokan, kemik üzerine deri cilâsı çekilmiş denecek kadar zayıf, çocuklarına delice düşkün, tek başına oturduğu köşelerde bile saçı başı örtülü, yalnız Kur'ân okumayı bilen ve Allah'ın kelâmından başka hiçbir yerde harflere nazar etmemiş olan bu örnek kadın benim için ne büyük mesele... Ama ne yapayım ki, bahsinin yeri bu kadar...

Bir gün dalgın dalgın pencereden bakışını gördüğüm ümmi kadına sormuştum:

– Anneanne ne düşünüyorsun?

Cevap vermişti:

– Allahı düşünüyorum! Ne düşüneceğim?

Ciğerime kadar ürpermiş ve kendi kendime demiştim:

– Keşke bizim ilmimiz, bunun ümmiliğinin ayak tozuna erişebilse...

Paydos! Bu kadınların nesli kurutulmuştur!

Anneme gelince, yirmi küsur yaşında babamdan dul kaldıktan sonra topyekûn küsen, bütün ömrü uğultulu konaktan başlayarak bir besleme halinde ezilmekle geçen, nihayet hastalanan, kurtulan, çocuğunu (beni) dişlerinde taşıyarak büyüten, bu defa da kendini erkek kardeşlerinin hizmetinde harcayan, Müslümanlıkta ve derinlikte annesine eş büyük kadın, bazı şiirlerimden de tüttüğü gibi en köklü zaafım...

Allahın, bende yarattığı bir çok hususiyeti, annemin yolundan verdiğine inanıyorum.

•

Yalının kadrosu hep yukarı katlara sürülmüştür... Birinci kat benimdir. Divanlar, Hint şalları, maun İngiliz koltukları, İran halıları ve şamdanlar... Bahçedeki ahırda da nefis bir arap atı...

Gûya yaşıyorum...

Taksim, Maçka, Şişli taraflarında da, kendisini yüksek cemiyetten bilen insanlarla halkalı ve onları daima apıştırmaya memur edâlara bürülüyüm. Boyuna konuşuyorum ve gözlerin camekânında müthiş bir hayranlığın çöreklenip beni seyrettiğini görüyorum.

Burhan Toprak her zamanki çığlığını basadursun:

– Hayat mı, eser mi?

NİHAYET BİR AKŞAM...

Nihayet bir gün... Bir akşam...

Çalıştığım bankadan çıktım. Paltomun yakasını kaldırıp Köprüye doğru yürümeye başladım.

Yenicami kemerinin dışında kar perdesi...

O zamanın tâbiriyle «Şirket-i Hayriye» vapuruna atladım. Vapurun orta salonunda, Üsküdar tarafını sağıma alarak oturdum. Vapurun gittiği istikâmete doğru...

Vapur hayli kalabalık... Tanınanları ve tanınmayanlariyle malûm tipler... Malûm, hep malûm, yahut tam meçhul...

Vapurda bir şeyler düşünerek veya düşünmeyerek gidiyorum.

Pencere buğulu... Salon dumana boğulmuş... İnsanlar, gözleri şuraya veya buraya çivili, kendi sıkıntılı «malûm»larını düşünüyorlar; yahut hiçbir şey düşünmüyorlar. Düşünmemeyi düşünüyorlar, Benim gibi... En bahtiyarları, gazete okuyanlar. Dalacak bir şey bulmuşlar. Başlarını kabuğundan çıkarmış kaplumbağalara benziyorlar.

Karşımda şişmanca bir adam oturuyor. Ablak yüzlü. Kafası pergelle çizilmiş gibi yusyuvarlak... Pembe ve dolgun yanakları var. Benim ölçüme göre son derece mânasız bir yüz... Gayet rahat ve kaygısız bir tavır içinde bana bakıyor...

Bakar ya... Niçin bakmasın?..

Bakış uzadı.

Sıkıldım, gazetemi açtım ve aramıza perde gerdim. Sanki okuyorum. Gazete, sıkıntılı «malûm»ların en sıkıntılısı.

Gazeteyi indirdim. Adam yine bana bakıyor.

Bu defa adamakıllı sıkıldım ve gazeteyi yine kaldırdım. İlân sayfasını okuyorum. Gazetenin arkasında, onun rahat ve kaygısız gözlerini bir bıçak ucu gibi hissediyorum. Gazetenin benden tarafı âdeta bir bıçak ucuyla sipsivri kabarıyor.

Bir daha indirdim. Öyle rahat ve kaygısız bir seyredişi var ki, insanı çıldırtabilir.

Ne yapayım?

Bitişik oturduğum camın buğusunu sildim ve dışarıyı seyre koyuldum. Sol yanağımda adamın gıdıklayıcı gözleri... Ona bakmadan, rahat ve kaygısız bana nasıl baktığını görüyorum.

Üsküdar'a kadar hep o vaziyet...

Üsküdar'da vapur boşaldı. Karşılıklı iki uzun kanapenin bir ucunda o, bir ucunda ben...

Koskoca ve bomboş salonda o türlü burun burunayız ki,

mutlaka ya konuşmamız yahut sille tokat birbirimize girmemiz lâzım...

Olur şey değil! Hep bana bakıyor! Neredeyse ifade alacak... Polis mi ne? Ama ben o devirde henüz polis mevzuu değilim...

İçimde sert bir mukabele ihtiyacı... Hemen adama hitap edebilirim:

– Beyefendi, boyuna bana bakıyorsunuz! Göze yasak olmaz, derler ama galiba en büyük ve en ince yasak gözedir. Ne demek istiyorsunuz?

Davrandım, vazgeçtim.

Bir sigara çıkardım. Aranıyorum... Üzerimde kibrit arıyorum.

Gayet sâkin bir tavırla karşımdan uzatılan bir kutu kibrit...

– Teşekkür ederim.

– Bir şey değil...

Sigaramı yaktım ve kibriti iade ettim. Yine konuşmaya ve lâf açmaya niyetli değilim. Oysa niyetini aslâ belli etmiyor, yalnız bakıyor; o kadar...

İçimden düşündüm:

– Adamın bakışında incitici bir hâl yok. Fakat gözlerindeki rahatlık ve kaygısızlık müthiş! Bakma, diyemem ki...

Göz ucuyla ben de ona dikkat etmeye başladım: Görülmemiş bir nefs emniyeti içinde... Dudaklarında bir de şefkatli tebessüm, tatlı bir bükülüş.

Allah Allah... Bu da nesi?

ESRAR KÜPÜ

Öteden beri meczubu olduğum «meçhul» zevki ve esrar sezişi imdadıma yetişti:

– Bu gayet basit, dört köşe görünüşlü adam sakın bir sır küpü olmasın?.. Yoksa hayatımı dolduran sıkıntılı «malûm»ların ufkunda yeni bir tecelli mi?

Hissimin tam bu noktasında adam bana:

– Birbirimizi selâmlıyalım...

Dedikten sonra Müslümanca selâm verdi. Selâmını, ayni kelimelerin karşılığiyle aldım. Konuşmaya başladı. İsmini, cismini, işini, mesleğini bildirmek zahmetine düşmeden konuştu. Sanki o, ismiyle ve cismiyle, mücerret mânada Abdullah'dı;

Allahın kulu... Hepimiz gibi...

Yolcular Üsküdar'a çıkmaya başlarken girdiği bahsi vapur kalkmaya hazırlanırken hulâsalandırmıştı:

Din, İslâmiyet... Dine bağlılık günden güne zayıflıyor. Herkes gaflette... Ecel de her an tepemizde... Ölüm ânının dehşeti... Bir günahkâra ait korkunç ölüm sahnesi...

Böyle şeyler anlattı ve mümkün olduğu kadar basit anlattı. Bütün bir «malûm»lar zinciri... Bu zinciri çekti, durdu.

Sıkılıyor muydum? Hayır! Bir şey, bir netice bekliyordum.

Vapur, Kuzguncuğa doğru yol alıyor, kar durmuş... Üzerlerinde tek tük ışıklar kanayan yalı pencereleri... Kimbilir bu evlerin içinde neler dönüyor?

Adam hep anlatmakta... Hâli ve anlatışı da bir kabuk kadar sert ve cevhersiz. Zaten anlattığı şeyler de işin kabuk tarafı. Ama cevher, kabuğun içinde... O, bu cevherden habersiz gibi...

Yoksa bana öğüt vermek mi istiyor:

– Genç adam! Aklını başını devşir! Bütün havailikleri bırak! Hemen ibadete başla! Dinin bütün emirlerini yerine getir! Aradığın ruh, bu yalçın emirlerin ötesinde. Ve onlar sımsıkı, birbirine kenetli... Emirlere bağlan ve olmaya çalış!

Böyle mi demek istiyor?..

Fakat büyük lezzetten koku almaksızın kabuğa yapışmayı anlamayan ve onun içinde saklı cevheri göremiyen kör nefs, ille işi kurcalamak gayretinde...

Hemen tasavvuf bahsini açtım. Çocukluğumun ve ilk gençliğimin, yalnız bandrol bilgisi halinde bir kaç kelimesini ezberlediği ve nimetlerini hep kavanozun camı üzerinden yaladığı büyük dâva...

Adam, bu bahiste, ah çeker gibi bir tavır aldı ve fazla konuşmadı. Dâvanın yanından, önünden, arkasından dolanır gibi lâflar etti.

Dilinin altında bir şeyler saklar gibiydi. Benim bütün merakım da o...

Nihayet bandrol bilgisinin klişeleşmiş en yaman meselesini öne sürüverdim:

– Zamanımızda irşada ehliyetli bir kimse var mı? Böyle birini tanıyor musunuz?

Güldü.

Vapur Kuzguncuğa yanaşıyor.

Sordu:

– Kuzguncuğa mı çıkacaksınız?

– Hayır, dedim; Beylerbeyi'nde oturuyoruz. Ya siz?

– Ben Çengelköyüne gidiyorum. Beylerbeyi'ne kadar konuşabiliriz.

– Buyurunuz!

– Zamanımızda böyle bir kimse var... Böyle bir kimse değil, büyük bir kimse var...

– Ne diyorsunuz?..

– Evet!..

Atıldım:

– Onu nerede görebilirim?..

O, gayet sâkin, bildirdi:

– Beyoğlunda, Ağacamiinde... Cumaları, orada ders verir.

– İsmi?

– Abdülhakîm Efendi Hazretleri...

– Nasıl bir zat?

– Görürsünüz!.. Orada dinliyecekleriniz halk için, nâs için söylenen sözler... Siz o sözlerin içine girmeye ve ötesindeki hikmete ulaşmaya bakın!..

Dona kaldım. Adam, âdeta değişmiş, tebessümü derinleşmiş, bana bakıyor.

Bir zar deliniyordu. Altından, muazzam, kâinat çapında muazzam bir vaadin adresi çıkıyordu. Hep, hep klişe ezberciliği halinde tanıdığım bir sıfatın, müşahhas, gözle görülür, elle tutulur zatı... Bir veli, bir mürşit, bir rehber...

Öylesine donmuştum ki, artık adamcağızın anlattıklarını dinleyemez hâle gelmiştim.

Biletçinin sesi.

– Beylerbeyi!

Adam, verdiği adresi aynı kelimelerle tekrarladı; ve çımacının «yürüyelim» nârası üzerine mırıldandı:

– Güle güle, selâmetle...

İskeleye son ayak basan, bendim.

ANNE BU

Yalılar boyu uzayan, iki tarafı ağaçlı yoldan evime doğru yürürken, bu sıkıntılı «malûm»ların caddesini, ebedî bir meçhule doğru istikâmet değiştirmiş görüyordum.

Annem, annelere mahsus bir duyguyla ayak seslerimden beni tanıdı ve kapıyı açtı:

– Ne var oğlum?

– Hiç anne!.. Ne olacak?

Annem, bu «hiç»in ne muhteşem bir «hep» belirttiğini seziyor muydu acaba? Anne bu, her şeyi sezer. Beynim kamaşıyor:

Beyoğlu... Fuhuşun merkezindeki câmi... Ağacami... Orada, yalnız Cuma günleri ders veren büyük veli... Nâs için söylenen sözler... Sen onların içine girmeğe, o sözlerin ötesindeki hikmete ulaşmaya bak!.. İsmi, Abdülhakîm Efendi Hazretleri... Acaba nasıl bir insan?..

Evet, onu, vazifesini bitirmiş olan Hızır tavırlı adamı ömrüm boyunca bir daha görmedim.

KADIN

Ne yapmalıydım?

Önümdeki ilk Cuma gününü iple çekip Ağacamiine koşmalı değil miydim?

Hayır!

Bir gece süren esrar vecdini ertesi sabah unuttum. Ve yine daldım saksı altındaki böcek hayatıma...

İğrenç böcek... Hem gözü güneşte; hem de nefsi saksının dibindeki karanlık, rutubetli ve avuç içi kadar küçük zemine yapışık. Bu gözü, bu nefsten hangi ameliyatla, hangi doktorun neşteriyle ayırabilecektim?

Başıma bir de kadın belâsı çıkmaz mı?

Kadını o güne kadar nefsimin şehrâyini diye alan ben, bu defa adamakıllı sıkıştım. Kadın, fazla usta çıktı; ve erkeği mat etmekteki en tesirli silâh olarak beni, nefsimle korkunç bir ihtilâfa, ihtilâl çapında bir ihtilâfa düşürdü. Âdeta ikiye bölündüm ve kendi kendimi yemeye başladım...

O sıralarda bir gün... Kadına cazibeli görünmek için beynimi limon gibi sıkıp, renkli tertipler ve ışıklı formüller düşünmekte olduğum bir gün... Beyoğlu'nda Ağacamii'ne bir kaç yüz metre mesafede, bir apartmandayım... Yanımda bir de ressam arkadaşım... Bu ressamla bir çok zevk anlayışında ve (estetik) idrakte beraberiz. Mizaçlarımızın da birbirini tutan tarafları var... Sonunda işi tam Müslümanlık ve ruhçulukta tamamlayacak olan ben, komünizma ve maddecilikte bitirecek olan da o, kaderin ileride aramıza katacağı korkunç mesafeden habersiz, sarmaş - dolaş haldeyiz.

Türlü (paradoks)lar içinde canbazlık ediyoruz.

Dilimizde (Rembo) dan iki mısra:

Honneur, au voyant supérieur;
Au supérieur voyant, honneur!

Fransızca (Voyant) kelimesi, gâibi gören, kâhin gibi bir şey... (Rembo) çılgınlık buhranlarına düştüğü zaman, şiiri bir (Voyance), gâibi görme işi kabûl etmiş ve gâipler perdesinden üstüne sıçrayan şerâreler altında yığılıp kalmış ve sürüne sürüne kaçmıştı.

Biz; insanoğlunda gâibi görmek ve bilmek kudretini tanımayan, onu yalnız Allah'a bağlayan ve insanoğlunu Allah'ın gösterdiği ve bildirdiği kadariyle görme ve bilme hakkına malik kabûl eden tenzihçiler, buradaki (voyant) kelimesini sadece «haberci», bilinmez ve bilinemezin habercisi diye alırsak mısraları şöyle tercüme edebiliriz:

Şeref, üstün haberciye,
Üstün haberciye, şeref!

Şiir de, işte bu mânada bir habercilik, her zerrede bin nakış pırıldatan vahdetten işaretler kapma işi... Yoksa üstün haberci, ancak Peygamberler... Ve onun emrinde veli...

ÜSTÜN HABERCİ

Evet; bu ressamla, dudaklarımızda (Rembo)nun mahut iki mısraı, içimizi dolduran mâverâ iştiyakını besteliyoruz. Tabiî, herbirimizin iştiyakı ve iştiyak istidadı başka başka...

Birden, tüylerim ürpererek hatırıma bir şey geldi:

– Bugün ne kuzum?

– Cuma...

– Ne dedin? Cuma mı? Ağacamiine de bir iki yüz metre mesafedeyiz!

– Ne olacak?

– Ne olacağını bırak da saate bak!

– 12'ye geliyor.

– Tamam! Namaza pek az vakit var... Haydi davran, sana üstün haberciyi göstereceğim!

Ve arkadaşa, vapurda geçen hâdiseyi çizgisi çizgisine anlattım.

Müthiş alâkalandı. Daldı ve dedi:

– Ya bizden şüphe ederse?.. Bizi polis filân zannederse?..

– Yanılıyorsun, diye haykırdım; eğer aradığımız üstün haberciyse bir bakışta bizi anlar. Değilse, zaten bize lüzumu yok... İstediği kadar şüphe etsin.

Beşinci katında bulunduğumuz apartmandan yuvarlanırcasına inip kendimizi kaldırımlara attık...

TANIDIKTAN SONRA
1934 - 1943

BÜYÜK ZAT

Câmi... Girince sol tarafta, yerden bir iki basamak yüksekliğinde, balkonumsu bir yerde, sarıklı, ilk bakışta esmer, beyaza yakın kır ve uzun sakallı bir zat... Önünde, kitabını koyduğu küçük bir yer masası... Etrafında, diz üstü veya bağdaş kurup oturmuş bir küme insan...

Aralarına geçip oturduk.

Kısık, donuk, birden bire ahengi anlaşılamıyan peçeli, zarflı bir ses... Fakat son derece tesirli... Tane tane konuşuyor; ve kelimeler, cümle içinde, yakından çekilip bütün sinema perdesini dolduran bir şekil gibi, büyük bir hacme bürünüyor. Hem yakından kelimeleri, hem de uzaktan cümleleri görüyorsunuz. Şive, Şark Anadolusu...

Vapurda meçhûl şahsın «nâs için» dediği konuşma böyleyken gayet derin...

Yüzüne bakıyorum.

Birer hilâl kavsiyle çatılmış, kabarık, ince, vezinli kaşlar, irice ve âhenkli bir burun... Yine ince dudaklar...

Sünnete uygun şekilde fazlaca kırkık bir bıyık ve uzun, çok uzun bir sakal... Sarığı, kaşlarına yakın noktaya kadar indiği için, alnı bütün açıklığıyla görünmüyor.

Gözlerinden henüz bahsetmedim. Onları, kendine yaklaşınca göreceğiz ve mânalarına yakalanıp kalacağız. Bu gözler, uzaktan gayet dalgın ve içine kapanık duruyor.

Bir de, bazen önündeki yaprakları karıştıran, fevkalâde zarif, esmer, ince ve uzun parmaklar...

İlk bakışta kendisinden insana çarpan duygu, müthiş bir vakâr ve heybet...

Ders bitti.

Ön sıradan, esmer, tatlı yüzlü, tıknaz; uzun boylu bir genç kalkıp, Efendi Hazretlerine, balkonumsu yerden inmesi için yardım etti. Dinleyiciler hep ayakta ve Efendi Hazretlerini yakından görmek için ona görünmek ihtiyacında...

Kürsüden indiler.

Hafif öne eğilmiş orta boylu, yetmiş yaşlarında hissini veren bir zat...

Etrafındakilere şefkatle baktılar.

Çabucak fırlayıp potinlerimizi giydik ve kendilerini kapıda beklemeğe başladık.

Etrafları kalabalık, kapıya geldiler. Potinlerini giydiler; kollarında, deminki esmer, tatlı yüzlü genç, avluya çıktılar.

Birden yanlarına, ihtiyar bir kadın sokuldu. Yeldirmeli, sımsıkı başörtülü, İstanbul'un ücra semtlerini hatırlatan bir kadın...

Kadın, dert yandı ve hastasının şifa bulması için dua istedi.

İlk defa, yakından, bir şahsa hususî hitabını duyuyoruz:

«– Asıl siz bizim için dua edin! İlleti de, şifayı da veren Allah... Dua edin.»

Vaktimiz gelmişti.

Yanlarına sokulduk.

Başlarını kaldırıp o anlatılmaz gözlerini üzerimize diktiler.

Ben atıldım:

– Affınızı rica ederiz efendim; ellerinizden öpmek saadetine erebilir miyiz?

Gözleri, gözleri, daima baktığı şeylerin ilerisindeki, ötesindeki bir «görünmez»e bakan gözleri üzerimizde...

Baktılar, baktılar ve ne gördülerse gördüler.

«– Biz Eyüpsultan'da oturuyoruz, dediler; Gümüşsuyunda, ne zaman isterseniz buyurun!»

Devlet!..

Evlerine, yuvalarına çağırılıyorduk.

Kabûl edilmiştik.

Ama henüz, iç içe giden iç daireye değil... Dış daireye, güvenilir insanlara mahsus ilk sohbet, konuşma dairesine, avluya...

Kim bilir?..

Uzandığım, esmer, zarif ve incecik parmaklı eli bir can kurtarana yapışırcasına kapıp öptüm.

RÜYÂ

O günden kısa bir müddet sonra, yahut biraz evvel, Beylerbeyi'ndeki süslü odamda bir rüyâ görmüştüm:

Büyük, pek büyük bir anfi... Binlerce insanı alacak büyüklükte... Anfinin sedlerinde, bükük kavisli masaların gerisinde, nur yüzlü, binlerce, sarıklı insan... Beyaz gül dizileri halinde sayısız sarık...

En önde ve merkezde yine sarıklı ve nur üstü nur yüzlü biri...

Ben kürsüde konuşuyorum. Ne dediğimi, ne söylediğimi bilmiyorum. Kelime üstü bir âhenkle konuşuyorum. Ellerimle de fikirlerimi noktalayan işaretler veriyorum.

Sözüm bitti. Merkezdeki nur üstü nur yüzlü zat yerinden kalktı, yanıma geldi ve başımı iki eliyle kavrayıp kendisine çekti ve öptü.

Bu rüyâdan, içimde, tatlı, bayıltıcı tatlılıkta bir lezzet kalmıştı.

Bu rüyaya bir mim koyunuz! Ona anlatacağım zaman ne cevap vereceğini göreceksiniz.

EYÜP SULTAN

Aradan haftalar geçti.

Belâlı kadınla uğraşmaktan başka işim yok... Cücelerin, saçlarından tel tel yere bağladığı (Güliver)e benziyorum. Doğrulmak istiyorum, fakat mümkün değil... Saçlarımdan tel tel yere bağlanmış, arka üstü toprağa çiviliyim.

İlk aldığım adresin sahibini bulduktan, asıl adresi ondan aldıktan sonra da gevşemek?.. Olur mu?

Oldu! Ruhuma kuvvet aradığım günlerden birinde ressam arkadaşı buldum.

– Haydi, dedim; seninle bugün Eyüp'e gideceğiz. Üstün haberciye... Onu yakından tanımaya...

Kolkola verdik. (Estetik) bir gezinti olsun diye Eyüp vapuruna bindik, Eyüp'e çıktık, büyük câmiin önüne geldik ve sorduk:

– Abdülhakîm Efendi Hazretleri ne taraflarda oturuyorlar?

– Gümüşsuyu'nda!

Dediler.

– Orası ne tarafta?

Adamın biri parmağını uzatıp köşede bir aktar dükkânını gösterdi:

– Şu dükkânın sahibinden sorunuz. Kendisine sık sık gidenlerdendir o...

Ressam arkadaşla aynı isimde, bir kaç parmağı eksik dükkân sahibi, alâkamızdan gayet memnun anlattı:

– Câmiin kenarından sağa dönün! Bahriye'ye doğru... Bir kaç adım sonra mezarlığın içinden, yukarıya merdivenli bir yol sapar. (Piyerloti) kahvesine kadar gider bu yol... Çıkın, çıkın, tepeye kadar... Karşınıza gelecek ilk kapı... Bahçe kapısı, daima açık... Vaktiyle tekkeymiş orası... Mescidinden ve etrafındaki çatılarından anlayacaksınız. Haliç'e bakan bir sed üstünde...

Mezarların arasından çıktık, çıktık. Haliç ayağımızın altında bir kordelâ... Anlatılan yeri, karşımızda olduğu gibi bulduk. Hafif aralık bahçe kapısını ittik ve girdik.

Sıcak bir ilkbahar günü...

İçeriye girer girmez karşılaştığımız, orta yerde bir şadırvan, sağda Haliç'e bakan sed ve üstünde heybetli mezar taşları... Solda mescit ve mescide bitişik ev... Sağda, herhalde vaktiyle âyin yapmaya mahsus, şimdi boş, camları kırık, tek katlı büyük bir salon şeklinde bir pavyon ve ona bağlı, yine boş bir daire... Şadırvanın önünde bir hasır koltuk ve bir kaç iskemle...

Camideki, esmer, tatlı yüzlü gençle karşılaştık ve kendimizi bildirdik. Esmer ve tatlı yüzlü genç, büyük bir zarafet, nezaket ve iyi kabûl tavriyle iskemleleri gösterdi:

– Buyurunuz, oturunuz efendim; şimdi gelirler.

Ve kendisini takdim etti:

– İsmim Şakir... Kendilerinin yakınıyım...

Üç beş kelimelik sohbet...

Bir tıkırtı ve hareket... Soldan mescide bitişik ev tarafından Efendi Hazretleri geliyorlar.

Koltuğa oturdular. Bana ilk sualleri:

«– Siz ne iş yaparsınız?»

– Bir bankada çalışıyorum. Muharrir ve şairim... İsmim Necip Fazıl...

Ressam arkadaşa:

«– Ya siz?»

– Ressamım...

Ben ilâve ettim:

– Efendim, arkadaşım, Mesnevî şârihi meşhur Abidin Paşanın torunudur. İsmi de Abidin... Abidin Dino...

«– Ya dediler; kıymetli bir insandı Abidin Paşa... Çok güzel...»

Üzerlerinde, daima tercih ettiklerini sandığım renk olarak, açık kül rengine çalan ince bir kumaştan bir pantolon ve setre uzunluğunda bir ceket... Kar gibi beyaz ve tertemiz bir gömlek... Başlarında takke... Ve o gözler; baktığı noktanın «görünmez»ine bakan nâmütenahi derin gözler... Kestane rengiyle elâ karışığı, içinde mavimtırak inci pırıldayışları mı desem, ne desem?.. Sayısız terkipleri ve tonlarıyla renk, topyekûn renk, o gözler önünde daima yalan söyler.

Fezanın gözleri onlar...

Fezanın, insanı bir tutuşta fezaya çeken gözleri...

Rahmet gibi dipsiz, rahmet gibi sıcak, rahmet gibi diriltici...

SUS, İZAH ETME

Bana sordular:

«– Siz tasavvuftan bir şeyler biliyor musunuz? Okuduğunuz kitap oldu mu?»

Bahriye mektebindeki hâtıramı anlattım. (Semerat-ül Fuad) ve (Divan-ı Nakşî)yi söyledim. Son zamanlarda da, karıştırdığım (Marifetname)... Nakşî divanının kimin eseri olduğu sualine cevap veremedim.

İşte, ateşten harflerle beynimi dağlayarak söyledikleri ilk fikir:

«– Bu iş kitapla olmaz. Akılla da varılmaz... Hiç yemeğin lezzeti çatal bıçakla aranıp bulunabilir mi?»

«– Ya siz ne okudunuz?»

Sualine karşı, Abidin Dino, iyi Türkçe bilmediğini, kültürünün daha ziyade Fransızcaya bağlı olduğunu ve İslâm tasavvufuna ait bir kaç Fransızca kitap okuduğunu söyledi. «Bekâ» ile «Fenâ»yı, (Baka) ve (Fana) diye heceleyerek, Fransızca bir kitabın gördüğü ve gösterdiği oyuncak klişeleri sıraladı.

Derin derin dinlediler; «bekâ» ile «fenâ»yı ele aldılar ve kalbin bir mertebesine ait «fenâ»da:

«– O zaman istikâmet, cihet diye bir şey kalmaz insanda...»

Buyurdular.

Henüz idrakim, işin şiirine ve dış estetiğine bağlı olarak, insanoğlunda madde, mesafe, hacim, mekân emniyetini allak - bullak eden bu oluş, ideâl dünyanın şartlarından biri şeklinde hayâlimi öyle kavradı ki, zaman ve mekân temasını kaybeder gibi oldum ve artık tek lâf etmeksizin kendilerine mıhlandım.

Konuştular; şu veya bu vesileyle hep konuştular. O ahengi belirsiz, ağlamaklı ses; ve rengi meçhul kucaklayıcı gözlerle konuştular.

Belki üç, belki beş saat süren o günden, o günkü konuşmalardan hatırladığım yalnız bir âhenk çağlayanı. Başka hiçbir şey bilmiyorum. Sonra sonra seyrek de olsa dokuz yıl süren temaslarım içinde, bahislerin hemen bütün köprü başlarını kelimesi kelimesine hatırlıyorum da o günden, o günkü konuşmalardan bende (kloroform) tesiri gibi bir kendimden geçme hissinden başka bir şey hatırlamıyorum.

Kaçta gitmiştik? Bilmiyorum! Öğle vakti miydi, ikindi miydi? Bilmiyorum! Çıktığımız zaman akşam olmuş, karanlık, bir seccade gibi Eyüp'ün üstüne atılmıştı.

Evet; akşam, Eyüp'ün üstüne bir seccade gibi bir hamlede düştü sandım. Evden çıkıp etrafıma bakınca akşamın farkına vardım da ondan. Sade akşamın mı? Kendimin, nerede olduğumun, nereden gelip nereye gittiğimin de...

Öylesine kendimden geçmiş, bayılmıştım. Bu, kelimelerin üstünde bir tesirdi. O, ahengi belirsiz, ağlamaklı ses; ve rengi meçhul, kucaklayıcı gözlerden bana bir şey geçmiş, ruhuma bir buğu yayılmış ve beni yere sermişti. Zaten bütün dâva, irşad dâvası, erdiricilik sanatı işte o «şey»de... Gerisi dedikodu...

İki tarafı mezar, dar yoldan koşarcasına inerken o «şey»in beni büsbütün kapladığını duyuyorum. Arkadaşım, nasipsiz arkadaşım da o ân için benimkine yakın bir tesir altında kalmış olacak ki, konuşmayı, anlatmayı, fikir kesip biçmeyi çok çirkin bulan bir sezişle susuyor ve başı önünde beni takip ediyordu.

Eyüp vapurunda karşı karşıya oturuncaya kadar sükûtumuz ve kendi içimizde kalışımız devam etti. Nihayet Eyüp vapurunda, belki de vapurun yegâne iki yolcusu halinde karşı karşıya geçince gözlerimiz birdenbire kapışıverdi:

– Ne dersin Abidin?

– Müthiş!..

–Konuşurken, söylediğinden ilerisini belirten, bakarken baktığının ötesini işaret eden müthiş bir ermiş...

– Sus, müthiş! Sus, izah etme!

– Ya o muazzam edeb? Kıpırdamadan, en küçük bir insiyakîlik göstermeden, en basit başıboş hareketlerin en tabiisine bile düşmeden, her ân en büyük bir huzur belirtici o heybet?..

– Sus, sus!..

Ve ellerimizde, bize evde hediye edilen, Efendi Hazretlerinin «Er-Riyazüt Tasavvufiyye» isimli eserinden birer nüsha... Ne akılla, ne de akılsız erişilmesi mümkün olan gâyenin akla hitap ettiği kadariyle, kalemlerinden dökülme bahisleri...

İzah ne mümkün!..

SAATLİ BOMBA

İrşat edicinin bir bakışiyle yerden ayakları kesilen, kaldırılan, erdirilen nice sefiller, müflisler biliyoruz. Bu, müritte; hem bir istidat, daha doğrusu nasip meselesi, hem de yolun usûl ve disiplini dâvası... Yolun usûl ve disiplininde, umumiyetle tedricilik; yavaş yavaş ve sıra ile oluş prensibi, başlıca kanun...

Bense bir bakışta allak bullak oldum ama, ertesi günü kendimi, Efendi Hazretlerini görmeden ne haldeysem öyle buldum.

O Efendi Hazretleri ki, kendisini buluncaya kadar geçen hayatım, onu beklemekten, bekleyiş sıkıntıları içinde kıvranmaktan başka bir şey değildi.

Buldum; ve yine bulduğumu anlayamadım.

İçime yerleştirilen saatli bombadan haberim yok.

Her şeyin bir saati olduğundan haberim yok...

Zaman akıyor... Yine eski havamdayım...

Üstelik kadın belâsının en hâd deminde...

Bir gece... Sabaha karşı...

Herkes uykuda... Yalının yemek odasında bir yazı yazıyorum. Gecenin ilk saatlerinden beri üstüne abandığım bir yazı... Yazıda bir dünya muradı üzerindeyim. Fakat bu muradı öyle kurcalıyor, onun künhüne, içine nüfuz etmek için öyle çırpınıyorum ki, nihayet onun da, her şeyin de sınırını aşmış gibi bir şey oluyorum. Karşıma «Rakip» ismiyle Allah çıkıyor ve artık o murat bana bir şey ifade etmez oluyor. Gökte, tam bir mesafe emniyetiyle uçarken birden bire bir duvara çarpmak gibi bir hâl... İnandığım dünya bir anda elimden çıkıveriyor ve ben kalemimi bırakıp dehşetler içinde başımı tutuyorum.

Edebiyat ve sanat yapmıyorum, azametli bir vâkıa, sert bir oluş hendesesi üzerindeyim.

Tam o anda ensemde, balyozla vurulmuş gibi bir ses duyuyorum. O ân, kül olmak üzere olduğumu, yahut beynimin bir atom gibi çatlamak üzere bulunduğunu sezercesine yerimden fırlıyorum; elektriği açık bırakarak kendimi dışarıya atıyorum, merdivenleri beyninden kurşun almış bir yaralıdan beter bir yıkılışla çıkıyor ve kendimi yatağa atıyorum. Ve kendime, mevcut bütün enerjimle emir veriyorum:

– Uyu!..

Bu öyle sert bir emir ki, cihanda benim cinsimden hiçbir fânî, nefsine böylesini verememiştir.

Tam o anda, gözlerim yumulu, apaçık, bir şey görüyorum: Bir canavar, anlatılmaz bir canavar, köpek azmanı bir canavar, ağzını açmış, iğne ucundan daha sivri dişlerini çıkarmış bana hırlıyor.

Uyuyorum... Yahut müthiş bir his iptali altında kendimden geçiyorum.

Ertesi sabah kalktığım zaman, dünya benim için başka bir dünyadır.

Bu hâli biraz daha yakından görebilmek için, ondan üç dört yıl sonra yazdığım ve evvelâ (Senfoni), arkasından (Çile) ismini verdiğim ve en çok sevdiğim şiiri okumak lâzım...

Ensemin örsünde bir demir balyoz;
Kapandım yatağa son çare diye.
Bir kanlı şafakta bana çil horoz,
Yepyeni bir dünya etti hediye.

YİNE RÜYA

Efendi Hazretlerini tanıdıktan sonra ve bu halden evvel, kendimi muvâzeneli sandığım demlerde gördüğüm başka bir rüya: Yalımıza giden iki taraflı ağaçlık yolda gece karanlığında yürürken, ağzımdan balon gibi şeffaf bir şey çıkıyor. Küçük bir balon, ceviz büyüklüğünde; derken elma, derken ayva... Nihayet kafa büyüklüğünde. Balonu iki avucumun içinde tutup bakıyorum: Dehşet! Kafatasım!.. Kafamı da, içi boş bir zar, neredeyse patlayacak bir zar halinde ve yerinde hissediyorum... Aman!.. Buhran gecesi olduğu gibi, bütün enerji mevcudumla, onu, kafatasımı yutuyor ve yerine iade ediyorum.

«Çile» şiirindeki hayâlin ayniyle vâkıası... Demek oradaki, benim bulduğum bir teşbih değil, gördüğüm bir şeymiş...

Çıkmış mıydı ayniyle rüyam?..

BİR YAZI

Ondan dokuz yıl sonra, «Büyük Doğu»larda, «Tanrıkulu» ismiyle neşrettiğim ve mânen Efendi Hazretlerine ithaf ettiğim bir yazı...

Her ne kadar sadece «İlâh» mânasına gelse de, kaynağındaki putperestlik delâleti yüzünden sevmediğim «Tanrıkulu» adını, ileride «Hikmet Sahibinin Kulu»na çevirmek niyetiyle işte yazı:

«TANRIKULU

Dinmek bilmez bir ağrı çeken diş. Ne kibrit çöpünden imdat, ne berber kerpeteni, ne karanfil yağı, ne de eczacı güllâcından...

İşte böyle; bir zamanlar beynim «mutlak hakikat» acılarına yataklık etti.

Ağrıyan akıl dişimdi.

Masallardaki benzetişle, denizler mürekkep, ağaçlar kalem olsa bu acıları sayıp dökmeye yetmez.

Hayatımda öyle bir gün doğdu ki, kundaktan patiğe, emzikten kısa pantalona, oyuncaktan boyun bağına, karalama defterinden polis hafiyesi romanına, beş taştan iskambil kağıdına ve ayva tüyünden kır saça kadar anne, baba, dadı, mektep, arkadaş, kitap, hoca, tabiat, şehir, cemiyet, kimden ne aldımsa hepsini geriye verdim. Ruhuma istifledikleri hazırlop dünya bir sarsılışta yıkıldı gitti.

Bilmem ki hiçbir fâni, dünyaya gelmiş olmak adına bu kadar ağır bir borç senedi imzalamaya davet edilmiş midir?

Bir tohumu, cevherini bulmak için merkezine doğru, tabaka tabaka soyup hiçbir şey bulamamak, üstelik tohumun ezbere inanılmış hakikatini de kaybetmek gibi, her şeyin iç yüzünü ararken her şeyi elden çıkarmayayım mı?

İmam-ı Gazalî'nin midesine aylarca tek damla suyu bile kabûl ettirmiyen ve (Paskal)ın beyninde urların en müthişini kabartan kanlı fikir çilesinden payıma düşenleri anlatmağa kalkmıyacağım. Dünyaya gelmiş olmak adına benimki kadar ağır borç taahhüdüne sokulmuş olanlar bilirler ki, çoğu yeryüzüne alacak senetleriyle gelen insanlara bu bahiste anlatılabilecek şeyler pek az.

Ben yalnız doğrudan daha gerçek bir yalan, vâkıadan daha ölçülü bir masal, maddeden daha katı bir hayâl anlatacağım:

Tanrıkulu, Tanrıkulu; onu nasıl tanıdım?

Ve işte ruhumun büyük zelzelesini, bir yıkıntı âlemi içinde Tanrıkulu'na açılan gizli kapıyı meydana çıkarmış bir saik diye haber veriyorum!

Evet, «niçin» ve «nasıl»ı benim, hikâyesi sizin olsun; şu

kadar yıllık kâinat, gözüme, bütün yaftalanmış, raflara dizilmiş, istenmeden herkese dağıtılmış ve sorulmadan midelere indirilmiş hakikatleriyle, yeni baştan ve teker teker gerçekleştirilmeye muhtaç göründü.

Eşya ve hâdiselerin aslını, özünü, cevherini araştırırken galiba öyle bir sırrı tırmıkladım ki, bu sır şahlandı, şahlandı ve beni çarptı; rahat ve mes'ut insanın nezaret ufkunu kararttı; ve artık hiçbir şeyi görmemek yerine ensemden bastırıp bana dipsiz bir kuyuda yokluğu göstermeye kalktı.

Bu kuyuda, «öz ağzımdan kafatasımı kusarcasına» Allah'ın gölgesini gördüm.

Maddenin mahpus olduğu kaba bir dört köşe içinde, bir takım eşya ve hâdiseleri düzenleyip, Allah'a var diyenlerle, yine bir takım eşya ve hâdiseleri düzenleyip Allah'a yok diyenlere nisbet, ruhumda beşeri kanunların tezgâhı o türlü devrildi ki, bu devrilişin altından yalnız mutlak hakikat doğrulabilirdi. Her şeyi o türlü kaybettim ki, Allah'ı kazandım.»

VEHİM VE ŞÜPHE

«Aman efendim! Boğaziçinin bir kıyısından öbürüne geçmek için on paralık bilet yeterken, bu geçidi kendinden evvelki hiçbir âlet ve vasıtaya baş vurmaksızın geçmeye zorlanan adamın felâketini düşünsenize!

İşte, bütün iman ve inkârı, uçuk bir anne dudağından, soluk bir kitaba; basit bir göz emniyetinden ahmak bir el temasına kadar, orta malı ve demirbaş âletlere dayanan adamcağıza karşılık, Allah bana kendisini kendi elimle buldurmak için taş kırıcı bir balyoz gibi enseme nasıl indi, bilseniz!..

Bir geceydi...

Penceremde sabah, koyu siyahın üstüne her an biraz daha açık mavi bir renk püskürtülürcesine yavaş yavaş maya tutuyordu. Masamda uçları kütleşmiş bir kaç kalem ve bir yığın kâğıt, dişleri birbirine kenetli birkaç kitap ve sigara ölüsü dolu kocaman bir tabla; saçlarım yüzümde ve çenem göğsümde, enseme inen balyozu maddî bir tesir halinde duydum.

Duvarlara, kapı tokmaklarına, merdiven trabzanlarına tutunup kendimi yatağa dar attığımı hatırlıyorum...

Bütün gücümü tek saniyenin içinde teksif edip kendime verdiğim «uyu!» emrinden sonra ertesi gün, ağır bir ameliyat baygınlığından uyanmış bir hastaydım ben...

Her şey yepyeni ve bambaşka:

O güne kadar gururların ve nefs istinatlarının en küstahlariyle müdafaa ettiğim ahmak emniyetler bir tarafa; merkezinde Allah bulunmak üzere ruhumda ve nâmütenahi bir daire şeklinde idrakine mecbur olduğum bütün bir kâinat bir tarafa...

Sokakta, arkamdan kaldırıp önümde yere bıraktığım ayağımın iki hareketi arasındaki zaman atomlarını biribirine bağlayamıyacak kadar yaman bir (metafizik) teri dökerken, ayağımın değdiği her noktada arzın kışrı çökecekmiş gibi korkunç bir istinatsızlık vehmi çekiyordum.

Vehim ve şüphe! Beni ısıran vehim ve şüphe akrebini hiçbir insan gözü görmedi. Bakınız:

– Sakın bu dünya, göze görünür ve görünmez her şeyiyle doğacak bir çocuğu kandırmak için, bütün insanların birlik olup uydurduğu müthiş bir yalan olmasın? Ve sakın o çocuk ben olmıyayım?

Bana öyle geliyordu ki, herhangi bir coğrafya mevkiinden, herhangi bir hâdisenin sebep ve neticesine kadar bütün yeryüzü tecellileri bu müthiş yalanın korkunç nizamından ibaret... Meselâ Şimal Kutbu diye bir yer yoktur; annem beni doğurmamıştır; iki kere iki dört etmez; tarih baştan başa uydurmadır; şu dakikada filân devletle falân hükümet, aralarında sadece harp taklidi yapmaktadır; tabut içinde gidenler de mahsus kaskatı kesiliyor ve mahsus dudaklarını kıpırdatmıyor!!!

Ve kapıları, pencereleri, sükûtları, soğukkanlılıkları tekmeleyip avaz avaz haykırmak istiyordum:

– Doğrusunu söyleyin; bana doğrusunu söyleyin! Hepiniz birden, bütün kanunlarınız ve bütün müesseselerinizle elbirliği edip bir insandan, meçhul bir insandan bütün hakikati gizliyebilecek tecrübedesiniz! O insan benim işte! Söyleyin bana her şeyin doğrusunu!.. Eşya ve hâdiselerin peçesini kaldırın ve içyüzlerini gösterin!

Ve belki de tımarhanedeki deliler kursaklarındaki sırrı artık ağızlarından kaçıracak kadar ruhları zayıfladığı içindir ki, böyle demir parmaklıklı kümeslere kapatılmışlardı.»

İĞNELİ FIÇI

«Daha ne istiyorsunuz?

Bir daire, bir çizgi, bir nokta, bir hareket, bir fiil, bir mefhum, zaman, mekân, ölüm, hayat etrafında, kuyruğundaki makaranın arkasından dönen, bir kedi yavrusu gibi kıvranıp duruyordum.

Bir iğneli fıçı ki, bu, üstünden hayâl uçsa kanatları kana boyanır.

Her şey, ama her şey, içimde dumana, rüzgâra, gölgeye, sıfıra karışırken, yalnız bir şey; kendisinden başka her şeyin yokluğu pahasına mutlak bir varlık şartına bürünüyordu.

– Yalnız Allah var! Var olan yalnız Allah! Her şey o kadar yok ki, yalnız Allah var! Allah öyle var ki, kendisinden başka hiçbir şey yok!

Tam otuz yaşımdayım. Yedi yaşımdan beri, çok defa yatağıma yüzükoyun uzanıp bir mum ışığında okuduğum kitaplar, içimde uçsuz bucaksız bir sahife... Bu uçsuz bucaksız sahife, kıvrım kıvrım yanmış, kül olmuştu. Yalnız bir tarafında, ateşin çepçevre sardığı yanmamış bir parça vardı, İslâm tasavvufuna ait bir kitaptan satırlar... O satırları yeni bir şekle sokmuştum:

«– Bir irşat ediciye varmadan olmaz! Yollara düş, bucak bucak ara ve irşat edicni bul!

Genç adam, dere, tepe düz; o şehir senin, bu köy benim, yıllarca araştırdı, durdu.

Kırdığı her cevizin içi bomboş... Nihayet bir gün, bir dağ başında, koyunlarını otlatan bir çoban gördü, kuzguni siyah bir zenci... Zenciye (Beni irşat edecek birini arıyorum dedi, arıyor ve bulamıyorum. Bana yol göster!)

Zenci, ufukların etrafında gövdesi ve gözleriyle çepçevre bir daire çizdikten sonra genç adama döndü, mırıldandı:

(Dört bir istikâmeti kokladım! Seni, benden başka irşat edebilecek kimse yok! İrşat edicin benim!) Ve genç adam, zenci çobana kapılandı... Ve erdi...»

İçimde her biri bine bölünen yankılar...

– Bir irşat ediciye varmadan olmaz! Yollara düş, bucak bucak ara ve irşat edicini bul! Seni kim irşat edecek? Mucize iklimlerinin irşat edicilerini bu asırda bulmak!..

Zifiri karanlıkta bir akşam... İki sıra ağaç arasından evime doğru, yerden kalkmaz bir çuval gibi vücudumu sürüklerken, yol ortasında bir gölge gördüm. Gölge sanki kafamın dört duvar arasındaki yankılarını duymuştu. Bir ağaca yaslandım, kaldım. Gölge, içinde karanlığın yiv yiv helezonlaştığı gözlerle beni tarttı.

Her ân bir mucize bekliyordum; şaşırmadım, her şeyi olağan bulan bir hisle haykırdım:

– Kimsin sen? Söyle!..

Gramofon plâğı cızırtısına benzer müthiş bir fısıltı:

– İrşat edicinin habercisi!

– Ne diyorsun? Masal dünyasında mıyız? Bu zamanda bir irşat edici?

– Her zaman bir irşat edici var!

Gökte bir yıldız düşerken muradını kestirebilen bir kavrayış acelesi ile atıldım:

– Çabuk, yerini yurdunu, adını, sanını bildir!

– İlle bir tarif mi istiyorsun?

– İlle bir tarif istiyorum!

Sigara kâğıdından daha ince bir kamış gibi içi ses ve nefes dolu gölge büküldü, sıçradı; biraz ileride karanlığın, dipsizlik kuyusunu çemberliyen soğuk ağzına daldı ve yine müthiş fısıltısını koyuverdi:

– (Sır vermez)e git: (Tesbihçiler)den geç! Sağa sap! (Kapalı Camii) sokağına gir! Yürü yürü! (Yıkık çeşme)nin karşısında (9) numara!..

Göğe baktım, bir yıldız düşüyordu.

AV

Bu, büyük bir mânevî buhran, (metafizik) kıvranış, yepyeni bir kuruluşa doğru temelinden sarsılıştı; en kısa zamanda sezdiğime göre, onun, Efendi Hazretlerinin tek nazarıdır ki, beni bu hâle getirmişti.

Avlanmıştım.

Beni avlamışlardı.

Adi sinir hastalıklariyle, yahut, marazî ruhiyat kitaplarının çerçevelediği basit ve süflî ruh ihtilâçlariyle alâkası yoktu bu halin... Ulvî mi ulvî, bir çile...

Belki aklın verâsına çıkıp çıldırma noktasına gelmenin ve sonra kudsî bir nur, bir ruh feyziyle kanat ve muvâzene kazanarak oradan geriye dönmenin haliydi bu... Ve aklın, akla güvenmenin sefaletini anlama hali...

Gösterilmezse anlaşılmaz bu hal...

İşte, tâbi olduğu Resûlün mucizesi halinde onun ilk kerameti!..

Tâbir onundur:

«– Velinin kerameti, tâbi olduğu Resûlün mucizesidir.»

Bu halin üzerinde fazla durmıyacağım.

İlk oluşundan tam on ve Efendimin vefatından bir yıl sonra ayniyle tekrarlanan hali (dahası da var), Allah ile aramda bırakalım ve yalnız dış perdelere bakalım...

Zaten dış perdelerden başka görebildiğimiz ne var ki?.. Perdeler düştükçe meydana çıkan, yine dış... İç, mutlak iç, o ebediyet... Kimi şu kadar dışta, kimi şu kadar içte; hepsi bu kadar...

Büyük geçidin yeni zaman bekçisi ise, içlerin içinde...

BENİ KURTARINIZ!

Marazı, bir nimet olarak ondan aldığımı sezen ben, şifayı da, tabiî nimetin nimeti halinde ondan, onun yolundan aradım.

Birkaç ay içinde sadece kemiklerimin ağırlığına kadar düşmüş ve üzerimde hiçbir et sikleti kalmamış olarak, kapısına dadandım. Artık feryadım şu:

– Beni kurtarınız!

Fakat ağzımdan halime ait tek kelime çıkmıyor. Kısa bir anlatış ve her şeyi kendisinden, Allahın lûtfuyle kendisinden bekleyiş...

«– Sık sık gelin, buyurdular; sohbet sizi açar. İnşaallah feraha kavuşursunuz!»

Başka ne bir emir, ne bir öğüt, ne bir tedbir, ne bir tatbik...

•

1934 yılının yaz'ı, sonbaharı ve 1935'e devrettiği kış, benim için nasıl bir azap çerçevesi?

Ne anlatılır, ne anlaşılır!..

İslâm tefekkürünün, kavrama, anlama mânasına «yakîn» mefhumiyle belirttiği üç derece var:

İlm-el yakîn: Öğrenerek anlamak...

Ayn-el yakîn: Bizzat görerek anlamak...

Hakk-el yakîn: İçine girerek, içinde eriyerek anlamak...

Meselâ, Van gölünü bilmek bir «ilm-el yakîn» anlayıştır. Yanına kadar gidip görmek «ayn-el yakîn»... İçine girip boğulmak «hakk-el yakîn»...

Hâlimi anlayabilmek için üçüncü soydan bir anlayış lâzımdı. Bu da ancak bir velide bulunabilirdi.

UZAKLIK

Çocukluğumdaki hastalıklardan birinde, zekâ ve hassasiyetimin marazî çapa vardığı demlerde, başucumdaki anneme bakıp, insanların birbirine, birbirinin haline ne kadar uzak olduğunu düşünmüş; bir takım kelime ve klişe yakınlıklarına rağmen iki ten arasında ne korkunç bir uçurum, bir buud çöreklendiğini hissetmiş ve kesik kesik sormuştum:

– Anne, sen benim halimden anlıyor musun?

– Anlamaz mıyım evlâdım, bilmez miyim?

– Ne bileceksin anne; içimde değilsin ki... Hasta olan, benim!..

İşte iki insan arasında bazan irkilircesine duyduğumuz bu uzaklıktır ki, «Kuluma şahdamarından daha yakınım» diyen Allahın sırlarından bir işaret...

Bütün itibarî yakınlıklar arasındaki uzaklığın ifadesi olarak, (Mopasan)ın «Yıldızların Bîkesliği» adındaki hikâyesine bir zamanlar bayıldığını söyleyen Peyami Safa, asıl Yunus Emre'ye bakmalıydı:

Bir garip öldü diyeler,
Üç günden sonra duyalar,
Soğuk su ile yuyalar;
Şöyle garip bencileyin.
....

Meğer ki, gökte yıldızım,
Ola garip bencileyin.

Garibiz; her yerde, her şeyin içinde ve herkesin ortasında garibiz... Vatanımız burası sanmayın!.. Ve bu gurbet Allah hasretinden başka hiçbir şey değil... Her şeye ve herkese uzaklığın da aks-i dâvası o, Allah... Yakın olan o, ama biz farkında değiliz.

Öyleyse bazan, hem de ezbere:

– Bir Allahım bilir, bir de ben...

Derken ne kadar doğruyu söylemiş oluyoruz.

En doğrusu:

– Yalnız Allah bilir...

Bu kadar!..

Benimki de, fertler arası bütün münasebet ve intikal vasıtalarını kaybetmenin, dipsiz bir kuyu içinde tek başıma kalmanın ve ilâhî azâmeti, birdenbire şahdamarında hissetmenin haliydi.

BU HÂL

Bu hâl içinde kendi dünyamdan en çok temas ettiklerim, Peyami Safa ile Mustafa Şekip Tunç... Peyami beni, ağzımla itiraf etmediğim halde uzaktan sezdiği ve (metafizik kaygı) diye teşhisini yapıştırdığı iç kıvranmalarım boyunca sabahlara kadar dinler ve şöyle derdi:

– Bütün söylediklerin, hep not edilecek şeyler!.. Aralarında bir tane bile alelâdesi yok!..

Böyleyken, yine onunla aramda, iki ayrı kalıp ve ruh arasında öyle uçurumlar görüyordum ki, en taşkın yakınlaşma cehdine rağmen insanların birbirlerine ne kadar uzak olduğu, herkesin kendi içinde ve kendi hücresinde yapayalnız kaldığı hakikatini alev alev içiyordum. Bu hâl bana, sadece bana hissettiriyordu ki, Allahtan başka her yakınlık, temelsiz bir vehimden ibaret...

Başkalarına gelince, onlarla münasebetim büsbütün uzaklığın, hattâ kabûl edilmiş ve sîneye çekilmiş bir uzaklığın ta kendisi... Meselâ beni sokakta görüp de:

– Nedir bu halin, kendine gel!

Diyenlerden; nereye baktığı ve ne gördüğü belirsizleşmiş gözlerime gözlerini dikip:

– Ne o; şeşi beş görmeye mi başladın?

Diyenlere kadar... Bu tiplere tabiî görünmek ve kendimi göstermemek gayretindeydim.

Hele Mustafa Şekip... O, bir milimetrelik satıh kabuğu üzerinde tüneller açmaya savaşan felsefe profesörü?..

Bir gün kendisine:

– Hakikati görmekten korkmuyor musun; anlamaktan, anlamanın ateşiyle kavrulmaktan korkmuyor musun?

Dediğim zaman şu cevabı vermişti:

– Anlamamaktan korkuyorum! Anlayamamanın acısını çekiyorum!

« Istırabımı görmeyen körün yüzüne tükürmek istiyorum!»

Diyen Fransız şairi ne kadar haklıydı. Benim, içinde yaşadığım ruh iklimine göre, Mustafa Şekip, kızgın çöllerin devesine nispetle buz dağlarının kutup ayısını yaşatıyor; ve idraksizlik içindeki üstün idraki, korkunç bir ahmaklık aczi halinde ortaya döküyordu.

Ona sordum:

– Sen öldükten sonra senden ne kalacak?..

Bir köşede pinekleyen, nasırlı ve çarpık ayaklarının şeklini almış iskarpinlerini gösterdi:

– Bunlar kalacak!..

Ne kadar yalnızız, ne kadar yalnızız!.. (Paskal)ın dediği gibi:

«Yapayalnız ölürüz!»

Yapayalnız yaşar ve yapayalnız ölürüz!

İşte bu yalnızlığı kökünden giderici ve büyük visâle erdirici yol... Onun ilk çilesi içindeydim.

RAKKAS

Buhranımın içinde, en uzun, 180 derecelik kavsi tutan bir rakkas gibi, tam inkârla tam iman arası gidip geldiğim bir ân, Efendimin kitabını sobaya attığımı, sonra bir lâhzada, tek lâhzacıkta sobaya, ateşin içine atıldığımı; alevli yaprakları elimle söndürdüğümü ve kitabı öperek başımın üstüne koyduğumu Allah biliyor, siz de bilin!..

Kalblerimiz ilâhî kudret elinin iki parmağı arasında... Dilediği gibi çeviriyor.

Kenarları yanık o kitabı saklıyorum.

İnşallah, ben öldükten sonra da saklayan olur.

•

Tam bir yıl süren uykusuzluk...

Lisanımla bildirmediğim halimi uzaktan görüp etrafımda pervane gibi dönen anneme diyorum ki:

– Bir gece, bir gececik tam uyku her şeyi düzeltecek ama, nerede?..

Çalıştığım bankanın şubesini açmak için gittiğim Edirne'de, bir doktordan, tıbbın zavallı tıbbın son imkânını soruyorum:

– Sizin insanı uyutmaya, olmazsa bayıltmaya ve şuursuz bırakmaya mahsus bir ilâcınız yok mu?

– Ne yapacaksınız, diyor doktor, niçin?

– Onu sormayın da var mı, yok mu, söyleyin!

Bana, önünde ölü kafası resmi bulunan ve «şu kadardan fazlası için ölüm tehlikesi» yazılı bir ilâç veriyor. Dozunu biraz kaçırdığım halde uyuyamıyorum; demirden bir el göz kapaklarımı aşağı çekerken, bir başka el bütün ruhumu yırtıyor ve ben yataktan fırladığım gibi kendimi Edirne'nin sokaklarına atıyorum. Sabaha kadar gezinti ve banka...

Herkes beni (normal) biliyor; içine kaçan gözlerimin yerine kömürle bir çift göz kondurmuş, «ben de sizin gibiyim» tarzında, dünyayı aldatmaya, rol oynamaya memurum. Halimin de kaynağını ve keyfiyetini sezdiğim için, zavallı tıbdan hiçbir imdat beklemiyorum. Doktorum o; İstanbul'da bıraktığım Efendim... Ama ne zaman ve nasıl iyi edecek, bilemiyorum.

Bankadan istifa edip İstanbul'a geliyor ve huzurunda taş gibi oturup kalıyorum.

Eli yanan adam onu soğuk suya sokunca ne olur? Acı kesilir. Gel de çıkar şimdi elini sudan... Acı bin misli artacaktır.

Ben de böyleyim... Onu görünce uyuşuyorum, hafifliyorum, fakat ayrılır ayrılmaz, tamam!.. Öyle de bir edeb ve heybet sarmış ki, beni, ona karşı kendisinden açıkça hiçbir şey istemiyor, derdimi bildiremiyor, ilâç isteyemiyorum.

Ama, her şeyi bildiğini biliyorum.

«– Bu sohbetler size iyi geliyorsa sık sık buyurun!..»

Etrafında, edeblerin en keskiniyle oturan ve daima susan bir yakınlar halkası, şundan bundan bahsediliyor ve akşam oluveriyor. Konuşmalar hep perdeli...

Haydi Necip Fazıl, ayrıl Efendi Hazretlerinden; ve yürüyen ölüler halinde gördüğün insanlar arasından geçip evine kapan ve sabaha kadar yorganını ısır!..

•

İnsanları, benzetişle değil, tam vâkıa olarak, kendilerinden habersiz, gidip gelen ölüler halinde görüyorum...

Zamanı bir sinema filmine benzetiyor; ve hareketleri perdeden değil, filmin üzerinden ve kesik kesik takip eder gibi, haşyet içinde kalıyorum...

Ayağımı bastığım noktada arzın kışrı çökecekmişçesine bir istinatsızlık hissine düşüyorum...

Kaderi düşünüyorum. Ne yapsam nihayet yapacağım tek bir şey olacağına ve o da alnımın yazısını belirteceğine göre; onu, bütün iradeleri aşan nâmütenahi bir kucaklayış kabûl ediyor ve irademin yanmış bir kibrit gibi bükülüp büzüldüğünü duyuyorum...

Daha anlatayım mı?..

Vazgeçin canım, siz meccânî bedahet duygularınızla yürümeye bakınız!..

Benden bedahet hissi kaldırılmıştı.

•

1934 - 1935 Yılbaşı gecesi, karşımda susturup devirdiğim bir radyo; sabaha kadar nasıl ağladığımı ben bilirim.

EFENDİME, EFENDİME!

Nihayet 1935 baharı... Ankara'ya bir seyahat ve tekrar bankaya giriş... Ve hastalıktan kurtuluş...

Bundan böyle, gözlerinin pası silinmiş, üstündeki buğu alınmış ve ilk imtihandan geçirilmiş insan olarak, Efendimi, aydınlık gözle görebilirim.

Artık önümde yol, tek:

Allah ve Resûlü...

İstanbul'a dönerken, trenin tekerlekleri benim ağzımdan haykırıyor:

– Efendime gidiyorum! Efendime gidiyorum!

Kalbimde büyük buhran içinde sezemediğim bir hâlet... Abdülhakîm Efendi Hazretlerine hudutsuz bir aşk... Tekerlekler ona gittiğimi söylerken, yataklı vagon kompartmanının pırıl pırıl lâmbrisinde, o cilâlı tahtanın üstünde, onun yüzünü görüyorum. Gülümsüyorlar.

EFENDİM

1281 - 1860 yılında, Van'da dünyaya gelmişler... Van, Başkale kazası, Arvas köyü... Van'ın cenup şarkında; İran sınırına yakın, 2400 metre yüksekliğinde gayet sarp ve engelli bir saha...

Arvas, şeyhleri ve mürşitleri Seyyid Fehim Hazretlerinin de köyü...

Pederi; Seyyid Mustafa... Nesepleri, madde yolundan da Kâinatın Efendisine bağlı: Es'Seyyid Abdülhakîm Arvasi...

Mânevî veraset yoluna gelince:

Zaten hep onun üzerinde gittiğimiz bu dâvayı, özlü bir takdim cümlesine nasıl sığdırabiliriz?

Tecrübe edelim:

Peygamberlerden sonra insanoğlunun en büyüğü Hazret-i Ebu Bekir'e «Sevr» mağarasında teslim edilen has oda sırrını otuz üçüncü el olarak devr ve teslim alıp, onu Yirminci Asırda; makine, türlü keşif, ruhî buhran, içtimaî muvâzenesizlik, sar'a ve cinnet, hasret ve gurbet asrında, bu asrın ortasına kadar, zerresini feda etmeksizin, en kemalli veraset halinde temsil etmeye memur, eşsiz velî...

Dış tafsilât «Başbuğ Velilerden 33» adlı eserimde...

Hissettirebildim mi makamının hususîliğini ve ululuğunu?..

İnsanoğluna, kendi öz eserinin tahakküme başladığı, madde keşiflerinin insanları burunlarından halkaladığı ve bütün ruh müeyyidelerinin bangır bangır iflâsa sürüklendiği mânevî panik devrinde kutup; böyle bir devirde her ölçüyü müdafaa ve muhafazaya memur kutup ne demekse, Es'Seyyid Abdülhakîm Arvasî, o... 14'üncü Hicrî Asrın yenileyicisi...

Devrinin, içli ve dışlı küfür deccâllerine ve bunların üflediği felâket cereyanlarına dikkat ederseniz, onun, kimlere ve nelere; insanları çekip kurtaracağı hangi bataklık şartlarına karşı gönderildiğini sezer ve bütün bunlardan bir mikyas çıkarabilirsiniz.

Bu terkibî hükmün, bundan evvel olduğu gibi, bundan sonra da nokta nokta tahlil unsurlarına geçerken, Es'Seyyid Abdülhakîm Arvasî'yi, 2400 metre yüksekliğindeki sarp yayladan İstanbul üzerine inmiş, hakikatte, ışığı milyarlarca senede gelen yıldızların tepesinde, bir feza ve mâna kartalı diye takdim edersem sanmayın ki, bir şey söyliyebilmiş olurum.

Öbür eserdeki tafsilâta rağmen, kısaca, dış cephelerinden de birkaç çizgi:

Seyyid Fehim Hazretlerinin irşat huzurlarında, iki dizi üstüne çöküyor; ve on yedi yaşında, din ve dünya, zâhir ve bâtın ilimlerinden, yâni kaal çerçevesinin bütün mevcutlarından icazet ve mezuniyet alıyorlar.

Yine aynı irşat içinden, yolun, Nakşî, Kaadiri, Kübrevî, Sühreverdi, Çeştî kolları...

Ana cadde Nakşîlik...

Ve bunca kaal yükünün zarfı içine fezayı alan bir hâl!

Hâl, hâl, her şey hâl'de...

Bu hâl ve kaal ile, 1916 yılında, 56 yaşlarında, Moskof'ların Van'a yaklaşmasiyle başlayan Ermeni ayaklanması karşısında hicrete mecbur oluyorlar. Revandiz, Erbil, Musul, Adana ve Eskişehir taraflarında beş sene... 1921'de, 61 yaşında olarak İstanbul'a geliyorlar.

Kendilerine devrin hükûmeti tarafından, Eyüpsultan'da, Gümüşsuyunda, eski Kaşgarî dergâhı, bildiğimiz çatı tahsis ediliyor.

«Medrese-i Mütehassisîn»de, bir nevi İslâm Üniversitesi makamındaki mektepte de tasavvuf müderrisliği... «Er-Riyazüt Tasavvufiyye» isimli eserlerini bu sırada kaleme alıyorlar.

Bâtın ve hâl mihrakları etrafında kümelenen ateşli gönüller dışında, halk için, nâs için, herkes için camilerde dersler... Zaman zaman, birkaçı birarada ve ayrı ayrı, Eyüp, Fatih, Beyazıt, Bakırköy, Kadıköy camileri ve Beyoğlundaki Ağacamii...

Hicretlerinden evvel iki kere Hac...

İleride bir vesileyle bana şöyle buyuracaklardır:

«Ben ömrümde yalnız iki rekât namaz kılabildim; o da Hac seferinde, (Ravza-i Nebî)de...»

Ömründe tek vakit namazını bırakmamış ve kaybolan tek vakti, cihanların kaybiyle bir tutmuş insanın, bunca ibadet ve nice tecellî arasında kendisini yalnız iki rekât kılabilmiş farzetmesi, o namazı, Allah Resûlünün Ravzalarında kılınan bu namazdaki keyfiyeti düşünelim...

Sözleri:

«Tek vakit namazımı kaçırmaktansa bin kere ölmeyi tercih ederim.»

DAİRE HİKMETİ

İçinde tam bir sene, etimle ve kemiğimle, beynimle ve iliğimle fukur fukur kaynadığım, kaynatıldığım, kaynayıp da yine kıvamını bulamadığım kaynar su, kaynar demir rejiminden sonra yüzüm gözüm yerine gelmiş, huzurlarındayım.

Derdin böylesinden de dönülür mü?

Dönmüş, döndürülmüş bulunuyorum.

Karşımda o nur heykeli...

Göz; değdiği yeri kezzap gibi oyabilen, tohumun merkezindeki görünmez noktanın kıvranışını görebilen göz, ne görür kendilerinde?..

Büyükler büyüğü İmam-ı Rabbanî Hazretlerinin daire misâliyle belirttikleri hikmetin mazhariyetini...

Şöyle:

Veli, dairenin en aşağı noktasından yola çıkarken bir hiçtir; çıka çıka en yukarı noktasına erişir. Ondan sonra gerçek kemâli, daireyi tamamlar; ve iniş gibi görünen, halbuki çıkışın çıkışı olan noktalardan geçip işi başlangıç noktasında bitirir. Bu noktada, kaba mantık gözü için, olduğu yerde kalanla, daireyi devretmiş bulunan arasında fark yoktur. Oysa, asıl fark, farkların farkı o noktada... İmam-ı Rabbanî üstüste iki noktanın birine «muhik» ve öbürüne «mubtil» diyor. Biri hak, biri bâtıl... Yani, olduğu yerde kalanın hiçliği hakikat; kemâli bir devir sonra aynı yerde bulanın «hep» olarak «hiç» görünmesi de bâtıl... İşte o «muhik»i, o «mubtil»den ayırabilen gözdür ki, gözdür.

Ve Allah Resûlünün:

«– Müminin görüşünden korkunuz; zira o Allah'ın nuriyle nazar eder.»

Ölçülerindeki sırdan en küçük nasip, bu farkı hemen kestirir.

Böyle bir göz için:

Abdülhakîm Efendi Hazretleri, basitlerin basiti gibi duran bir ifade içinde, bütün Arz küresini hasır koltuğunun yuvarlak yastığı kadar küçültüp üzerine oturmuş, etekleriyle sımsıkı peçelemiş ve bunu belli etmemeyi en büyük marifet ve kerâmet bilmiş bir tavır sahibiydi. O etekleriyle gizlediği muazzam bir mâdenin üstünde oturuyordu.

Beni anlıyor musunuz? Beni anlatamayan kelimelerin aczini Allah'a havale ederim.

VELÎ

Lafta, kitapta, halk hayâlinde, kocakarı tasavvurunda, şunda bunda nice velî -ne münasebet!- velî taslağı gördüm. Ermişlik halinin, halk gözü için dışarıya vurmuş sahte alâmetlerini taşıyanlar... Bunlarla onun arasındaki fark, sadece dış fark, sabundan yaptıkları sun'i meyve cinsinden bir muzla, buram buram rayihası gönül açan hakikî muz nisbetine uygundu.

Velî'nin mukabil tarafında denî vardır.

Ve bir velînin velîliği üzerinde en küçük iddia, gösteriş, yelteniş sahibi olması, «bir kadının hayz anında kendisini kanlı donuyle damda teşhir etmesinden beter»dir. Şah-ı Nakşibend'e ait bu aziz ölçüye göre, içine alındığı «mahrem»ler ikliminin sırları önünde veliye düşen hayâ derecesi tasarlanabilir. Bu hayâdan; dâvanın ruhu olan bu hayâdan kendisinde eser olmayan insan, velî yerine hangi sıfata lâyıktır, belirttik.

Belki velilere mahsus birçok tavırların taklitçileri bulunduğu gibi hayâ tavrının da mukallitleri bulunabilir. O zaman da denîlik derecesi terakki eder; ve aslında taklidi mümkün olmıyan hayâ tavrını, daha nice tavırla beraber, Allahın nur verdiği göz, daima sahtesinden ayırır.

Özenti dalgınlıklar, yalancı vecd edâları, gâipten haber alma ve haber verme duruşları ve davranışları, her şeyi sığ bir dedikodu plânında helâk eden iddiacı ve ezberci ağız kalabalıkları, ham heyecan, körkütük gurur, makyaj ve kılık gayreti, hasılı olanca gâyesi câhil avlamaya ve dünya ötesi dünya yalanı söylemeye mahsus tavırlar, onda akar suya yağlı boya çekilmesi kadar imkân dışındaydı.

O, her haliyle som ve hâlis...

EDEP

Büyüklerin:

«– Mânasız sualin lüzumsuz cevabını vermek...»

Diye tarif ettikleri «mâlâyanilik»den, hattâ mânalı ve tekellüften uzak, bir konuşma edebi... Ne sorarsanız onun cevabını alıyor ve sayfaları sonsuz, ilâhî bir kâmus gibi bildirilmesi gerektiği kadariyle alıyorsunuz. Nasibinizde yoksa, zaten izahın çoğu da hiç, azı da... Zira o, kelimelerden başka bir şey; gözle görülmez ve kulakla işitilmez bir şey, bir feyz, bir nur veriyor; ve kelimeler, sadece işin kemmiyet örgüsüne memur, zarurî bir âletten ileriye gidemiyor.

İşte velî!..

Üstünde tek toz zerresi barındırmayan, hilkatten temizlik, her çizgi ve her edâsında içli ve dışlı şeriat uygunluğu, insanda nebat ve hayvanı tam tasfiye edip insana yükselmiş olmanın -bizimse ismimiz insan- mucize çapında hâli; küçük bir esneme, sağa sola bakınma, şu veya bu noktaya takılma diye belirtilebilecek bütün ilcaîliklerden topyekûn mahfuzluk içinde, o, dış göze sorarsanız, alelâdeliklerden bir tablo, dairenin ilk noktası...

Fakat... İlk, çünkü son noktası...

Ve en büyük kerameti kendisine edilen ilâhî ikramın setri, örtülmesi, peçelenmesi...

YİRMİNCİ ASRIN NÖBETÇİSİ

Size, ondan ne anlatsam, meselâ «bir bakır güğüme parmağını değdirdi ve onu altına çevirdi» demeğe kadar hepsi avâma, halka mahsus şeylerden ibaret kalır ve tam havâslık bu kerametin setri kerâmetine ulaşamaz.

O, bu dünyada, dairenin ilk çıkış noktasında, o noktaya mahsus alelâdeliklere bürülü, otururken, o noktaya bütün fezayı devretmiş olarak geldiğini, bu dünyadayken bu dünyada olmadığını, ancak nasibi olanlara sezdirici, büyük Allah dostu...

Tekrarlayalım:

Buradayken burada değil, dünyadayken dünyada değil...

İşte, bu en ileri kerâmetin merkezinden, şimdi bütün anlatacaklarımı takip edebilirsiniz.

Ötelere açılan kapının önündeyiz; ötelere açılan ve topyekûn kâinatın hesabını veren kapının Yirminci Asır bekçisiyle yüzyüze... Yirminci Asır nöbetçisi...

BENZERLİK

Hastayken, Mısır Çarşısından ot seçmek yerine, Sahaflardan kitaplar devşirmeğe bakmıştım. Henüz bu kitapları iyi, kötü diye ayırt edebilecek bir müdir fikir ölçüsüne de mâlik değildim. Tasavvufa, İslâm mütefekkirlerine, evliya menkıbelerine ait ne varsa... Kafamda tamamiyle posalaşmış; hurdalaşmış hâle gelen Batı büyükleri bir tarafa; asıl Doğu ve İslâm büyükleri arasında benimkine benzer bir nefs muhasebesinden, fikir çilesinden geçmiş biri var mıdır diye bakıyordum.

Diktiği gömleği aynı yerden defalarla söküp diken velînin:

– Nefsim beni bir şeyle meşgûl etmeden ben, onu meşgûl etmeğe bakıyorum!

Demesi... Ve başka bir velînin durmadan tesbih çekerken ne aradığını soranlara:

– Gafleti arıyorum!

Cevabını vermesi... Bunlarda hâlimi andıran pırıltılar görmekle beraber, sefil mevkiimi onların ulvî makamlarına yakıştıramıyordum. «Gafleti arıyorum!» sözündeki hikmete ve bu sözün belirttiği ihtiyaca muhatap olacak, o anda ve bütün dünyada benden lâyık kimse bulunamazdı ama, onların Allah'a doğru uçuşlarındaki sıhhatli hâli ile, benim, yine belki Allah yolunda; fakat parça parça edilişimdeki hasta ifade nasıl birleştirilebilirdi? Bana, kemâl yolunda aklın iflâsını görmüş ve bu iflâsın yangını içinde kavrulmuş biri lâzımdı.

Nihayet buldum:

İmam-ı Gazalî...

Sonra, o da velîler yolunda en ileri mertebelerden birine varan ve toprağa bağlı akılla, yâni benim kafa cinsimle alâkasını kesen koca İmam-ı Gazalî, başlangıçta her şeyi «nasıl?» ve «niçin?» isimli iki kol içinde zaptetmeye savaşırken öyle bir buhrana düşmüştü ki, aylarca uyumamış, ruhunun maddesinde açtığı yara yüzünden tek lokma ekmek yese, yerlerde kıvranacak hâle gelmiş; ve eşyanın künhünü aramak cehdi içinde bütün bedâhet duygularını kaybeder gibi bir şey olmuştu. Bu bahse «Tanrıkulu» yazısında biraz dokunmuştuk.

– Şu kadar ay sürdü ve sonra şifa buldum.

Diyor İmam-ı Gazalî ve ilâve ediyor:

– Gördüm ve anladım ki, Peygamberlik tavrı aklın ötesindedir; ve her şey, O'nun, Allah Sevgilisinin bâtınından bir feyiz nuru alabilmekten ibarettir. O nura teslim oldum ve kurtuldum!

Akıl sahasında bu dâvayı; idrak sırrını sır idrakinde tamamlayan ve kafayı kafayla kalbe çeviren bu dâvaların dâvasını, kimse bana İmam-ı Gazalî derecesinde gösteremezdi.

Şimdi kalıyor iş, o buhran ile benimki arasındaki farkı göstermeye...

«İslâmın Hücceti» tuğrasını taşıyan İmam-ı Gazalî Hazretlerinin, ayağı altındaki toz zerresinden daha hakir olduğumu bilerek ve kıpkırmızı kesilerek, Efendimin bir fermanını bildirmeye mecburum:

Hastalığımdan sonra, bana ilk lûtufları, çektiğim çile etrafındaki suallerimi cevaplandırmak olan Efendim, «İmam-ı Gazalî'nin buhranı mı daha büyüktü, benimki mi?» diye sormama karşı, ayniyle ve tek kelimeyle şöyle buyurdular:

«– Seninki!..»

Hoş; bir azabı daha derinden ve daha büyük hissetmiş olmak, öbür çekenden üstün bulunmak iddiasına da yol açmaz. Bu izahı, sırf yanlış anlaşılmak korkusuna karşı veriyorum.

Efendimden hatırımda kalan her sözü ayniyle intikal ettirmek borcunda olduğum için, kendilerinin, bu kadar nâzik bir bahiste:

«– Seninki!..»

Buyurmalarını gizliyemezdim.

Sırası gelmişken kaydedeyim ki, Efendimden bütün hatırladıklarımı tırnak içinde gösterirken, onlara, ruh, öz ve meâl halinde, kelimesi kelimesine denecek kadar riayet kaygısı içindeyim. Sözlerinin bazılarıysa, hem zarf, hem mazruf halinde, aynen...

AYNA

Hastalığım esnasında ve günlerce nereye baksam gördüğüm kıpkırmızı bir renkten bahsederken, dünyada bir eşine rastlamadığım bir zerafetle, ürperir gibi bir hassasiyet tavrı belirttikleri, gözümün önünde. Sonradan öğrendim ve anladım ki, velîlerin kalbi, mücellâ bir aynadır; ve oraya muhatabının her hali akseder. Meselâ, suya düşmüş bir müridi bitişik odada kurutulurken, dakikalarca zangır zangır titreyen velî...

Nitekim yine sonradan öğrenmiş bulunuyorum ki, hastalığımda kendilerini her ziyarete gelişimde, Efendi Hazretleri, ben döndükten sonra saatlerce ağırlık geçirirlermiş...

•

Bir gün; huzurlarında, Haliç'e karşı oturmuş, vecd içinde kendilerine bakarken, birden bire hastalığım için şöyle buyurdular:

«– Eseri bile kalmadı, değil mi?»

●

Başka bir gün de, şadırvanın bir yanında ve yine bir sükûn ânında, seslerinin en halâvetli dileği ve gözlerinin en ağlamaklı niyaziyle, buyurdular:

« – Sen hasta olma!..»

●

Şu hikmetler kendilerinin:

« – Cemiyetteki ruh hastalıkları iman eksikliğinden doğuyor...»

●

«– Mânevî acının yanında, maddîsi hiç...»

●

«– Kur'ân şifadır; fakat şifa, suyun geldiği boruya tâbi... Pis borudan şifa gelmez.» (Üfürükçüleri ve üfürükçülüğü sanat edinenleri düşünün!)...

●

«– Mânevî elem zamanı, bunu maddî bir elemle örtmeğe bakmalı. Meselâ ayakta bir yara vesaire...»

●

« – Sigara mubahtır. Günde 9 veya 11 sigara iç!..»

●

«– Oruç tut; çok sıhhat bulursun!»

•

«– Sen günde 8 - 9 saat uyumalısın!»

•

«– İtidal haddiyle dıfk, (vücutta toplanan erkeklik cevherini dışarıya atmak), devâlardan biri...»

•

– Ruhun kuvveti neyledir efendim?
«– İmanla...»

KALBE DÜŞENLER

«Hatarât»... Bu kelimeyi duydunuz mu? «Hatar»ın cem'i... Bu tâbir, tarikatta bütün bir bahsin adı... Yol edebine ait şartların en ehemmiyetlilerini çerçeveliyen bir bahis... «havâtır» veya «hatarât»...

«Hatarât» kalbe ânî olarak iniveren, ters fikirlere, zıd mânalara, musallat vehimlere, boğucu hayâllere deniliyor. Ve yola girenlerde mutlaka bu başlıyor; ve onun nasıl murakabe ve idare edileceğini de bilmek gerekiyor.

İşte size, hastalığımla alâkalı bir yol hususiyeti!.. Şu var ki benimki bir maraz, belki de bu halle karışık bir marazken -nitekim sonradan maraz gidip hatarât devam etti- o, yolun başındakilere mahsus bir hâl... Ruhun esrarlı yapısına bağlı, ruhu bütün (anti - tez) aks-i dâvalarıyle çalkandırma hali...

Sâlik (bir yola giren), işte bu «hatarât»ı ezip koğmak, tarikat tâbiriyle nefyetmek borcunda... Yunus'un «zehirle pişmiş aş'ı yemeye kim gelir?» dediği bu iş, kolay değil... «Hatarât»ın içinde, Allah'ı inkârdan nice küfürlere kadar türlüsü vardır; ve şunu da belirtelim ki, onlar, imanın kuvveti nisbetinde gelir ve korkulacak, değer verilecek şeyler değildir.

Halimi az çok içinde bulduğum bu «hatarât» bahsi beni hemen sardı. Bir gün onlardan bazılarının bana nasıl musallat olduklarını ve onları nasıl koğduğumu anlatırken tebessüm buyurdular. Yanlarında ayakta duran Şakir; şu, esmer ve tatlı yüzlü genç, Efendi Hazretlerinin ayrılmaz nedimi:

– Evet, dedi; onlar gelir ve geçer; sonra insan, onları arasa, davet etse de bulamaz.

– Yaaa, evet, evet!..

Derken ben, tebessümleri devam ediyordu.

KERÂMET

Gece... Mescide geçit veren bir odacıkta oturuyoruz. Kendileri hasır koltukta, ben bir iskemledeyim... Etraflarında yakınlarından birkaç kişi... Dizüstü, yerde oturuyorlar. Efendi Hazretlerine karşı naz makamındaki Şakir'cik gidip geliyor. Bir köşede semaver...

Ha, söylemeyi unuttum; Efendi Hazretlerinin evlerinde semaver gece gündüz kaynar ve ziyaretçilere üstüste çay verilir. «Artık içemem, af buyurun!» deninceye kadar...

Yemekten sonra çaylar içilmiş; Efendi Hazretlerinden, o muazzam temkin tavırları içinde binbir hikmet dinlenmiştir.

Şakir'e emir buyurup bana bir defter verdirdiler.

«– Oku, dediler bana; yüksek sesle oku!..»

Bu, «hatarât»a dair, kalemlerinden çıkma bir risalecikti ve yüksek sesle okumaya başladım.

Tıs yok; yalnız bir duvar saatinin tiktakları... Dinleyenler, mümkün olsa, kalblerini durduracaklar... Öyle dinliyorlar...

Risalede «hatarât»tan bahsediliyor; kaynağı, hikmeti, onları def ve nefyetme şekli... Bunun için tedbir şudur:

«– Celâl kelimesini, Allah ismini, medd ile çekerek kalbden geçirmek ve dimağa doğru yükseltmek...»

Bahis bu noktaya gelince emir buyurdular:

«– Medd ile çek bakalım, Allah ismini!..»

– Allaaaaaah...

Diye çektim.

O anda olan şey...

Müthiş!..

Ayak uçlarında oturan yakınlardan biri, galiba Eyüpsultan'daki aktar dükkânının sahibi, o türlü sarsıldı ki, kopacak kadar sıkılmış bir çamaşır gibi kendi üstünde birkaç kere burkuldu, gözleri kaydı, ağzından köpüğe benzer bir şey çıktı; ve bir doktora teslim edilse birkaç günde ancak düzeltilebilecek bir hale düştü.

Ben dondum, herkes sâkin; kimse adamcağızın yüzüne bile bakmıyor, hepsi doktorlarından emin...

Efendi Hazretleri, herkesten daha sâkin ve telâşsız, sadece adama ismiyle hitap ettiler:

«– Abidin!»

Ve adam; bir anda çözülüp kendine geldi.

Bu manzara, etraftakilerin en tabiî hâdiselere mahsus kayıtsızlığı içinde seyredilirken, olmaz üstü olmazın ancak göziyle görene tecellî edeceği çarpıcı mâna, zaten tek keramet beklemek ve istemeksizin teslim olmuş bulunan bana nasıl tesir etti, hayâl edin!..

Bir müddet sonra içimden düşünüyorum:

– Şimdi ben, gece yarısı mezarların arasından nasıl inip de gidebileceğim?

Derhal haşmetli başlarını Abidin'e çeviriyorlar ve diyorlar:

«– Necip Fazıl Beyi sen götürürsün! Beraber gidersiniz!»

Efendi Hazretlerini ilk arayışımda «köşedeki aktar!» diye gösterdikleri ve bana yolu gösteren Abidin ile kol kola mezarlıktan iniyoruz.

– Fâtiha okuyalım. Beklerler ve isterler!

Diyor Âbidin...

Okuyoruz.

Mezar taşlarında tebessüm...

Gökte ay bedr halinde...

Âbidin elini uzatmış Eyüp Camiine doğru bir noktayı gösteriyor!

– Bak, bak, şu ışık çizgisini görüyor musun?

– Evet, evet!.. Nedir o?

– Âdi ışıktan başka bir şey...

– Yani?..

– Nur!..

İleride, tabutu, Efendi Hazretlerinin bulunduğu nur önünden geçerken ne haller geçireceğini göreceğiniz Âbidin nur içinde yatmaktadır.

EN BÜYÜK KERAMET

« – Gerçek keramet, kerametin gizlenmesidir. Bunun dışında tecellî edenler, velînin irade ve ihtiyariyle değildir. İlâhi hikmet öyle gerektiriyor, demektir. O vakit de velî bir genç kız kadar hicap duyar.»

Bu hikmet, kılıf ve ruh bakımından elifi elifine kendilerinin...

Bütün bunları görüyor ve duyuyordum da hâlâ adam olamıyor, önlerinde diz çöküp:

– Beni ne yaparsanız yapın; kapınızdan ayrılmıyorum ve hizmetçiniz olmaktan büyük şeref tanımıyorum! Diyemiyordum...

Bu duygu, benim bugünkü dövünüşümdür; yoksa kapılarında kölelik isteseydim, bana, bu kapıda tövbenin tedricî olduğunu, yoluma ve nasibimin istikâmetine gitmemi ve her türlü ifrat ve mübalâğadan kaçınmamı söyleyeceklerdi. Eminim... Ama suçum suçtur, değişmez...

En büyük kerameti, onu örtmek olan Velî'nin örtüsü altına kaçmayı, cücelerin hayatına veda etmeyi beceremiyordum.

•

Bankada çalışmama mâni olmadılar.

•

At merakımı, bir kâğıda bir hadîs yazarak teşvik buyurdular:

«– Hayr, atların alınlarına işlenmiştir.»

•

Her halleriyle derhal namaza başlamamı hissettirir oldular.

•

Devamlı olarak, evlenmem gerektiğine işaret ettiler.

•

Ve başıma gelen hallerin ceza cephesini şu hikmete bağladılar.

«– Başına ne geldiyse annene ettiğin kötü muameleden bil!»

GEMİNİN PASPASI

Büyük bir aşk havası içinde ve en şefkatli kabûl tavrı karşısındaydım. Fakat vaziyetim neydi? Büyük oluş mektebinin defterine kaydedilmiş miydim? Yoksa sadece uzaktan sevgi ve saygı kadrosunda mı kalıyordum? Nezaket ve alâka gösterilen herhangi bir ziyaretçiden farkım var mıydı?

Bana, ilk günden son güne kadar:

– Bizdensin!.. Seni mensup ve mahsuplarımızın (bağlılar ve hesabı görülmüşler) arasına alıyoruz! Yola kabûl edildin!

Tarzında, onun benzerinde, benzerinin benzerinde ne bir şey söylendi, ne en küçük bir imâ veya imâ gölgesi belirtildi; ne de tarikata, tarikat edeplerine ait tatbikî bir şekil, bir merasim gösterildi. Yalnız beş vakit namazda, bir safa dizilen; ve bunun dışında, büyüklüğü belirsiz bir büyüğün etrafında hikmet dinleyen, hemen hiç konuşmayan insanlar... Namaz kılar veya Efendi Hazretlerini dinlerken titremeler geçiren bu insanların hal ve vaziyetlerini de bilmiyordum. Bu hal bana büsbütün heybet ve haşyet veriyordu. Etrafında toplanılan büyük, büyüklüğü belirsiz kılacak kadar büyük zat, yolun görünür tarafını da belirsiz kılmıştı. Yolun nisbet işaretlerine ait dış görünüş plânında en küçük emare yoktu. Bu tekkeleri ve tarikatları kaldırmış olan kanunun gözünden kaçırılmak için takınılmış bir tavır değil, bir hakikat edasıydı.

Nitekim bir gün şöyle buyurmuşlardı:

«– Hükûmet tekkeleri kapatmadı; onlar zaten kendi kendilerini kapatmışlardı. Hükûmet boş mekânları kapattı.»

Öyleyse hükûmetin kapattığı, mânada boş tekkeler... Yasak edebildiği de, sahtekârlarca dış plân maskesi olarak kullanılması gayet kolay ve kökünü kaybetmiş merasim şekilleri... Efendi Hazretlerinde ise yolun öz hakikati olarak gizli kök nisbeti öyle yerindeydi ki, bazı zarurî dış alâmetlerin büsbütün silinip ortadan kaldırılmasiyle müteessir olmuyor; ve bu nisbet, ışığı suda kepçeyle yakalamak gibi, kanunun tutabileceği bir şey olmaktan münezzeh kalıyordu.

Zaten ve esasen sohbet temeli üzerine kurulu; ve görünmez radyo dalgaları şeklinde kalb antenlerine çarpan gizli nura bağlı bu yol, hükûmetlerce aziz tutulduğu günlerde de dış tezahür perdelerindeki cümbüşlere, üniformalara, kalıplara, törenlere iltifat göstermiş değildi. Öylesine ulvî, öylesine lâtifti ki, onu kalp paralar gibi tedavülde bulmanın ve ayrıca kalbten kalbe tedavülüne mâni olmanın imkânı yoktu.

Yol buydu; Efendi Hazretleri buydu ama ben neydim?

Şeyh Safiyüddin Hazretlerinin:

«Bîçâre Safî, sen tek ayağı yanmış bir köpeksin ki,
Üç ayakla o şan kervanının ardından koşmaktasın.»

Dediği köpek kadar olsun, içeriye, öz kadroya kabûl edilmiş miydim?

Bu nükteyi, uzun müddet, çok uzun müddet, Efendimin vefatına kadar tam çözemedim. Ancak vefatlarından sonraki ikinci buhranımdadır ki, birdenbire, on yıldır açmadığım bir çekmecenin ayağıma düşüp içinden bir kâğıt çıkması gibi, her şeyi keşfettim.

Efendimin ileri dereceli yakınlarından merhum Ziya Bey'in bana söylediği, keşfime tıpatıp uygundu:

«– Sen gemidesin! Ayak silmeye mahsus bir paspas olsan yine gemidesin! Seni bırakmazlar! Aldıklarını, bir daha bırakmazlar!»

MEMURİYET

Kalemime, fetih ve inkişaf onunla geldi.

İçimde yepyeni bir dünya görüşü, daha evvel cümle ve fikir kalıplarına dökülmeksizin, yalnız huzurlarındaki kelime üstü feyizle, kendilerini tanıdıktan sonra tütmeye başladı.

«Fildişi Kule»yi yıkıp büyük içtimaî plâna, cemiyet meydanına çıkmak; orta yere bir tarih, nefs, Şark ve Garp muhasebesi çıkarmak, asrın nabzını bulmak ve her şeyi kendi vâhidine ve oradan mutlak vâhide irca etmek ihtiyacı, bende onunla doğdu.

(Sokrat)ın yaptığı gibi, insanları eteklerinden çekip:

– Hey, nereye?..

Diye haykırmak ve:

– Her şey yanlış; her şey yeni baştan ele alınmaya ve inşa edilmeye muhtaç!.. Bizim dışarıda aradığımız güneş, cebimizde kayıp!..

Nârasını basmak borcu, bende onunla gerçekleşti.

Tekrar ediyorum; tek kelime konuşmadan, yalnız görünmez feyiz mevceleriyle... Bu bir memuriyet miydi?

Allah bilir...

Muhakkak olan şudur ki, ben kendilerini tanımadan dik bir kaya üzerinde gururla dünyaya karşı dikilmiş uyuz bir keçiyken, tanıdıktan sonra; yere inen ve geçtiği yol boyunca süt koyuveren memeleri şiş, patlayasıya şiş bir koyun olmuştum. Otuz yaşına kadar tıknefes yaşayan ve bir iki şiir kitabından başka bir şey veremeyen ben, ondan sonra, piyes, fikir, tetkik, dâva, tez; kırk elli ciltlik bir çapa doğru yükselecektim. Varsın benim «lâhik şair» olduğumu görmeyenler bana «sabık şair» desin, şiir ve sanata sırt çevirdiğimi sansın ve buna hayıflansın...

1935'te (Tohum), 1936'da (Ağaç Mecmuası), 1937'de (Bir Adam Yaratmak) vesâire... Bilhassa (Çile) şiiri... Derken (İdeolocya Örgüsü) ve bugünedek dâva yolunda tip tip ve çap çap yüz cildi geçen eser...

Mecmuamı çıkaracağım sıralarda huzurlarında niyetimden bahsetmiş; ve emirleriyle Şakir'in getirdiği Muhyiddin-i Arabî Hazretlerine ait (Tefe'ülnâme)den niyetime bir âyet meâli halinde şu cevap çıkmıştı:

«– Onlara müjdeler olsun...»

Müjde, çeyrek asırdır hep çile ve kahır şeklinde tecelli etti. Fakat müjdeliğini kaybetmedi. Çileler ve kahırlar caddesinde itişe kakışa yol açmaya çalışarak müjdeyi arıyorum.

Bendeki her kıymet onun, her suç nefsimin...

O'DUR

Rüyayı anlatmıştım ya...

Hani şu, bir (anfi)de çepçevre dizili nur insanlara ettiğim hitap ve tam orta yerde oturan nurüstü nur yüzlü birinin kalkıp beni alnımdan öpmesi...

Anlattım ve şu karşılığı aldım:

«– İnşallah O'dur!»

Ürperdim.

Demek ben Allah'ın Resûlünü, Kâinatın Efendisini, Varlık Sırrı'nın gâyesini görmüştüm rüyada... Ve anlayamamıştım.

Rüyanın nasıl gerçekleşeceğini, ileride «Konferanslar» bahsinde göreceksiniz.

•

Nurlariyle cilâlanan fikir ve san'atımın ilk verimlerinden bir örnek olarak, bundan otuzbeş yıl kadar evvel, bugün baş düşmanım, o gün ve bugün memleketin baş kibirlisi ve baş küfürlüsü, solculuk karargâhı bir gazetede çıkan makalemi okumuştum, şadırvan başında, kendilerine...

Dikkatle dinlediler. Yazı bitinci Şakir'den kalem istediler ve yazıyı çekip üstüne şöyle yazdılar:

«– Altun ile yazılacak yazı...»

Türk cemiyetinin Kanunî devrine kadar sürmüş aşk ve muvâzene çığırında, bu mes'ut ruh kıvamının nelere bağlı olduğunu gösteren yazı; güneş, toprak ve ağaç halinde, iman, cemiyet ve ferdin nasıl hamurlaşmak borcunda olduğunu gösteriyordu.

Üzerinde Efendimin el yazısını taşıyan gazete parçasını, aziz emânetleri arasında saklıyorum. Hüccetim; senedim ve dayanağım, o... Bütür fikirlerimin kontrol mührü...

•

«Çile» şiirimi de derin derin dinlediler.

Ve sükût... Hattâ memnuniyetsiz bir sükût...

Sonradan ben de derin derin düşündüm; ve bu memnuniyetsiz sükûtu, şiirin kendilerine okunan ilk şeklindeki bazı edeb hatalarına yordum. Gerçekten, şiirde, onun ilk yazılış şeklinde, mukaddes ölçüleri taşırır gibi edâlar vardı. Vefatlarından sonra bunları düzelttim. Ne yapayım; yavaş yavaş adam oluyordum. Okyanuslar gibi dalgalanan çamur nefsimi yüksük yüksük süzmeye memurdum.

•

Uzun bir sükût... Herkes susuyor... Ben de...

Nasıl bir tecellî karşısında kalmış olacaklar ki, başlarının üstünde âdeta elle tutulabilircesine açık bir nur huzmesi, en ağlamaklı sesleriyle, kendi kendilerine hitap ettiler:

«– Zerresini bile feda etmem!..»

Birden bire anlayamadık.

Sonradan ben anladığımı sanıyorum.

Mukaddes ölçüleri ihtar ediyorlardı. Ve herkesten ziyade bana...

Müthiş ân...

Onsuz hiçbir şeye imkân yok...

Şeriat falakasına yatırmadan nefsi, hiçbir oluşa yol yok...

Mukaddes falaka, muazzez falaka... Sen ne güzelsin. Acı görünüyorsun ama, tad sensin...

ALAFRANGA KEMÂL

Burhan Toprak'ı götürdüm kendilerine... Daha evvel de Burhan'a bir sürü izah:

– Dıştan hiçbir şey göremiyeceksin! Dışını bütün iddialardan temizlemiş olan insanın nasıl bir bâtın taşıdığına ve neyi gizlediğine dikkat et! Olanca nükte ve nezâket burada... Suallerine dış plân hesabına yeter derecede, ne eksik ve ne fazla, kupkuru cevaplardan başka bir şey alamıyacaksın! İşte, bu kuruluğun ve basitliğin ötesindeki haşmete geçebilmektir ki, hüner... Ona göre davran!..

Gittik.

«Kemâl, kemâl!..» diye çırpınan ve biraralık bunu Garp yollarından «alafranga kemâl» olarak devşirebileceğini uman dostum, yine o eski temâyülünden kalma ukdesini, ilk sualiyle belirtti:

– Hazret-i İsâ hakkında ne buyurursunuz?

«– Babasız Hak Peygamber...»

Ve sükût...

– Peygamberimize nisbetle farkları?

«– Büyük...»

Ve sükût...

– Ne gibi?..

«– Hazret-i İsâ melekiyette en üstün dereceydi; O'na nisbetle bir eksiği vardı.»

Ve sükût...

– Neydi eksiği efendim?

«– Beşeriyeti!..»

Bu son cevap, hakikat örsünün üstüne bir balyoz gibi inmişti:

Melekiyette en ileri, fakat meleğin secde ettiği beşeriyette, O'na nisbetle eksik, babasız Hak Peygamber İsâ Aleyhisselâm...

O sıralarda bana eserlerinden bir kaçını hediye eden Burhan Toprak, bunlardan birinin üstüne şu ithafı yazdı.

«– Bana, alafranga kemâl'in boşluğunu gösteren Necip Fazıl'a...»

•

Burhan Toprak'ın Yunus ve Mansur aşkı da malûm...

Ona da cevap:

– Tomarı getiriniz!

TOMAR

Burhan Toprak'ın önüne, mânevî nisbetlerinin kol kol ağacını gösteren büyük bir tomar açtırdılar ve dediler:

«– Bu namsız ve nişansız insanlardan her biri bir Mansur'dur.»

Mansur ve Yunus Emre delisi Burhan Toprak, bu çok yerinde bağlılığına karşı, onların da derecesi üzerinde bir ölçü kazanıyordu. Hakikatte Efendi Hazretlerinin muradı şuydu:

– Bu namsız ve nişansız, kendilerini silip yok etmiş insanlardan her biri, bir Mansur'dur. Dâva; şöhrette değildir.

Ben ki, onların, Burhan'dan eksik delisi değilim; bu yaman gerçeği ne de derinden seziyordum.

Daha evvel kendilerine Yunus Emre de sorulmuştu. Sadece ve kısaca:

«– Ariflerden...»

Buyurmuşlardı.

NASİP MESELESİ

Burhan Toprak'ın rahmetli zevcesi, Mareşal Fevzi Çakmak'ın kızı Muazzez için, yetmiş bin Tevhit kelimesi okunup hediye edilmesini tavsiye ettiler.

•

Bektaşilik hakkındaki suale:

«– Hak tarikat olarak başladı; fakat birkaç batın sonra bozuldu.»

Buyurdular.

•

«– Resim hürmet makamında olmazsa caizdir. Yerde ve hürmet ifade etmiyen her yerde...»

Dediler.

•

Besmelesiz kesilen hayvanların etlerini yemekteki mahzuru öne süren birine dediler:

– Sen yerken Besmele çekiyorsun ya; ona bak!..

•

Kur'ânda, bazı sûrelerin başındaki kesik harfler (Huruf-u Mukattaât-ı Kur'âniye) veya (Tavâsin-ül Kur'ân) hakkında buyurdular:

– Onlar, sevenle sevilen arasında şifreler...

•

Şafiî mezhebinden olduklarını duyduğum zaman, sanki ayrı devletlerin tabiiyet halkasındanmışız gibi üzülmüştüm. O zamanki ilmim, arada hiçbir fark bulunmadığını gösterebilecek çapta değildi. Onunla ayrı odalara düşüyormuşuz gibi, duyduğum çocukça üzüntü karşısında, ne güzel, ne zarif tebessüm buyurdular...

•

Ve yazı masasının camı altında «Öl ve ol!» diye bir nârâ yazılı olan Burhan Toprak'ın:

– Ne yapıp da olmalı?

Çığlığına gayet sâkin, cevap verdiler:

«– Nasip meselesi...»

Nasip olmayınca çare yok, demek istiyorlardı. Olunca da olmamaya imkân yok.

– Sen de anlıyorsun ki, nasibin yokmuş...

ÜÇIŞIK

Soyadı Kanunundan sonra «Üçışık» ismini aldılar. «Arvasî» lâkaplarını soyadına çevirmeksizin... Bu ismi, küçük farklarla maddî ve mânevî yakınları da aldı. Ankara'da Divan-ı Muhasebat üyelerinden (sonra reislerinden ve daha sonra senatör), biraderzâdeleri Faruk Işık, Avukat Vecihi Işık... Damadı, eski Van Mebusu İbrahim Bey, (Arvas) ismini tercih etti.

Nedimi ve en yakını Şakir, Şakir Üçışık...

Mânevî yakınlarından Ziya Işık, Muhib Işıklar...

•

Yakınlarından en ileri derecede gördüğüm, Halid Bakır ve Ziya Işık'tı. İkisi de rahmetli... Halid Bey İstanbul Sıhhat Müzesinde mulaj mütehassısı, Ziya Bey de Karamürsel Fabrikası Müdürü... Birinde rikkat ve rahmet, öbüründe ölçülere bağlılık noktasından şiddet ve salâbet mizacı, harikaydı. Ve Cevat Yücemen (emekli subay)... Aşkta ve meşkte şiddetlilerden...

Ziya Bey'in damadı, Albay, kimyager Hilmi Işık'la, Faruk Bey'in damadı, diş doktoru Sabri Işık...

Ve eczacı İlyas Ketenci...

Her biri, mizaçlarının aynasına göre, o ışıküstü ışığı pırıldatan aynalar... Ne yapayım ki, kendilerinden, ancak Efendi

Hazretlerinin huzurundaki tecellî vesileleri içinde bahsedebiliyorum.

Bunlardan Halid Bey -nur içinde yatsın- Efendimin vefatından sonra beni enseleyen ikinci çile içinde en yakınım oldu. Ne ince, ne derin, ne sevgili insandı o... Ve Muhib, -Allah gönlündeki nuru artırsın- ne ince, ne derin, ne sevgili insandır o...

Hele Faruk Bey... Ne vakâr, ne edep, ne ahlâk, ne muhteşem idrak âbidesi... O da gitti.

Hepsi, hepsi...

Bu isimleri, bundan sonra gelecek hâtıraların hâs isimler fihristi diye takdim ediyorum.

•

İki oğulları var: Kadıköy Müftüsüyken vefat eden Mekki Üçışık ile Münir Üçışık... O'nun mubarek oğulları dedikten sonra, ayrıca vasıf aramaya ne hacet...

Mekki Efendinin oğulları, Bahâ, Süheyl, Hikmet ve Medenî... Bahâ'dan Mehmed; Süheyl'den de Tâhâ ve Fehim... Efendi Hazretlerinden gelen Nur nesli bu «Üçışık»larda devamda...

PİYES

1937 - 1938 temsil yılında Şehir Tiyatrosunda oynanan, Muhsin Ertuğrul'un bizzat oynadığı, ateş içinde kavrularak oynadığı, geçirdiğim büyük ruh çilesinin sahne destanı «Bir Adam Yaratmak» piyesine, yakınlarından birçoğunu gönderdiler. Onlara tahsis ettirdiğim locada, derinlere işleyici gözleriyle Muhib'ciğim, dirseğini locanın kadife balkonuna dayamış, piyesi seyrederken karşımda...

Piyese, yedi sekiz yıl sonraki tekrarında da Halid Beyle beraber gitmiştik. Efendimin, rikkat, rahmet, zerafet madenleriyle bir küp gibi doldurduğu müstesna insan, beni ne de sıcak kucaklamış, tebrik etmişti.

Piyesimden bahsetmek sevdasında değilim; her şeyi ona bağlamak dâvasındayım.

MUHAL FARZ

1935'ten başlayarak 36, 37, derken yolum, bir teftiş heyeti içinde, Zonguldak 63 numaralı kömür madenini teftişe çıktı. Piyesimi yazdığım yer... Emrimizde İngiliz atları, otomobil, güzel bir villâ... Tam rahattayız. Ruhî sıhhatçe fevkalâde iyiyim. Hiçbir zaman olmadığım kadar... Orada, Allah'ın Sevgilisine ait eserimin başlangıcını yazmaya başladım. Ruhça çok iyiyim ama, daha evvel bahsettiğim «hatar»ların çeşitleri, vız vız, kulağımın dibinde işliyor.

Bir gün denizde, bir kayanın üstüne çıkmış, güneşleniyorum. Allahın Sevgilisine dair, göz yaşından harflerle yazdığım başlangıç yazısının tesiri içindeyim...

Kulağımda âni bir «hatar» vızıltısı:

– Sen Peygamberini o kadar seviyorsun ama, «O'nun Yolu» seni ebedî cehenneme götürecektir .

Bu, ahmaküstü ahmak, iğrençüstü iğrenç «hatar»a onu kovmaya bile tenezzül etmeksizin sırtımı çevirdim. Hayret! Yine o, yine o, yine o!.. Böyle sesler, ruhumuzun esrarlı yapısı içinde, nereden kopup ve hangi merdivenlerden çıkıp karşımıza dikiliyor?..

Şiddetle kovdum. Yine geldi.

Nihayet ben de onu karşılayıp, cevabımı, ağzımdan kelime kelime dökülürcesine kafasına çarptım:

– Peygamberimin Yolu ebedî cehennem olsa bile ben ondan ayrılmam! Anladın mı? Var mı başka bir diyeceğin...

Hayret ki, hayret!.. Bu sert cevap karşısında «hatar», ışıklar yanınca karanlık ne olursa öyle oldu. Kaçtı, silindi, yok oldu. İçim, zevk ve saadet dolu, denize atlayıp çıktım.

İstanbul'a gelince kendilerine anlattığım zaman gülümsediler:

«– Çok güzel, dediler; güzel cevap vermişsin!.. Yalnız küçük bir eksiği var... Cevabının içine (muhal farz) tâbirini sıkıştırmalıydın...»

Yine, basitlik içindeki haşmete hayran oldum. Öyle ya, o yolun cehenneme çıkması muhaldir. Dâva, bu muhali başa alarak yola bağlılık göstermekte; ve inadın değil, hakikatin sebatını belirtmekte... «Muhal Farz» öyle bir can kurtarandır ki İslâm tefekküründe, vâkıaları ille zıd cephelerinden de kurcalamak sevdasındaki aklın tutunma halkası gibi bir şey...

– Muhal farz, Allah olmasaydı...

Diye başlar ve daireyi emniyetle dönüp mutlak varlık noktasında karar kılabilirsiniz.

Elime, şüphe cellâdına karşı kullanılacak âlete ait, en güzel usûl ölçüsü geçmişti.

HAS İSİM

Varlığın Tâcına dair, Zonguldak'ta yazdığım yazı şöyle başlıyor:

– Yâ (M..........!)

Noktalı yerde O'nun ismi, hâs ismi... Mukaddes hâs isim... Yâni mukaddes isme, nidâ siygasiyle hitap ediyordum.

«– Onu çıkar oradan, buyurdular; Allahın Resûlüne, hâs ismiyle ve nida siygasiyle hitap olunmaz.

– Niçin efendim?

«– Hayâ meselesi!.. Allah bile Kur'ânında, Sevgilisine, hâs ismiyle nidâ ederek hitap etmedi.»

Büyük sır karşısında yandım, kül oldum. Bizzat Allah'ın haya gösterdiği sır...

– Kur'ânın hiçbir yerinde böyle bir hitap yok mu?

Kısa ve sert:

«– Hiçbir yerinde!..»

Gerçekten «de ki» mânasına «gûl» kelimesiyle başlayan bir çok âyette, bu hitaptan sonra isim gelmediği, gözümün önünden geçiverdi. Buna karşılık, birçok tefsircinin «de ki yâ M......!» diye kullandıkları klişelerdeki kabalık içimi burkuttu.

HAM VE KABA SOFTA

Sır idrakinden uzak, her şeyi nefsâniyetlerine irca edici ve her şeyin kabuğunda kalıcı böyle tipler için, Efendimin yaftası hazırdı:

«– Ham ve kaba softa...»

Tâbir, ayniyle kendilerinindir. Bu da bende bütün bir metodun anahtarıdır.

Ham ve kaba softa, emirlere, aşk eksikliğiyle de olsa körü körüne bağlı olan değil -emirlere körü körüne bağlı olmak, ebediyen gözü ve gönlü açık olmaktır-; onları kendi havasız ruhuna indiren, içlerine giremeyince, hikmetlerine sızamıyan, sırlarını tadamıyan ve mukaddes ölçülerin aynasında kendi nefsini gösterendir. Yoksa gördükten sonra gözünü yummak ve körü körüne bağlanmak ve artık ebediyeti gören bir göz sahibi olmak, ne devlet!.. Ona aşk derler... Keşke bu mânada softa olabilsek...

Tarihimiz boyunca ne çektikse, belirttiğimiz gibi aşksız, hikmetsiz ham ve kaba softalardan çektik!

AH!

Efendim, bir gün, elbette tek çizgiden ibaret olan iman istikâmetinin bedahatini belirtmeye lüzum görmeden mücerret inanmanın kuvvetini göstermek için şöyle buyurmuşlardı:

«– İnan da, istersen bir odun parçasına inan!..»

Zonguldak'ta kaleme aldığım başlangıç yazısının bir yerinde, «Kim inanır, kim inanmaz?» diye bir istifham açtıktan sonra «ya beyninin her atomu bir güneş kadar ışıklı İmam-ı Rabbanî inanır, ya en basit bir köylü... Ya en büyük, ya en küçük...» gibilerden bir fikir yürütüyor, ikisi ortası ahmakların inkâra memur olduklarını kaydediyor; ve en küçük insandaki gizli ruh feyzini, belki de yanlışı bile bilmemekten gelen bir imtiyaz olarak gösteriyor, bunlar hakkında kullandığımız «saf» kelimesini, işte, yanlış ve doğru hiçbir şey bilmemek hikmetine bağlıyordum.

Sıra bu satırlara ve «saf» kelimesine gelince:

«– Ah...»

Dediler; ve ne derinden, ne içli, ne güzel!..

Kendilerindeki tek heceli bir «ah» lâfzının hudutsuz derinliğini göstermek içindir ki, bu kadar lâf ettim ve bunca vesileyi karıştırdım.

ABDÜLHAK HÂMİD

O sıralarda Abdülhak Hâmid ölmüştü. Nitekim Zonguldak'ta ona ait bir de konferans vermiştim.

Seksenaltılık Hâmid, hemen her ân, benimle, otuzluk genç dostuyle buluşmak ister, bana ve düşüncelerime garip bir tiryakilik gösterirdi. Kendisine ve Lüsyen Hanımefendiye, Efendi Hazretlerinden bahsetmiştim. Çok alâkalanmışlardı. Efendi Hazretlerinin eserinde «Edep» bahsinin başlangıcını, edebin tarifini okumuştum Abdülhak Hâmid'e:

«– Edep hududa riayet etmektir. En büyük edep, İlâhî hududu muhafaza...»

Bu, her zamanki vakâr içinde, muazzam ifade, o kadar hoşuna gitmişti ki Hâmid'in, o da Efendi Hazretleri gibi bir «ah...» çekmişti. Son günlerinde:

– Ah, bir mürşide ihtiyacım var, bir mürşide ihtiyacım var...

Deyip duruyordu.

– İşte mürşid, demiştim; en büyük mürşid!..

Bütün emeli, Efendi Hazretlerini görmekti.

– Görüşeyim de, demiştim; sizi bir otomobille karşısına kadar götürürüm.

Bundan Efendi hazretlerine de bahsetmiştim ve şu cevabı almıştım:

«– O bizden yaşça büyük... Biz onun ayağına gideriz.»

Fakat olmadı, üstüne düşemedim; Efendimle Abdülhak Hâmid'i karşılaştıramadım. Nasip meselesi...

•

Zonguldak'ta bir at kazası geçirdim ve saatlerce baygın yattım. Baygınlığımda tek bir rüya veya rüyamsı bir şey...

Muayede salonu gibi fevkalâde bir odada; iki yaldızlı koltukta, sırtlarında bâlâ rütbesinin üniformaları ve ellerinde kılıçları, büyükbabam ve Abdülhak Hâmid... İkisi de rahmetli... Büyükbabam beni görünce gülümsüyor ve eliyle «gel gel!» diye işaret ediyor.

Abdülhak Hâmid ona dönüyor ve:

– Hayır efendim; onun cemiyette yapacak daha çok işi var!..

Diyor.

Bu rüya sona erdi ve ben baygınlıktan sıyrıldım, kalktım...

İnşaallah cemiyette yapacağım işler henüz bitmemiştir.

TESELLİ

Bütün bunlar oluyor, görülüyor, düşünülüyor ya... Beni hâlâ adam olmuş, hiç değilse dış hiza çizgisine girebilmiş sanmayın!

Canevimden oku yemiş bulunuyorum ama okun sapındaki, bolca tutulmuş, kalomalı ipi istediğim tarafa sürükleyerek yine dış dünyayı taş taş koklamakta devam ediyorum. Sonra dövünüyorum, ağlıyorum, bazan dövünmek de gelmiyor hatırıma; ve daima nefsime müddet üstüne müddet, vâde üstüne vâde bağışlayarak, sefil ve perişan, sürünüyorum.

Kırk yaşına kadar tesellim:

– Ellisinden sonra inşallah...

Pârisâ Hazretlerinin sözlerini elimle kaydediyor, ona bayılıyor da bir türlü tâbi olamıyorum:

«– Gafil halk, kesik ve bitkin, bir lâf eder: Yarın olsa da bir iş işlesem... Bilmez ki, bugün, dünkü günün yarınıdır. Bugün ne işlemiştir ki, yarın bir şey işleyebilsin?»

Teselli, hep teselli, kuru teselli; şeytan tesellisi...

Efendimin başka bir münasebetle sözleri:

«– Allah herkese bir türlü, tesellisini verir.»

Burhan Toprak'la gittiğimiz ikinci bir defa, mescide bitişik oturma odasının camından onları, akşam namazını kılarken görmüştük. Namaz bitinceye kadar ayakta beklemiş ve haşyetimizden oturamamıştık.

Şakir, imam; Efendi Hazretleri ve yakınları, arkasında...

O ne namazdı!

Şakir'in sesindeki âhenk, âhengi bitirdikten ve onun ötesine geçtikten sonra başlayan kalb sesinin, kıyam halinde bir ruh haykırışının ta kendisiydi. Evet; kıyam, gönlün ayağa kalkması, Allah kelâmının büründüğü o harikalar harikası seste topyekûn bütün insanlık mezardan kollarını yükseltmiş gibi bir edâ:

– Allahü Ekber, Allahü Ekber...

Ben henüz bu hizanın dış çizgisine bile geçememiştim.

KERAMET MAHCUP

İşte şimdi, Efendimin, yalnız bana tecelli eden, çünkü yalnız bana cevap olarak gösterilen bir işini belirtmek zamanı geldi.

İş mi; her şey iş... Keramet sözü, bu işdeki büyüklüğü belirtmekten mahcuptur. Yâni herkesin ağzındaki keramet sözü... Onunki gerçek keramet...

Allah bilir ki, kerametlerin en ulvîsinde bildiğim Efendimden hiçbir ân zahir kerameti beklemeden, istemeden, bu lûtuf bana geldi:

Kendilerini galiba bir camiden, galiba Beyazıt camiinden almıştım. Ders bittikten sonra beraberce bir otomobile binmiş,

Eyüb'e gelmiştik. Mahut dik yokuşu, beraber, küçük adımlarla çıkmıştık. Ben; onun, ayağındaki toza kurban fedaisi, koluna girmiştim. Şakir'in yerini almıştım.

Şadırvan başında oturmuş, mescide bitişik camekânlı odaya geçmiş, çaylarımızı içmiş, namazımızı kılmış, ev tarafından aşağı kata inip yemeğimizi yemiş, tekrar yukarıya çıkmış; evin kapısı önünde yer almış bulunuyoruz. Hemen bütün gün devam eden beraberlik ve sohbetden sonra, hafif bir dalgınlık, düşünce ânı... Uzun sükût...

Ben kapıya karşı bir banko üzerindeyim. Kendileri, bir iki metre ilerimde, cephemle solum arasında; hasır koltuğunda...

Etrafta birkaç yakını; o kadar...

Uzun sükût...

Birden, içime bir ateş düştü. Kendime, içimden, harfi harfine şunları söylemeğe başladım:

– Sen ne âdi, ne pestpâye insansın! Efendinin yanına geliyor, birkaç saat kalıyor ve kar gibi beyazlaşıp uçarak, bulutların üstüne basarak gidiyorsun! Kapıdan çıkar çıkmaz yine eski insan!.. O bembeyaz halinle zift fıçılarına balıklama dalıyorsun! Sonra yine gel, yine temizlen, yine git, yine kirlen!.. Sen adam olmazsın! Sen; gösterilen doğru yolda kendi iradenle tek adım atmak şerefini kazanamazsın!

Ve tam bu noktada, daha yüksek bir iç seslenişiyle kendi kendime haykırdım:

– Bizim gibi sefilleri kendi halimize bırakmamalı... Bizi, tam tâbiriyle, tasarruf etmeli... Büyük velî, bizi bir nazariyle tasarruf etmeli... Büyük velî, bizi bir nazariyle tasarruf edip bütün dış alâkalarımızdan söküp koparmalı, kurtarmalı ve ayağının dibine serip «işte hepsi bu kadar!» demeli... Bizi tasarruf etmeli, beni tasarruf etmeli...

Başım önümde, bunları düşünürken, birden, bütün ömrümde ne bir eşini görebileceğim, ne de hayâl edebileceğim bir hâl!.. Kalbim, bir lâstik gibi, cephemle sol tarafım arasında uzuyor!.. Aman, ne oluyorum ben? Kalbim bir lâstik gibi uzuyor; ve ben, dünyanın en korkunç acısiyle, en tatlı duygusu arasında avazım çıktığı kadar bağırmak istiyorum! Dayanılmaz bir acı ve dil dokundurulmaz bir tad...

Bir de başımı kaldırınca ne göreyim?..

Efendi Hazretleri, bir arslan gibi haşmetlû başlarını bana çevirmişler, o müthiş gözlerini üzerime dikmişler, bakıyorlar...

Sanki demek istiyorlar:

– Sen misin tasarruf istiyen?.. Acaba sende buna dayanacak tâkat var mı?..

Hemen ruhaniyetlerine sığındım; kalbim yerine geldi, nefes aldım.

•

Bize ilk gelişimizde yolu tarif eden aktar, Abidin Bey, ölüyor. Tabutu, dik yokuştan yukarıya çıkarılıyor, setin önünden geçirilerek biraz ilerideki kabrine götürülüyor.

Tabut tam evin önüne gelince, Efendi Hazretleri setin üstüne çıkıp bakmışlar...

Dört omuz üzerindeki tabut durmuş... Olduğu yerde mıhlanıp kalan, taşıyanlar değil, tabut... Ve tabut, Efendi Hazretlerine doğru dönmeğe başlamış... Dönen, taşıyanlar değil, tabut...

Efendi Hazretleri, kısa ve belirsiz bir duadan sonra elleriyle «götürün!» diye işaret etmişler; tabut yoluna devam etmiş...

Bunu, yakınlardan, en emin ağızlardan dinledim.

«RÂBITA»

Henüz eşiğinde bulunduğum yeni iklimin havasına sadece saygı ve sevgi sahibi uzak bir seyirci veya ziyaretçi gibi değil, ezelî bir bildik sahabetiyle alındığım ve yavaş yavaş alıştırıldığım hissini veren bu sıralarda, bana, Efendi Hazretlerinin ikinci bir kitabını sundular. Matbu ve küçücük bir kitap, bir risâle... «Râbıta-i Şerife» risalesi... Kendileri, vaktin geldiğini her halde göz ucuyla işaret ettiler ve risâle hemen elime sıkıştırıldı.

Evvelâ, Efendi Hazretlerinin eserlerinden birine daha muhatap olmaktan başka mâna veremedim bu işe... Baştan başa ve defalarca okuduktan sonra bile... Daha sonra, çok sonra, vefatlarından sonra öğrendim ki, ilk eserleri herkese mahsus bir kitap... «Râbıta-i Şerife» ise yalnız mânevî deftere kaydedilenler için...

Bu, ilk eserlerinin belki yarısından da ufak, iki üç formalık broşürde, gâyenin, gâyeler gâyesinin metod cephesi, billûr çizgileriyle, apaydınlık resmediliyor ve yolun kâinat sırrını çözmeye mahsus anahtarı, nasıl kullanılacağı bakımından ele teslim olunuyordu.

Birinci eserleri gibi, evvelâ, akıl üstü dâvanın aklî bilgi çerçevesi diye aldığım ve fiili nüktesine, bu nüktenin şahsıma yönelişindeki hususi mânaya dikkat edemediğim küçücük reçete -evet, bu risale bir ölümü yenme reçetesiydi- eczahanesini bulmak, ilâcını yaptırmak, içebilmek ve sonra da yanmak kaydiyle, bana bir ihtardı:

– Kabûl edildin!.. Şimdi ol bakalım!.. Gördüğün şekilde...

«Râbıta-i Şerife»nin, metod olarak aklî bilgi cephesinde, yeni ve gizli bir şey yoktu. Bütün «Altun Silsile» boyunca tek usûl... Aslî Sahibinden, âlemlerin kendisi için yaratıldığı Varlık Tacı'nın sahibinden beri gelen usûl... Bilgisi de umumî ve meccanî... Bütün hususilik ve pahalılık, onun şahsa mal edilebilmesinde; yâni irşat ediciyle, irşada lâyık görülenin, bu metod halkasında bir araya gelebilmesinde... Ve lâfta değil, hâlde...

Herkes hesabına dâvanın en çetin tarafı olan doktorunu ve eczahanesini bulmak, ilâcını yaptırmak diye bir şey kalmıyordu benim için... İlâç, doktor eliyle ve yapılmış olarak geliyordu. İçebilecek ve dayanabilecek miydim? Bütün mesele, bütün mesele burada!..

USÛL

Yola girmek istiyen, tam bir iç ve dış temizliği içinde, Büyük Kapı'nın bekçileri «Altun Silsile» kahramanlarına yönelecek ve yalvaracak:

– Beni de bağlılarınızın, hesabı görülmüşlerinizin arasına alın!

Kim bilir nasıl; dağları ve kayaları eritici bir yangınla içi kavrularak yalvaracak...

Sonra iki rekât istihare namazı kılacak...

Alacaklar veya almıyacaklar...

Bundan kendisinin haberi olacak veya olmıyacak...

Hattâ mürşidi bile, isteklisinin kabûl edildiğini bilecek veya bilmiyecek...

İrşat ediciyle irşat edilenden, isteklinin yola kabûl edildiğini, ikisi de bilebilir yahut sadece mürşit bilir, yahut da hiçbiri bilmez. Ve irşat devam eder.

Kabûl edilmeyen, mürşide malûmdur; hattâ, umumiyetle, kabûl edilen de...

Risalenin bu noktasında, güneşin pişirdiği bir kavun misâli... Güneş, kavunu bilmese de pişirir; kavun, güneşin farkında olmasa da pişer. Elverir ki, aradaki bağ ve liyakat ölçüsü kurulsun... Eğer iki taraflı verici ve alıcı şuur ve bilgi yerine gelirse, iş, arabanın tatlı bir meyil üzerinde kayması gibi kolaylaşır.

İlâhî esrar!.. En büyük ilmin, idrâkin, istiklâlin içinde bile herkes Allahın kuklası... Bildiren o, gösteren o, hareket ettiren o, sonra bütün bunları gizleyen ve ulaşılmaz bir sonsuzluğa yol açan yine o...

Gördünüz mü, kapıdan içeriye daha ilk adımın şartı, –içeride atılacak adımlar, açılacak kapılar ve aşılacak geçitler sonsuz– girmek istiyen ve hattâ yol veren hesabına ne kadar ince ve girift?..

Ya, insan tarlalarının tepesine, güneş diye bal kabakları asıp «seni içeriye aldım, seni almadım!» tarzında hüküm kesen ve ilâhî yolun isteklilerine, bir kulübe üye olma muamelesindeki kabalığı tatbik eden şarlatanlar!..

Ondan sonra iş «râbıta»ya geliyor; ölümsüzlük ilâcının baş unsuru olan bağlanma işine...

Şöyle: Kıbleye karşı oturup gözlerinizi yumacaksınız. Kalbinizi, geniş, uzun bir dehliz, bir koridor farz edip, mürşidi onun üzerinde size doğru geliyor göreceksiniz. Hayâl hazneniz, mürşidi her ân, kalbinizin içindeki madalyonda muhafaza edecek... Noktası noktasına, çizgisi çizgisine...

Bu, «râbıta»nın iptidaî şekli... Bir de onun «telebbüsî-giyim» şekli var ki, muazzam... Kendinize, mürşidinizi giydireceksiniz. Yâni arada siz yoksunuz; mürşidiniz var... Yüzünüz, kaşınız, gözünüz, ağzınız, burnunuz, hep onun... Elleriniz, parmaklarınız, kılığınız, kıyafetiniz de...Sanki siz O'sunuz.

Zikir, Allahı anma, bu vaziyette...

İbadet, namaz bu vaziyette...

Hattâ her şey, her iyi ve güzel şey, bu vaziyette...

Tâ ki......

Hele sırası gelsin...

SIR

İşte «râbıta»; işte Kur'ânla, Kur'ânın sonsuz derinliklerinde kaybolanların görebildiği mutlak ölçüyle sabit ve kat'i keyfiyet...

Erenler yolunun da, her şeyin de sahibi Allah Sevgilisinden sonra baş kılavuz Ebu Bekir, Efendisine, Kâinatın Efendisine o türlü râbıta etti ki, mahrem yerlerde, el ve yüz yıkama yerlerinde bile bu râbıtayı çözememekten yine O'na şikâyet etti.

Bütün erenler bu yoldan erdi.

Râbıta, Allahta fanî olmanın başlangıcı, mürşidde fanî olma hali...

Zikirsiz râbıta erdiriyor da, râbıtasız zikir erdirmiyor.

Râbıta, râbıta; Allahın huzuruna, mürşidin ruhaniyet kılığiyle çıkma, çıkabilme sırrı...

Sözde iman yobazlarına karşılık bir de küfür yobazları vardır ki, şöyle derler:

– Allahla kulun arasına girilmez!

Gördünüz mü, nasıl giriliyormuş?..

Fakat bu girme değil, kulu Allaha götürme işi... Yoksa zaten her fert Allahıyle yapayalnız; meleklerden bile gizli kalacak derecede yalnız... Bu mânada zaten araya girmek muhâl... Fakat ileridekinin geridekini çekip götürmesi bakımından, Allah ve hakikate delâlet yolunda vasıtanın ne demek olduğunu o, kafası balyozla ezilemeyecek kadar sert küfür yobazına şöyle anlatınız:

– Sen, raftaki bir kitabı almak için bile araya vasıta katar, iskemleye çıkarken; sen vapurdaki yolcunu seçmek için bile vasıtasız edemez, eline bir dürbün alırken, Allaha vasıtasız ermekten, hattâ tapmaktan nasıl bahsedebilirsin? Köprüden

Üsküdar'a geçmek için bile vasıtasız kalsan bütün Karadenizi dolanmaya mecbur olan sen!...

En büyük vasıta, O, Peygamber, Peygamberlerin Peygamberi...

Sonra sahabi...

Sonra velî...

Sonra âlim...

Sonra Müslüman, sadece, basit ve kuru Müslüman... Herkes herkese ve her şey her şeye, vasıta... Böyleyken herkes ve her şey, Allah ile dosdoğru bağlantıda...

Ve «Râbıta», vasıta hikmetinin en ileri tecellisi... İşin garibi, tasavvufu ve onun başlıca metodunu inkâr edici, sözde dindarların da bulunuşu... Bunlara, çiğnenmek üzere, yemişin yalnız kabuğu verilmiştir. Halbuki iç kabuğun, kabuk da iç'in...

VE ZİKİR

Râbıta ile beraber, onun ayrılmaz yakını halinde «zikir» geliyor. Ağaçla yemişi, istiridyeyle incisi, gemiyle pusulası; ve peşinden derya... Fakat bu, zikrin, âlet değil, râbıtayla kemâl bulmuş tesir ve keyfiyet cephesi...

Bu türlü zikrin açtığı deryayı, kalemlerinden çıkma bir mektubun bazı satırlarından süzmeye çalışalım:

«– Zikir ve zikrin tesiri bir denizdir. Bir deniz ki, kimse dibine varamamıştır. Dalgalı bir derya ki, dünya onun tek dalgasını görmüyor... Dünyayı kavrayan bir okyanus ki, onu kuşatmaya kâinatın gücü yetmez. Nihayetine kimsenin erişemiyeceği bir âlem... Her zerreye nüfuz etmiş, sızmış, sahilsiz bir ummân... Zikir, zikredenlerin kalblerinde doğan bir hâl ki, söylemesi, yazması, bildirmesi imkânsız... Allahı bilen kimsenin, dili söylemez olur; kelime bulamaz ki, anlatabilsin... Şaşırır kalır; dünyadan ve insanlardan haberi olmaz. Zikredilen

Allah olduğu gibi, zikreden de ancak odur. Kendini, yine ancak kendisi zikredebilir... Mahlûkların, onu zikredebilmek haddine mi düşmüş?.. Ancak İlâhî sıfatlariyle sıfatlanması için yarattığı insana kendisini zikretmesini emretmiştir ki, herkes, yaradılışındaki kabiliyeti derecesinde o nihayetsiz, dalgalı denizden bir şeyler, bir teselli bulsun, rahata kavuşsun... Veysel Karânî, o deryanın bir damlasiyle teselli buldu. Cüneyd, o denizden bir avuç suyla doymuş kanmıştır. Abdülkadir (Geylânî), o denizin ancak kenarına varabilmiştir. Muhyiddin (Arabî) ise diplerden çıkarılmış bir cevherle övünür. İmam-ı Rabbanî o denizden büyük pay almıştır.»

Buraya kadar en büyük velilerin dereceleriyle bir arada ve kelâmın son haddiyle anlatılan zikir keyfiyeti, daha sonra, zikrin akıl perdesinde nihaî hakikatine kadar yükseliyor ve şöyle çerçeveleniyor:

«– Allah kelimesini teşkile hizmet eden (elif), (lâm) ve (he) harfleri, bu muazzam kelimenin işaret ettiği, hiçbir şeye benzemiyen Zatı anlatmaya âlet ve vasıtadır. Bunları söylemek zikir değildir, zikir bu kelimenin neticesi, semeresi olan bir hâl ve keyfiyet...

Bu kelimeye zikir denilmesi mecaz yoliyledir; hakikî mâna ile değil... Bunun gibi, Tevhit Kelimesi de zikrin kendisi değildir. Ancak telâffuzu ve mânası bakımından zikre âlettir. Zikir, bu kelimenin ve bu ibarenin kalb ile tekrarından doğan bir hâldir ki, doğması, bu kelime ve bu ibareye bağlı...»

Büyük Kapı'nın râbıta denizi içindeki inci zikri, kapalı dudakladır. Gizli zikir... Çarşıda, pazarda, evde, işde, herkes sizi şunu veya bunu yapar görürken; zikir... Zaten herkes ve her şey, bilmeden zikirde...

ÖLÜMÜN HAYÂLİ

Râbıta ve zikrin yanı başında «tezekkür-ü mevt» ölümü anmak diye isimlendirilen bir iş daha var:

Gözlerinizi yumacak ve kendinizi teneşir üstünde hayâl edeceksiniz. O kadar şiddetle ve hassasiyetle hayâl edeceksiniz ki, siz artık sanki bir ruhsunuz, vücudunuz da gerçekten teneşir üzerinde... Gözlerinizi açtığınız ve ayağa kalktığınız zaman, sizinle beraber doğrulan cesedinizdir; tekrar ruhunuza alâka bağlamıştır, ama, o artık kendini ölü bilir:

« Ölmeden ölünüz!»

Sırların sırrı...

İşte bu emirden küçük bir tatbik...

Ölümün hayâli, ölümün hayâli... Her ân kendinizde, başkalarında ve her şeyde ölümün hayâli... Vazife, emir ve gâye dışı bütün dünya neş'elerinde, alâkalarında ölümü düşünmek...

Karşınıza çıkan kadın, siz de biliyorsunuz ki, Allahın bir iskelet üzerine giydirdiği, süresi tek ân, harika güzel et ve deri çizgilerinden ibarettir. Koparın bu maskeyi ve altındakine bakın!

Şu, gün yüzlü çocuktaki nerm ve nâzik ten, solucan yemi olarak yaratılmadı mı; ve çocuk ölmek üzere doğmadı mı?

Hangi kitap vardır ki, sonunda bir (son) olmasın; ve hangi madde vardır ki, değişmeden bir saniye kalabilsin?

«Gâyeme vardım!» diyebilmiş tek hasret tanıyor muyuz? Gâye gelip geçiyor; hasret yine eski yerinde...

Gelip geçen her şey ölüyor...

Allahın fermanı, bu... «Neylerse güzel eyleyen»in fermanı...

Bu zevke vardığımız, varır gibi olduğumuz andadır ki, Allahın (Esfel-üs safilin – sefillerin en sefili) diye andığı şu yeryüzünde, bu, gurbetlerin, ayrılıkların, uzaklıkların, eksikliklerin, kesikliklerin, kırıklıkların vatanında, ruhumuzu çatlatasıya geren bir kasvet seziyoruz ki, başka bir âlemin, yerin, iklimin ihtarcısıdır.

Ebedi safânın...

Allahta ebedî safânın...

Bu safânın yolu da, ölmek, ölmeden ölmek...

Öyleyse ölümü hayâl etmekle başlayalım!

İş ölümü hayâl etmekse, onu Yunus'tan derin kim görebilir:

Yunus der ki, gör takdirin işleri:
Dökülmüştür kirpikleri kaşları,
Başları ucunda hece taşları;
Ne söylerler, ne bir haber verirler.

İş, ölümü hayâlden başlayıp ölümü delmek...

O da âlet, o da vâsıta...

Alet içinde alet, vâsıta içinde vâsıta, gâye içinde gâye...

İş, Allahta ebedî safâya ermek...

Biraz sonra, Yunus, onu da söyliyecektir:

Boyandım rengine solmazam ayruk;
Âşıkım, âşıkım, ölmezem ayruk;

SAFÂ

«– Safâ, her lisanda memduh; ve zıddı olan kedûret, her lisanda mezmumdur.»

Bu cümle Efendimin kitaplarından...

Safâ; Kâğıthane safası veya gece safası değil... Büyük ve İlâhî neş'e... Ne güzel kelime!..

Kedûret... Safânın zıddı ve kederin mücerret hâl ifadesi... Ne harika mefhum...

İşte bütün insanlık, bütün ifade kalıplariyle bunlardan ilkini över ve ikincisini yerer... Biri memduh, biri mezmum...

İlâhî neş'e, İlâhî neş'e... Safâ, bu...

Bütün insanlığın, türlü inanışlar içinde, buluştuğu, kelime ve mâna halinde tutuştuğu, vardığı ve dizüstü çöküp ellerini göklere kaldırdığı dilek eşiği...

– Safâ, Allahım safâ!..

Yunus Emre de, gerçek inanış çizgisinden onu istedi, hattâ ona erdiğini söyledi. «O, sevgilisinin rengine boyanmıştır, artık solmaz; âşıktır, artık ölmez...»

Ah, gâye; gâyelerin gâyesi...

Allahta fanî olmak ve onda bekaya ermek gâyesi...

Beyni kan çanağına dönen (Paskal)ın:

– Joie, joie!..

Diye boş yere haykırdığı gâye...

Çünkü o, yolu bulabilmiş değildi.

Ebedî safâ...

Buyurun, o da burada... Kitabın tâ başında ve işin sonunda...

Ne şundadır, ne bunda; orada, orada, Peygamber bâtınının sarayında...

MUTLAKA NAMAZ

«Râbıta-i Şerife» risâlesi elime verildikten bir müddet sonra sualleri:

«– Namaza ne vakit başlıyacaksın?»

Bu sual, cevabı bakımından beni şaşırtmamıştı. Zaten içimden kurmuştum. Ramazana bir, bir buçuk ay kadar bir zaman vardı. Ramazanda başlamayı düşünüyordum.

– Ramazanda başlayacağım efendim.

«– Hayır; 14 Şaban günü başla!»

Berat gecesini kastediyorlardı; her yıl, her ferde beratının verildiği mübarek gece...

– Bana, amel noktasından en doğru bilgileri toplamış hangi kitabı tavsiye edersiniz?

«Dürr-i Yekta» şerhini tavsiye ettiler. Başladım, yine kalakaldım. Tekrar başladım, yine kalakaldım. Başımı, bir bulutlara, bir taşlara vura vura gidiyorum.

Nitekim namazlarımın, kendilerini tanıdıktan sonra ilk zincirleme devam ahdine kesik ve kopuk bir çığır açan 1940 ve 41 sıralarında, galiba huzurlarında evlenişim zamanlarında, bana soracaklardır:

«– Nasıl gidiyor namazların?»

Vakitlerinde yetiştiremiyorum efendim, fakat akşamları evde, yatsı namazının edâsiyle beraber bütün günü kaza ediyorum.

Ve, bir kere daha olduğu gibi, memnuniyetsiz bir sükûtla susacaklardır.

Henüz o tarihlere vaktimiz var...

VE NAMAZ

1961'de kaleme alınmış bir not:

«Bugün ne halde miyim? 1961 yılının Mayıs ayında?..

Söyliyeyim?

Dostlarıma «zahit» görünmek değil de -Allah saklasın- düşmanlarıma «softa» görünmek ve yeni bir nefret vesikası vermek için söyliyeyim... Biraz da, en büyük hayâ mevzuu olan namazın, sırasında nasıl bir ilâna medar olabileceğini göstermek için haykırayım:

Her gün, o günün beş vaktini, zamanında edâdan başka,

ayrıca iki günlük kaza namazı kılıyorum. Bu senenin Ramazanında, kazalarımı, bir gün ilâvesiyle üç güne çıkardım.

1957 hapsinden beri tuttuğum ve üstüne «İptilâ Defteri» yazdığım, kocaman bir defterim var... Hapishane notlariyle dolu... Bu defterin sonuna, bülûğa erdiğim tarihten bugüne kadar, her seneyi ay ay gösteren bir tablo ekledim. Bu tabloda geçmiş yılların devre devre kılınabilmiş eda namazlarını, ay ay, mavi mürekkeple karaladım. Kaza namazlarını da kırmızı mürekkeple... Böylece, Allah nasip ederse, mavi mürekkeple ileriye doğru, kırmızı mürekkeple de geriye doğru giden devrelerime yetişecek, Efendi Hazretlerini tanıdığım zamana varacak, oradan da bülûğ zamanıma ulaşacağım. Ömrüm olursa, ondan sonra, tek vakit borcum kalmamış olarak edâlara devam... Defterde, belki maviden çok kırmızı görünecek ama, ne yapayım?..

Allaha ahdim var:

– Her gün, en aşağı şu kadarına ahitliyim... Allah ve kul hakkı olarak üzerimde ne kadar borç varsa, bunların hepsini ödetmeden canımı alma...

Allahla beraber bütün inananları şahit tutuyor ve onlardan duama ortak olmalarını diliyorum.

Namaz, Efendimden aldığım feyizle, benim için her işin başı, her oluşun temeli, dinin direği... Onsuz hiçbir şey konuşamam; ne konuşur, ne konuştururum.

Şimdi gösterebildim mi, neyin ilânına medarmış namaz?..»

Bu notu açığa vurmak nefsâni bir celâdet, hattâ şeytanî bir küstahlık... İnsana sorarlar:

Peki ahdine sadık kalabildin mi?

Küçücük bir ihmaliniz bile olmuş olsa ne cevap verebileceksiniz?.. Suçun ilânı ise ayrı bir suç... Doğrusu bile yasakken yalandan züht satmak da, denaetlerin denaeti...

Allah hepimizi affetsin; ve bizi, ayağımız arada sürçmüş olsa bile takrar doğru yola çeksin ve ahitlerimize bağlasın... Tek, hâlis ve samimi olmayı bilelim...

Namaz kılanlar, kendileri de işin içinde, namazın sathında kalanlara acısın, kılmayanlar da, o satha bile tutunamadan derinliklere girmek palavrasından hayâ etsin!..

NAMAZ, NAMAZ, NAMAZ

Hiç incitmeden, aslâ soğutmadan, zerrece ürkütmeden, kuş kanadı kadar yumuşak ve nüvazişli bir sesle, bir temasla, hep dokunuyorlardı:

«– Namaz, aman namaz; mutlaka namaz... Nerede, ne şart altında olursa olsun, mutlaka namaz...»

Sonra yakınlarından birinden duydum:

«– Bir vakit namazımı kaybetmektense, derlermiş; dünyaları kaybetmeyi tercih ederim.»

Bir gün de, beraberlerinde namaza yetişememekten fevkalâde üzülen, âdeta harap olan birine, büyük bir veliden bir beyit okumuşlar:

«O günah ki, insana, küçüklük ve sığınma duygusunu verir,
Büyüklük ve kibir veren ibadetten daha hayırlıdır.»

İşte böyle namaz, böylesine namaz...

•

Yine bir yakınına sözü:

«– Namaz vardır ki, mutfak paçavrasından daha âdidir.»

Bu da muraî ve münafıkların namazı...

•

Ne zaman huzurlarına çıksam, o güne mahsus olarak utanmadan kıldığım, yahut çoktandır utanmadan bıraktığım namazların bilânçosunu alnımdan okuduklarına emindim. Bereket ki, ihlâsımdan, samimiliğimden, beyaz ateş halinde yanışımdan şüphem yoktu. Bunu da okuyorlardı her halimden...

•

İşaret etmiştim ya:

Efendi Hazretleriyle beraber kılınan namazlara dikkat ediyordum: Yakınlardan bazılarını, namazda titremeler tutuyordu. Omuz ve kol başlarından göğse doğru akan ra'şeler... Bu ra'şeler, namaz dışında, mukaddes isimlerden biri geçerken de oluyordu. Bilhassa Efendi Hazretleri konuşurlarken ve Allah Resûlünün isimleri geçerken...

Hareket, yalnız Efendi Hazretlerinde yoktu. Tam ve kat'î temkin makamındaydılar.

Sonradan öğrendim ki, bu da, yolun başına mahsus hususiyetlerden biridir; ve kalbde nur ile zulmet çarpışmasından doğmaktadır. Tam ıstıfaya varmış, süzülmüş temkin ve istikrar makamına varmış olanlar, böyle hallerle alâkalı değil...

Bana başta, kendisini gizleyememek, zaaf gibi görünen bu ra'şeler, epey sonra, namazlarımda beni de sardı. Zaaf olmaya zaaftı; çünkü eksik çok eksik, her ân renk değiştirici bir makamın habercisiydi. Fakat ben bu zaafı düşünürken, eksikten de eksiktim. Demek ki, o ân, bana göre çok fazla bir nimetti bu...

•

«– Namazını kıl, namazını kıl!..»

– Efendim, namazda üstüme müthiş «havâtır» yükleniyor.

«– Olsun... Namazını kıl!..»

– O kadar kılmak istiyorum ki, eskilerini de kaza etmeği düşünüyorum. Hattâ sormak istiyorum: Acaba geçmiş namazlar ikişer rekât üzerinden kaza edilebilir mi?..

Sualimi, bilgisizlik içinde o kadar saffetli buldular ki, aydınlık ve ılık, gülümsediler:

«– Hayır! Her namaz kendi miktarınca kaza edilir. Sen namazını kıl!»

Bir kere de «Sehiv Secdesi»ni sormaya kalktım. Hatadan korkuyordum; sanki hatâ korkusiyle namaz kılamıyordum.

«– Sen bunları bırak da, dediler; namazını kılmaya bak!»

AKIL

Hikmet, hikmet, hikmet.

«– Her ilmin butlanı (yanlışı), o ilmin müntehasında (en ileri noktasında) belli olur.»

Yalnız bu ölçü Yirminci Asır felsefesinin, müsbet bilgiler manzumesinden tüten metafizik anlayışla beraber, kafasını çarptığı en büyük hakikati çerçevelemeye yeter.

•

«– Allah, zuhurunun şiddetinden gaiptir.»

•

«– Haddini aşan her şey, zıddına döner.»

●

«– Akıl için idrâk, zevk yoliyledir.»

●

«– Hangi akıl, kimin aklı?.. Hakikat gibi selim akıl da birdir ama, o kimde?..»

●

«– Bir adet, hem tek, hem çift olamaz.»

●

«– İstidat birdir, iyiliğe veya kötülüğe istidat... İstidat birdir; ve dâva, kötüyü iyiye çevirmekte...»

●

«– Allah, kâmil kudrettir; kâmil, fazlası ve eksiği olmayan...»

●

Ve dalgın, vecde batmış, gözleri her zaman olduğu gibi, ötelerde:

«– Lateşbih, çocukların çelik çomak oynayışı gibi, kâinatla oynar.»

●

«– Velî, mevzuunu bulamaz ki, ben desin...»

•

Ve (ben)in insanda ne korkunç bir meçhul veya mevhum belirttiğinin, harika üstü harika izahı:

«– (Ben) nerede?.. Onu daima bir başka unsura bağlı olarak ifade ediyoruz: Benim elim, benim ayağım, benim gözüm, benim yüzüm... Bütün bunların görünmeyen merkezinde (ben)... O nerede?.. Vücudumuzda her mevcut, o meçhulde toplanıyor. O nerede?.. Onu gösterebilir miyiz?»

•

Şimdi ben konuşuyorum:

Hikmetlerin en derini; mutlak varlık, mutlak vücut tecellisi önünde birden bire mevhumlaşan, yokluğa kaçan (ben)...

Kur'ândan hikmet:

«– Her şey onun vechine karşı helâk halinde...»

Hazret-i Ali'den hikmet:

«– Her şey onunla var, her şey ona nisbetle yok...»

•

Yirminci Asır Batı felsefesinin (Henri Bergson)da erişir gibi olduğu son merhaleyi, İslâm tasavvufu mutlakiyet ifadesiyle getirmişti:

– Bu iş ne akılla olur, ne de akılsız!..

Yani:

Aklın son vazifesi, kendi hiçliğini görmek ve sınırını çizmektir.

İmam-ı Gazalî:

«– Peygamberlik tavrı, aklın verâsında, ötesindedir.»

FELSEFE

İslâmiyette felsefe diye bir şey yoktur. Hikmet vardır, fikir vardır, tefekkür vardır; felsefe yok... Vâkıa, felsefe «Hikmet dostluğu» demek ama, onunki bağımsız bir arayıcılık, İslâmınki de tam bağımlı tefekkür olduğu için, felsefeyle hiçbir alâka kabûl edemez. Onun içindir ki «Kur'ân felsefesi» denemez. «Kur'ân hikmetleri» denir. İslâm felsefesi değil, İslâm hikmetleri...

Felsefe, hakikati başıboş bir merkezden yola çıkarak, sayılar boyunca «bir çok»da aramanın; din ise, onu, tam bağlı olarak «Tek»i de bulduktan sonra «birçok»da tefekkür etmenin müessesesi... Bu bakımdan, din ve felsefe, biri şimâle ve öbürü cenuba doğru iki zıd hareket... Ve elbette ki, İslâmiyetçe kıymet hükmü, bu... Felsefe, hakikati bulmanın değil, ancak birbirinin yanlışını bulup çıkarmanın ve ebediyen hakikatten mahrum kalmanın âleti...

Birgün bu bahisteki bir mektupları, bir sual üzerine yazılmış cevapları okunurken, kendilerine, felsefeyi mahkûm edişimizdeki hikmetin, merkezsiz, başıboş tefekkür müessesesi olmasından ileri geldiğini, istifsar kılıklı söyledim:

– Öyle mi efendim?

Riyazî bir kat'iyetle noktaladılar:

«– Evet, öyle!..»

•

Kader hakkında, kapalı, rümuzlu, aklın tâkatine göre buyurdukları:

«– Allah, mahlûklarının ne yapacağını önceden bilir ya... İşte kader!..»

«– Kader, bir itikat meselesidir; amelde, işde düşünülmez.»

Bu incelerin incesi dâvanın akla karşı dayanağı ancak bu kadar sağlam kurulabilirdi.

●

– Efendim; son günlerde bir modadır tutturuldu. En adî işlerde «yarattık, yarattığımız, yarattığınız» diye konuşuyorlar. Olur mu bu?

«– Eğer (yarandırmak, yararlı kılmak) mânasına kullanılıyorsa, olur; halketmek mânasınaysa aslâ!..»

– Türkçede (yaratmak) halketmek mânasınadır. Ancak Allah yaratır.

«– Olmaz, olmaz! İnsanî fiillere bu tâbir yakıştırılamaz.»

●

Hikmet, hikmet, hikmet:

«– Zevk etmeyen ne bilsin?..»

●

«– Her velî kendi meşrebi içinde belirir.»

●

«– Allah dostları yalnız yakınlık isterler. Lâteşbih, sultanın yakını olmak, meselâ hizmetkârı, ibrikdârı, perdedârı vesaire, veziri olmaktan üstündür.»

•

«– Allah dilediğini eyler. İster sebepli ister sebepsiz, dilediği gibi azap veya lûtfeder. Güzel ve doğru, onun dilediğidir.»

•

«– Küfür ve cezasının, zamanla (kemiyet ölçüsiyle) alâkası yoktur. Tek anlık küfrün cezası ebedîdir.»

•

– Anası veya babası kâfir bir evlâdın onlara karşı vaziyeti?..

«– Anası veya babasını bu sıfatlarından dolayı sever ve korur; küfürlerinden ötürü de uzaklık duygusunu aslâ kaybetmez ve onları uygun şekilde imana davet etmekten vaz geçmez.»

•

Kur'ândan ezbere bir sûre okumamı arzettiler. «Felâk» sûresini okudum. «Tamam!» dediler. Bu «tamam» sözünün mânasını 30 küsur yıl sonra anladım. Her zaman bu sûreyi okuyup üzerime üflerim...

•

«– Bütün ilimler, (kök bakımından) Peygamberlerden kalma... Riyaziye ilmi de birçok ilim gibi, semavîdir.»

Benim, «Peygamberler olmasaydı, insanoğlu iki sayıyı üstüste yazıp toplayabilmekten bile âciz kalırdı» sözüme verdikleri bu karşılık, topyekûn tefekkürün insanoğluna nereden ve nasıl geldiğini gösterici kıstâs...

Aklı bitirmişlerdi; bitirdikten, tekmilledikten sonra tekrar ellerine almışlardı. Aklın ötesinden, akılla konuşuyorlardı:

«– Görmek için evvelâ görülecek şey, sonra görecek göz, sonra da ışık lâzım...»

Ne görülecek şeyi, ne görecek gözü, ne de ışığı kalan dünyamız... Hacmin üç buudu üstünde birden çöken dünyamız...

ZEVKLERİ

Duş için:

«– Ne güzel icat!»

Buyuruyorlar ve yazın sıcak günlerinde deniz kenarında oturmaktan ve deniz banyolarından hoşlanıyorlardı.

Uzun müddet «Altın Kum»a gidip geldikten sonra Beylerbeyinde bir yalı arsasını tercih etmeye başladılar.

Beylerbeyi; o zamanlar benim muhitim...

Sene 1940...

Gözümün önünde hep o... «Râbıta» kendi kendisine başlamış gibi...

RÂBITA

Akıl ötesi âlemin anahtarı «Râbıta».. Öyle kahramanlar ki, bu anahtarı verenler, her şey onlarda bir sır ifadesine bürülüyken yine her şey, her türlü mâna dolandırıcılığından münezzeh ve bir anahtarın çizgileri gibi hendesi ve berrak...

KİME RÂBITA?

«Râbıta-i Şerife» risalesiyle yakından, gün geçtikçe daha yakından alâkalıyım... Namazlarımı, kör ve topal, eksik ve kopuk, kılıyor; râbıta da ediyorum...

Risalede râbıta emri kâmil mürşide... Fakat o kim?.. Mücerret emir, sarahat yok... Benim içinse bundan daha sarahatli bir şey olamaz: Efendi Hazretleri...

Risalede, nâkıs şahıslara, sahte mürşidlere râbıtanın bir cinayet olduğu yazılı... Cinayetin en büyüğü de râbıta ettirene düşüyor. Bu kayıt da imanımı büsbütün kuvvetlendiriyor: Râbıta, ancak Efendi Hazretlerine olabilir.

Fakat aslâ «bana râbıta ediniz!» demiyorlar. Her şey remzlerle anlatılıyor, takdire bırakılıyor ve hattâ zâhir plânında reddediliyor.

Bir gün Eyüb'de dedim ki:

– Efendim, ben size râbıtaya başladım.

Son derece nazlı, «Hayır» derken «Evet!» diye haykıran bir edâ ile reddettiler; ve râbıtanın ancak «Altun Silsile» büyüklerine, meselâ Mevlâna Halid Hazretlerine olabileceğini söylediler.

Fakat Şakircik, Efendi Hazretlerinin arkasına geçti; kendilerine göstermeden, eliyle pek iyi yaptığımı, yaptığımın tam isabet olduğunu anlatan işaretler verdi.

Ben de bir işaretle, Şakir'e anladığımı hissettirdim.

Efendi Hazretleri, nazlıların nazlısı, mahcup ve ezgin, sükût buyurdular; yâni hiçbir şey anlamamış göründüler.

KENDİNDEN KAYBOLMA

Râbıtanın, daha evvel «sırası gelecek» dediğim gâyesi, insanda bir kendinden geçme hâli... Bu hâl doğuncaya kadar, bilhassa zikirde, râbıtaya devam edilecek... Bu hâlin doğması, huzur işareti... Büyük huzur, tüyleri ürpertici huzur... Huzur meydana gelince de râbıta bırakılacak ve o hâl üzerinde kalınacak...Yoksa, gâye dururken vasıtaya bağlı kalmak gibi bir tehlike doğuyor ki, huzurun kaybolmasına yol açıyor. Uçakla Kafdağının tepesindeki billûr saraya konduktan sonra tayyarede kalınmaz; köşke girilir.

Gördünüz mü inceliği?.. Neredeymiş o «Allahla kul arasında vasıta olmaz» diyenler?.. İşte, vasıtanın yeri bu noktaya kadar... Olur, ama bu noktaya kadar olur. Ve bu noktaya kadar vasıtasız hiçbir şey olmaz.

İrşad edicinin, heceler ve kelimeler üstünde, radyo mevceleri halinde nurunu emme ve o yoldan erme işi olan râbıta, öyle bir hayat iksiri ki, gözünüzü kapayıp da kalbinizi mürşidinize açtığınız ân, sizi, aç bir kuzunun anne memesine yapışması gibi bir hâlet sarıyor. O zaman kafanızda bütün lâmbaları söndürüyor ve ne ilim, ne fikir, hiçbir şey bırakmıyorsunuz. Tam cehle, yüzde yüz bilgisizliğe çıkıyorsunuz. Marifet burada işte!.. Ve her şeyin oradan geldiğini, o nur memesinden ağzınıza ve yüzünüze döküldüğünü görüyorsunuz. O memeye kurutacak kadar kuvvetle asılmayı bilirseniz ne mutlu size! O meme kurumaz; bütün insanlığı Ağustos sıcağında Büyük Sahrada toplasanız da hepsini birden tek mürşide râbıta ettirseniz yine kurumaz.

TAKLİDİ BİLE NE?

Benimse râbıtam, sadece şekilde, cesette kalan bir taklit, özenti olmasına rağmen birdenbire yakıcı bir tecelliye kavuştum. Binbir günah, rezalet ve gaflet içinde yuvarlanarak kıldığım namazların kaadelerinde, yâni ikişer rekât sonlarındaki oturma yerlerinde, «Et'Tahiyyatü» okurken, içime anlatılmaz, ifadeye sığmaz bir baygınlık, tutulma, cezbedilme hissi çökmeğe başladı. Hayır, başka yerlerde değil, yalnız orada, «Et'Tahiyyatü» de... Ve, müthişlerin müthişi: Dizlerimin üstündeki parmaklarımı, kaba ve şekilsiz parmaklarımı, Efendimin, ince ve uzun vezinli ve soylu parmakları şeklinde görür gibi olmaya başladım. Parmaklarım rengini bile değiştiriyor, esmerleşiyordu.

İnanmayacaklara, «telkin, kendi kendini aldatma» diyeceklere ne söyliyebilirim? Elbette bu dünyada kendi kendini aldatanlar da vardır; en ulvî hakikatlerin taraçasından, aldandığını veya aldanmadığını sananlara ibretle bakanlar da... Nefsini benim kadar törpüleyici, arayıcı, tarayıcı; bencileyin şüpheci, teftişçi, murakabeci az insan bulunabileceğini takdir eden varsa, anlattıklarıma kaskatı bir vâkıa göziyle bakar.

Zaten merkezi iman bahsinde, kafa çilelerinin en zorlularını çektikten ve bedâvacılıktan kurtulduktan sonra, kendi boğazını kendi eliyle kesmiş ve yukarısına hiçbir hak tanımamış olan ben, Efendimin bahsinde, yalan söylemek iktidarında değilim... Belki istidadındayım amma, iktidarında değilim...

•

Beylerbeyindeki yalı arsasında, huzurlarında kaldığım bütün bir gün, akşam üzeri eve dönünce, annemi evin taraçasında buldum. Ben bahçe kapısındayım; o taraçada... Eve doğru yürüyorum.

Annem seslendi:

– Ne o başındaki şey?..

– Ne var; başımda bir şey mi var?..

Ve karşılaşınca, eliyle saçlarımı düzelterek mırıldandı:

– Hayret! Saçlarında bembeyaz bir şey gördüm. Kar gibi bir şey... Ne garip!..

Anneye gösteriyor Allah...

•

Bir devre ki, hayatımda 1940, fırının ta yanına geldiğim halde kendimi o «nâr-ı beyzâ» girdabına atamıyorum; en küçük «cız» edişle irkilip arkamda bekleyen nefs zebellâhisinin kucağına düşüyorum. Ve boyuna gidip geliyorum, boyuna gidip geliyorum.

ALLAHAISMARLADIK BANKA!

Beylerbeyindeki yalı arsasına hemen her gelişlerinde beraberlerindeyim...

O devirde beş yüz liradan fazla -bugünün yirmibeş bin lirası- aylık aldığım bankadan bir yıldır istifa etmiş bulunuyorum.

1938 yılında bir gün, bankanın Ankara'daki Umumî Müdürlük binasındaki odamda aşağı yukarı dolaşırken şöyle demiştim kendime:

– Ne olacak senin halin böyle?.. Dolap beygiri gibi, yok müfettiş, yok müdür diye dolanıp duracak mısın? Efendi Hazretleri gibi bir kurtarıcıya kavuşturdu seni Allah... Çık bu hesap makinesinin, seksek oyununun içinden; içtimaî memuriyetin neyse ona atıl ve ne olacaksan olmaya bak! Bâtında olamazken hiç olmazsa zâhirde bir şey olmaya çalış!.. Dâvanın, cemiyet plânına bağlı sözcüsü, fikircisi, aksiyoncusu.

Ve bir hamlede on yıllık emeğim bulunan bankadan istifa etmiş, İstanbul'da bir akşam gazetesinin birinci sayfasında bir fıkra yeri almış, bir de yüksek tahsil kademesinde bir hocalık bulmuştum. İki yerden aylığım, bankadakinin ancak yarısını buluyordu ama, ne çıkar?.. Asıl (Büyük Doğu)larda başlayan içtimaî memuriyetimin eşiğine ayak basmıştım ya...

•

İşte, Beylerbeyi'ndeki yalı arsasında, yanı başlarındayım... Ve yepyeni bir yolda...

BÜYÜK DOĞU

İstifamdan da bir yıl evvel, benden bir «Millî Marş» istenmişti. Âkif'in İstiklâl Marşı beğenilmiyor, bunun yerine bir Millî Marş isteniyordu. Hattâ (Ulus) gazetesi bu maksatla bir de müsabaka açmıştı. Demişlerdi ki baş alâkalısına:

– Bunu yazsa yazsa Necip Fazıl yazabilir; ama bir garip adamdır, yazmaz!

Ve bana teklif edilmişti.

Ben de:

– Âkif'in ruhuna ve eserine hürmetim var... Fakat içinde hiçbir hâs isim geçmemek ve kendi anlayışıma göre yazmak şartiyle, milletimden aldığım heyecanı böyle bir marş içinde billûrlaştırmak isterim. Razı mısınız? Öyleyse durdurun müsabakayı!

– Pek güzel!..

Demişler ve müsabakayı durdurmuşlardı.

Bu vesileyle «Büyük Doğu Marşı» meydana gelmişti:

«Doğsun Büyük Doğu benden doğarak...»

Ve yukarılarda:

«Adet küçük, zaman çabuk, yol uzun;
Nur yolu izinden git, Kılâvuzun!"

O zaman kimse bana:

– Bu kılâvuz kimdir?

Diye sormamıştı.

Sorsalardı:

– Mücerret kılâvuz... Millet öncüsü...

Diyecektim ve yalan olmıyacaktı.

Halbuki «kılâvuz» bende, majüskülle yazılı müşahhas bir delâletti; ve isteyen, onu, istediğine yakıştırmakta serbestti.

Benim «Kılâvuz»um, zaman ve mekân boyunca tek rehber, Kâinatın Efendisi...

Fakat Devlet Reisinin hastalanması ve peşinden ölmesi, marşın kendisine gösterilmesine engel olmuş; ve böylece manzume, «Büyük Doğu Marşı» ismiyle bana kalmış, üstelik «Büyük Doğu» ismini doğurmuştu.

Nelerden neler doğuyor; ve neler nelere vesile oluyor? İşte Beylerbeyindeki yalı arsasında, Efendimin yanıbaşındayım!..

Ve yepyeni bir yolda...

KALBİM BİR FIRIN

O günlerde bende, garibin garibi, başka bir hâl... Namazlardaki o halimin üstüne, bir de saatlerce devam eden bir kalb yangını... Maddî, kaskatı madde ifadesiyle, fırın gibi bir kalp yanması... Kalbim yanıyor, yanıyor, sonra derinlere gömülerek bir merhem hokkasına batırılmışcasına uyuşuyor, donuyor. Evvelâ korkmuştum:

– Yoksa kalb hastası mı oluyorum?

Bilmiyordum ki, tam on yıl sonra, 1950'de mahpus sıfatiyle bulunduğum Guraba hastahanesinde, doktorlar bana şöyle diyecektir:

– Kalbiniz yirmi yaşındaki sporcu bir gencin kalbinden farksız...

Fakat kaygım çabuk geçmiş ve mânevî değer ölçüsü, hemen madde kıymetinin üstüne çıkmıştı.

Ne zaman namaz kılsam, dinî bir vecd ve heyecana düşsem, mukaddes isimleri ansam o vakit oluyor... Nerede maddî sebep; nerede bu?..

Efendime, Beylerbeyindeki yalı arsasında, eteğinin yanıbaşında halimi anlattım.

Bu dünyada hiçbir şeye o şey için bakmamış olan büyük insan, heybetli nazarlarını bana dikti, âdeta sualimi bekliyormuş gibi, hemen, hemencecik cevabını verdi:

«– Yolun, yola girmenin başlarına ait bir hâldir bu... Sonra, ileride, aynı yanıklığı, arkada, kalbinin mukabil tarafında hissedeceksin!»

«İptilâ defteri»ne yapıştırılmak üzere 1960 - 61 hapsimde birer takvim yaprağının üstüne kaydettiğim iki notu ayniyle takdim ediyorum:

«1 Ocak 1961... 13 Recep... Saat 19,15... Nezirlerim (40 Yâsin) tamamlandı.

Saat 20... Bu akşam ilk defa olarak kalbimdeki harareti mukabil taraftan ve şiddetle duydum.»

«8 Ocak 1961... Elhamdülillâh, her iki taraftan kalbim cayır cayır yanıyor, Yarabbi bu ateşi bana kaybettirme...»

Demek ki, temizlik veya kirlilik dereceme göre devre devre tutuşan, parlayan, yine devre devre küllenen, gizlenen fakat aslâ sönmiyen mukaddes ateş önümden girip arkamdan çıkmış bir kılınç gibi gerçek harını o tarihten tam yirmi yıl sonra bulacakmış...

Demek ki, kalbinin üstünden dağlanmışlardandım... Bağlanmış ve hesabı görülmüşlerden; deftere kaydedilmişlerden...

Hâlâ anlayamıyordum.

Zira yolumuzun edebinde «aldım - verdim, yazdım - çizdim» gibi âdilikler yoktu.

Bu yolda mürid, kütüğe, sonsuz oluş kütüğüne yazıldığını her zaman bilemeyeceği gibi, mürşidin bilmesi daima şart değildi.

Emir ve ferman 33'ler yolundan geliyordu.

ALTUN SİLSİLE

Efendim, «Altun Silsile»nin 33'üncü halkasıdır. Tesbihin son tanesi gibi, başındakine ve bütün sayılara sayı ve yollara yol verene en yakından bağlı ve tam bir devrin dönüm ifadesi... Ayrıca devrimizin, yirminci asır ortalarının mâna ve ruh buhranına denk bir ifade; memuriyet ifadesi...

Mukaddes silsile şöyle:

1 – O... (Bütün zaman ve mekânın Efendisi)...
2 – Hazret-i Ebu Bekir
3 – Selman (Farisî)...

4 – Kaasım Bin Muhammed Bin Ebu Bekir...
5 – Cafer-i Sâdık...
6 – Bayezid (Bestamî)...
7 – Ebül'Hasan (Harakânî)...
8 – Ebu Ali (Fârimedî)...
9 – Yusuf (Hemedânî)...
10 – Abdülhâlik (Gücdüvânî)...
11 – Arif (Reyvegerî)...
12 – Mahmud Encir (Fagnevî)...
13 – Ali (Râmitenî)...
14 – Muhammed Bâbâ (Semmâsî)...
15 – Seyyid Emîr Külâl...
16 – Şah-ı Nakşibend...
17 – Alâeddin Attar...
18 –Yakup Çerhî...
19 – Ubeydullah Ahrâr...
20 – Muhammed Zahid...
21 – Derviş Muhammed...
22 – Hâcegî (Emkengî)...
23 – Muhammed Bâkıbillâh...
24 – İmam-ı Rabbanî (Müceddid-i Elf-i Sani)...
25 – Muhammed Masum...
26 – Seyfeddin...
27 – Seyyid Nur...
28 – Mazhar-ı Can-ü Cânan...
29 – Abdullah (Dehlevî)...
30 – Mevlâna Halid...
31 – Seyyid Tâhâ...
32 – Seyyid Fehim...
33 – Seyyid Abdülhakîm (Arvasî)...

Bunlar, en büyüklerdir. Mukaddes emaneti, Âdem Peygamberden başlayarak, Resûl elinden Resûl eline teslim ede

ede asıl sahibine, topyekûn zaman ve mekânın Efendisine gelen ana caddenin, O'ndan sonraki velîler yolunda en büyük 33 kahramanı... Bütün velîler zincirinin hususî bir büklüm halinde en büyük 33 halkası... Şah-ı Nakşibend, İmam-ı Rabbanî, Mevlâna Halid gibi zirve noktaları etrafında, hepsi birbirinden büyük, hepsi mutlak büyüklükte fâni ve kimin kimden üstün olduğu kıyastan mücerred, fakat yekûn olarak bütün yekûnların üzerinden en büyük 33 kahraman...

O ise sıra vermek, sıraya baş olmak bakımından bir; yoksa sıranın ve her şeyin üstünde...

Hiçbir devir boş olmıyacağına göre, Abdülhakîm Efendi Hazretlerinden sonra kime geliyor sıra?..

Kat'î olarak bildiğimiz, hiçbir devrin boş olmıyacağı prensibinden sonra, kim, nerede ve nasıl suallerine:

– Bilmiyoruz!

Demekten ibaret...

Abdülhakîm Efendi Hazretleri, son günlerine kadar, kâmil mürşidi soranlara efendileri Seyyid Fehim Hazretlerini murat ederek:

«– 1313'ten beri kâmil mürşid gelmedi.»

Buyururlardı...

Biz de:

–1362 (1943)ten beri kâmil mürşidden haberimiz yok!

Demek mevkiindeyiz.

«Râbıta-i Şerife»nin sonundaki «Hatm-i Hâcegân» duasında «Altun Silsile»nin Seyyid Fehim Hazretlerine kadar, her biri ayrı vasıflarla anılan halkalarına baktıkça tüylerim ürperiyordu. Bunların arasında, bilhassa yolu şahsiyle isimlendirmiş olan Şah-ı Nakşibend, «Nur heykeli» diye anılan İmam-ı Rabbanî, kendisinden yıldız şuaları gibi velî fışkıran Mevlâna Halid, en sonra Efendimin Efendisi Seyyid Fehim Hazretleri, isimlerini her anışımda, kalbime erimiş kurşun halinde, kızgın bir aşk sıvısı döküyorlardı.

Hayretler içindeydim. Haklarında hiçbir şey bilmediğim, hiçbir hususiyetlerini tanımadığım halde, Seyyid Fehim Hazretlerine karşı, büyük saygı bir tarafa, fakat bu çıldırtıcı aşk, bende nasıl doğuyordu?

Efendime anlattım. Bir doktorun aldığı ilâçtan ne duyduğunu anlatan hastasını dinlemesi gibi, sâkin ve emin, tabiî ve bedihî, dinlediler ve buyurdular:

«– Üzerinde yeşil bir cübbe vardı.»

Bu dışı kuru cevap beni büsbütün sarstı... Yoksa râbıta etmem için mi bu unsuru bildiriyorlardı? Muhakkak ki, üzerime yağan şimşeklerin, geliş ve gidiş bütün istikâmetlerini gözleriyle görüyorlardı.

ANLAYAN KİM?

«– Allahın ve Resûlünün kitaplarından sonra dinin en büyük kitabı...»

Diye vasıflandırdıkları «Mektubat-ı İmam-ı Rabbanî» den bir parça okunurken, bir gün, dinliyenlerin haline, bizim halimize bakıp:

«– Kendi kendimize okuyoruz. Lâfız halinde... Anlayan kim?.. Nerede?..»

Buyurmuşlardı.

Bizim ilim sandığımız, gafletin tâ kendisi...

PAYLAMALARINA AŞIKTIM

Arada bir, beni paylar gibi konuşmaları, iltifatlarından daha çok hoşuma gidiyordu. Takdir, yakınlığın, sahabetin delili...

Yine bir ândı. Günahlarımdan bahsediyor, kendimi hudutsuz günaha batmış görüyor, kimseye eş olmıyacak bir günahkârlık çapında buluyordum. Bu şikâyetten de bir teferrüd, gizli bir benlik ve gurur kokusu almış olacaklar ki, şu müthiş cevabı verdiler:

«–Daha ne günahkârlar gelip geçti bu yoldan... Seninki de ne?..»

Çarpılıp kaldım. Yani;

– Sen onda da bir şey değilsin, merak etme!..

Demek istiyorlardı.

Nefs hilesine ne harikulâde karşılık.

•

Hıristiyanların hallerinden, nisbet iddia ettikleri Hazret-i İsâ'nın kimbilir ne kadar muazzap olduğu tarzındaki görüşüme gayet sert:

«– Nebîdir, muazzeb olmaz!»

Buyurdular. Halbuki ben, «muazzeb» kelimesini, yanlışlıkla «razı değil» mânasına kullanmıştım. Olsun... Lisana ve kelimeye dikkat şuuruna ait emir, ancak bu kadar güzel verilebilirdi.

•

En güzel ve en çarpıcı tekdirleri izdivacımda oldu.

«– Evlen, evlen, evlen!»

Namaz emrinden sonra daimî ihtarları...

– Evime ne zaman şeref vereceksiniz?

«– Sen evlenmeden gelmem!»

Bir gün dayanamadım:

– Efendim, ben münasibini bulamıyorum. Siz bana muhitinizden, yakınlarınızdan birini bulun ve emredin... İsterse o bir hizmetçiniz olsun, hemen evleneyim!

«– Yok, olmaz, dediler; sen bulacaksın ve kendi muhitinden bulacaksın!..»

•

Gözümün önünde bir hayâl:

Büyük şehir cümbüşlerine uzak bir yerde, basit, belki tek katlı, perdeleri inik, gıcır gıcır döşeme tahtaları ıslak çam ağacı kokan, beyazlar içinde bir evcik... İçinde beyaz başörtülü beyaz bir kadın... Kulağı hep zilde ve gözleri Allah'ın kitabında...

Ben insana benzer gibi olduğum zaman bu eve koşacağım ve insanlıktan çıkar gibi olunca da minderin altına bir zarf dolusu para bırakıp, başımı aldığım gibi...

Ben bir alçaktım!

NESLİHAN KISAKÜREK

Nihayet yoluma, otuzyedi yıldır çile ortağım, Neslihan çıktı. Bana nur topu gibi beş çocuk hediye eden sevgili zevcem... Sırasiyle, Mehmet, Ömer, Ayşe, Osman ve Zeynep...

Dış yüzün dış yüzünde başlayan münasebet en kısa zamanda köklere kadar indi. Kendisini aldım, Eyüb'e götürdüm. Evin önünden geçirdim ve biraz ilerideki (Piyer Loti) kahvahenesinde oturttum:

– Bekle biraz dedim; kendilerine haber vereyim... Çağırırlarsa koşar, gelir seni götürürüm. İzinsiz çıkaramam huzurlarına...

Kızcağız, derin bir tevekkül içinde, oturdu, nasibini bekledi. Huzurlarındayım:

– Efendim; bir kızla tanıştım, ismi Neslihan... Bildiğiniz modern kızlardan; Bâbanlardan, Bâbanzâdelerden... Buraya kadar da getirdim. Şu anda, ilerideki kahvahenede oturuyor. Takdir buyurursunuz ki, zamane kızlarına güven zor... Şüpheliyim... Ne emredersiniz?

Bir anda, şimşek gibi bir hareketle sordular:

«– Üzerinde ne var?..»

– Yeşil bir manto, efendim!

Yine bir anda, şimşek gibi bir hız içinde, âni bir dalış ve uyanış:

«– Sen, ondan değil, kendinden şüphe et!»

Suratımda şaklayan tekdir tokatının zevkiyle, Neslihan'ın bu kadar güzel kabûl edilişindeki zevk, içimde birbirine karışmış, koştum; (Piyer Loti) kahvehanesinden zevcemi aldım ve evlerine getirdim.

Şadırvan başında yalnız Şakir ve yakınlarından bir delikanlı, Mehmet... Kendileri içeriye geçmişler, belki birden bire görünmek istememişlerdi.

Neslihan, ben, Şakir ve o delikanlı, bir arada oturduk.

Akit temellendirildikten ve iş belediye dairesindeki tescile kaldıktan sonra, birden bire Efendi Hazretleri, evden çıktılar vc yanımıza gelmeden bahçe kapısına doğru yürümeğe başladılar. Arkalarından ilerledik ve ellerinden öptük...

Ayni şimşek edasiyle, yivleri ebediyen kulaklarımdan silinmeyecek bir hitapta bulundular:

«– Allah zâmin (borçlu) ve kefil; unutma!..»

Ve durmadan çıkıp gittiler.

İleride, vasıtamla Neslihan'a gönderecekleri mektuplarda kendisine «kızım» diye hitap edecekler ve benden «damadım» diye bahis buyuracaklardır.

•

Otuz yedi yıldır ki, zevcemle aramda, sadece Efendimin yümniyle, bereketiyle, benim yüzümden çektiği bin bir musibete rağmen küçük çekişmeler dışı, hainliğe kaçan hiçbir hâdise ve bağ gevşemesi olmamıştır.

•

Neslihan'ın ailesini (Bâbanlar) çok takdir buyuruyorlar, «Hükûmet icra etmiş» bir familya olarak vasıflandırıyorlar; ve onun amca kollarından, merhum Bâbanzâde Naim Beyi medihle anıyorlardı.

Eski Darülfünun Profesörlerinden Naim Bey ki, doktor kendisine:

– Kalb hastasısınız, namaz kılamazsınız, secdede ölürsünüz!

Demiş; o da «ne mutlu bana» diye devam ettiği namazlarından birinde ve secdede ruhunu teslim etmişti.

Efendimin Neslihan'a gönderdiği mektuplardan birindeki hitabın sırrını, ileride çözmeğe çalışacağım... Zaten o hitabın bir sır sakladığını, vefatlarından hayli sonra ve yakınlarından Muhib'in dikkatiyle keşfettik.

YA LÛTUFLARI?

Pek seyrek vesilelerle beni paylamalarına karşılık, lûtufları, iltifatları, teveccühleri nihayetsizdi.

Zekâma sık sık işaret buyururlar ve onun bende ifrat halinde mevcut olduğunu söylerlerdi. Halbuki din ve hakikat ölçüsiyle makbûl olan, her şeyde itidâl... Bütün sır itidâlde, sağ ve sol kanatlar arasındaki muvâzenede...

Bir gün dediler:

«– Sende iki şey ifrat halinde: Zekâ ve muhabbet... Muhabbet inip çıkar. Fakat zekâ sabittir... Ona çare yok...»

Bir gün de dediler:

«– Keşke bu kadar zeki olmasaydın!..»

Başkalarına garip gelecek olan bu dileğin sırrını bana sorun; akıldan ne çekildiğini «iğneli fıçı»da tatmış ve kafasını, ayva kırar gibi, duvardan duvara çarpacak kadar acı çekmiş olan bana...

●

– Her şey itidâl halinde olmalı buyuruyorsunuz. Yâni her şey haddini muhafaza etmeli... Aşkta, muhabbette de mi efendim?..

«– Ne zannettin ya; o da haddi içinde kalmalı... Yoksa yanar, kül oluruz.»

DUA

Huzurlarında öbür yakınların taş gibi edeblerine mukabil, ben biraz serbest davranıyor, ileri geri konuşuyor, içimdeki sevgi ve samimiliği doludizgin bırakıyor, hattâ bazan atılıp dizlerinden öpmeğe kalkacak kadar kendimi kaybediyordum.

Bir sürü taşkınlıktan sonra kendimi zaptettiğim ve taş gibi oturmaya çalıştığım bir andı ki, hiçbir münasebet olmaksızın, kendi kendilerine mırıldanırcasına bana hitap ettiler:

«– Allah seni iki cihan aziz etsin...»

Öyle eridim ki, yere yıkılmamak için kendimi güç tuttum.

Söyleyin; Büyük Okyanusu dondurup altın yapsalar, onun pazarını bulsalar; ve farz-ı muhal, bu servet tükeninceye kadar bana ömür sağlasalar, bu duadan daha kıymetli olabilir mi?

Allaha her ân yalvarıyorum:

– Rabbim, beni Efendimin duasiyle iki cihan aziz et!

●

Yine böyle bir vecd, biraz da taşkınlık halinde birden bire sormak küstahlığında bulundum:

– Benden küfür sâdır olur mu? (çıkar mı?)

Her zamanki nur heykeli, kıpırdamadan, beklemeden, dudaklarını oynattı:

«– Senden; küfür sâdır olmaz!»

SEN ŞEHİT OLURSUN!

Bir şeriat meselesi konuşuluyordu:

Bir mümine, hayatı veya vücudunda bir uzvun kesilmesi pahasına bir küfür kelimesi söyletmeğe kalksalar, mümin, kalbinde imanını saklayarak bu kelimeyi söyliyebilir. İzin vardır, fakat söylemez ve imanını zâhirde de korursa, öldürülünce şehid olur. İlki «ruhsat» ikincisi «azimet»... Biri müsaade, öbürü müsaadeye rağmen dosdoğru gidiş mânasına gelen bu ölçüler, birçok yerde tatbik şekli bulur.

Müthiş coştum ve yine atıldım:

– Böyle bir vaziyet karşısında kalsam ben ne olurum?..

Şu anda bütün tüylerim ürpererek kaydediyorum ki, Efendim, bir anda, yine şimşek gibi o arslan başını bana çevirdi; ve yüz binler arasından parmağiyle beni seçercesine bir ton yükseltti:

«Sen şehid olursun!»

Üzerinde çok düşündüğüm ve hudutsuz esrarlı bulduğum sözlerinden ve hallerinden biri...

Bakalım, ben ne olacağım, ruhumu hangi şartlar içinde teslim edeceğim?..

•

Bana elinizle bir şey yazıp verir misiniz? Hep üzerimde taşımam için...

Muradım, bazı dolandırıcıların önüne gelene yazıp verdikleri ve münezzeh kıymetlerini kendi kokmuş nefeslerine düşürdükleri (nüsha) muskalar kabilinden değil de, en büyük velî elinden çıkma ve onun münasip göreceği herhangi bir yazı...

Derhal kâğıt ve kalem getirttiler; «Ashab-ı Kehf»in isimlerini sıraladılar ve bana uzattılar:

«– Üzerinden hiç ayırma!»

Her tarafı lehimli bir madalyon içinde bunu taşıyorum boynumda... Mezara da benimle girecek...

Niçin (Ashab-ı Kehf)in isimleri; ne maksatla?.. Her şey gibi bu da bir sır... Kendileri biliyordu. Kendileri bilir.

KUR'ÂN

Niçin Kur'ân, öz harflerinden, aslî harflerinden ayrılmaz. Zira:

«– Allah ismi, (lâteşbih, tuğra gibi) bir remz, bir alemdir. Has isim, zât ismi, alem ismi... (Mahlûk lisanı içinden takma bir isim değil; bunların hepsi İlâh, Tanrı mânasına)... Ve Hazret-i Âdem, Cennetin kapısında Şehadet Kelimesini aslî harfleriyle görmüştür. Böyleyken Allah ismi, zâta işaret eden bir âlet ve vasıtadır; Zat değil... Çocuk olsa anlar bu farkı...»

Ve Kur'ân, mahlûk olmayan Kur'ân, kendi aslî harfleriyle, ezelden, Allah'ta mevcuttur. Mahlûk lisanı Arapça yine mahlûk olan harfleriyle ayrı...

Dinin en ince, en gamızalı bahislerinden biri..

•

«Tavâsin-ül Kur'ân» veya «Huruf-u mukattaât-ı Kur'âniye» denilen, bazı surelerin başındaki esrarlı harfler de:

«– Sevenle sevilen arasında şifreler...»

ÖLÇÜLER

«– Allah, sırrını eminine verir; bilen söylemez, söyleyen bilmez.»

•

«– Allaha malik olan neden mahrumdur; Allahtan mahrum olan da neye malik?..»

•

«–Peygamberlerin en üstün dört derecelisi: Birinci, insan ehramının son noktası Allahın Sevgilisi; ikinci, Allahın Halil'i Hazret-i İbrahim; üçüncü Allahın Kelîmi (konuşanı) Hazret-i Musa, dördüncü, ruh lâkaplı Hazret-i İsâ...»

•

«– Allahın Sevgilisi; insanî hakikat olarak bir çobandan farksız; Muhammedî hakikat bakımından da tek ve eşsiz...»

●

«– İnsanlık dairesinin en üstünde O, en altında küfrün ve O'na düşmanlığın en azılı tipi var...»

●

«– Allah, bana karşı işlenen suçu bağışlarım; fakat Sevgilime karşı işleneni affetmem, buyurdu.»

●

«– Her anılışta, hâtıra her gelişte, her ân; Salât ve selâm ona olsun!..»

VAHDET-İ VÜCUT

«Şeyh-i Ekber» lâkaplı Muhyiddin-i Arabî Hazretlerinin «Vahdet-i Vücut» dâvası malûm... Bu dâvaya göre müessir (Allah), esere (Kâinata) mutabıktır. Hattâ Efendi Hazretleri, büyük velîye büyük saygı göstererek, eserlerinin sonunda şöyle derler:

«– Eseri müessirin ayni bilmek bu fakire pek giran geliyor.»

Buradaki «bilmek» tâbiri, velîlik derecesi üzerinde kimsenin şüphesi olmayan Muhyiddin-i Arabî Hazretlerine hürmetlerinden... «Giran» kelimesi de, kendilerinden ve hakikatten... Olanca incelik şurada ki, pek az insan Muhyiddin-i Arabî'nin muradını anlayabilmiş ve yanlış tefsir yüzünden bir çoğu helâke gitmiştir. Muhyiddin-i Arabî'nin akıl dönemeci üzerinden kimse kıvrılamaz. O kadar nâzik ve tehlikeli...

Onu yanlış anlayana karşı nihayet tam ve kat'î düzeltici, İkinci Binin Yenileyicisi İmam-ı Rabbanî Hazretleri gelmiş ve bütün vâhidleri yerli yerine oturtmuştur. Şeriat ve tasavvuf, zâhir ve bâtın, İmam-ı Rabbanî'de birleşmiştir. Onun Peygamber müjdesi olarak taşıdığı «Sıla», yani birleştirici lâkabının da sırrı burada... Muhyiddin-i Arabî Hazretlerini kendi öz anlayışı içinde tenzih etmek ve akıl dışı olan bu bahiste ondan hüküm devşirenleri suçlandırmak lâzım... Şeyh-i Ekber'i tasdik ve tenzih ile beraber, biz, mizacımızın İmam-ı Rabbanî üzerinde olduğunu ileriye süreriz.

İmam-ı Rabbanî:

«– Allah, öteler'in ötesinde, onun da ötesinde, namütenahiye kadar, onun da ötesinde...»

Ve:

«– Ne ki o sanılır, ona peçedir.»

Eserlerindeki, «böyle bilmek bana giran geliyor» sözünü hatırlatıp, acaba niçin «böyle değil demiyorsunuz?» gibilerden sorduğum zaman derin derin, tatlı tatlı gülümsediler ve hiçbir cevap vermediler.

– Düşün ve bul!

Demek istiyorlardı, belki...

İnşaallah doğruyu bulmuşumdur.

Doğrusu, aynadaki hayâlle zatın bir olmadığıdır.

•

Muhyiddin-i Arabî ile İmam-ı Rabbanî'yi mukayeseleri:

«–Muhyiddin-i Arabî, eser üzerinde derinleşmiştir; İmam-ı Rabbanî ise müessir üzerinde, zât üzerinde...»

Artık siz çıkarın hükmü!.. Akla da fazla güvenmeyin! Keyfiyetleri Allaha havale edin!..

•

Şeyh-i Ekber'den bir riyaziye formülü gösterdiler. Bu formüle göre Âdem Peygamberden son insana kadar gelmiş ve gelecek bütün insanların sayısı çıkıyordu. Anlattıklarına göre, zamanında bu formüle itirazlar olmuş; Şeyh-i Ekber de demiş ki:

– Beni kızdırmayın! Onların tek tek yüzlerini de resmederim.

Şeyh-i Ekber'e hürmetleri büyüktü; fakat mizaçları ayrı... İmam-ı Rabbanî görüşü üzerinde...

İKİ UÇLU OK

Şeyh-i Ekber'i yanlış anlayıp da adım başında insanın (hâşâ) Allah olmasından bahseden, keramet iddiasında bir zatı huzurlarına götürdüm. Ağzı tıkalı kaldı bu zatın... Hattâ Efendi Hazretlerinin, aynen Burhan Toprak'a söyledikleri gibi:

«– Nasibin yokmuş!»

Hitabına hiçbir cevap veremedi.

Müthiş!.. Küfrüne hükmetmiyorlardı hemen...

Öyleyse?..

•

Ölçüleri:

«– Küfür, tevili olmıyan sözdedir.»

«– Bir Müslümanın bir müslümana küfür isnat etmesi

kadar tehlikeli bir şey yoktur. İsnat edilen küfürde değilse, küfür, isnat edene döner.»

«– Küfür isnadı, iki taraflı ok...»

O ne ince edeb, hudut kaygısı, idrâk çilesi, emir hiddeti ve ayni zamanda rahmet edâsıydı. Ve esrar anlayışı...

RUH VE NEFS

Ruhun, madde üstü varlığına ve bekâsına misâlleri:

«– Hani bazı otlar vardır ya; ezilir, kurutulur, kaynatılır ve her haliyle hassasını muhafaza eder? Meselâ ot müshil tesirine malikse, yaşken de o, kurutulunca da, suyu içilince de, dumanı koklanınca da... İşte ottaki madde üstü hassa gibi bir şey, ruh...»

Ve:

«– Nefs, ruhun mukabili olarak, kalb denilen et parçasına alâka bağlamış bir lâtifedir. Bunlar, o maddî et parçasına taalluk edici iki lâtif varlık ki, kalbde birleşiyor ve onun hakikatini meydana getiriyor.»

Ve:

«– Ruh, daima cesedine taalluk halindedir. Mezarda da, ceset üzerindeki bütün tesirleri hisseder.»

Ve:

«– Ölüleri üstüste gömmek, cesede eza etmek, kesip biçmek, yakmak yasaktır.»

Ve:

«– Tenasuh, ruhun kalıp değiştirdiğine inanmak, küfürdür.»

Sordum:

– Sık rüya görmek makbûl müdür?

«– Makbûldür.»

– Ya hiç görmeyenler?.. Gafletlerini sıhhat sananlar?..

«– Onlarınki hayvan sıhhati.»

VESAİRE

– Nazar?.. Göz değmesi?

«– Haktır. İşte ölçüsü: Nazar, erkeği kabre ve deveyi çömleğe sokar.»

– İlâcı ne?

«– Nun vel'Kalem suresinin son iki âyeti...»

Efendi Hazretlerinin ölçüsünde, nazar boncuğu, filân, falan gibi şeyler, (fetiş)ler, küfür devrinden kalma ve sâf imana zıd âdetlerin eşyasıdır ve en büyük günahlardandır. Halbuki bunları kullanmayı, aşağı sınıf halk, bizde Müslümanlık zanneder. Onları görenler de Müslümanlık budur sanır.

– Ya sihir, büyü?..

«– Sihir de haktır; yâni vardır. Fakat yapmak küfürdür. Onu yapabilecek tersine ilim sahibi de bu devirde yoktur. Şunun bunun yapmaya çalıştığı da, dinî günahı içinde ayrıca şarlatanlık...»

– Kur'ândan şifa nasıl beklenebilir?..

«– Suyun geldiği boruya tâbi... Boru temiz olmalı ki, su kendisini göstersin!..»

Hastalığım zamanındaki şüphelerim, derdime sebep arayışlarım içinde sorduğum bu suallere ait cevapları da, Efendime ait tek kelimeyi kaybetmek istemediğim için tesbit ediyorum.

Hattâ ilk eserlerinin tâbirler listesindeki «Cennet-i ef'al» terkibini «Cinnet-i ef'al» sanmış ve korkuyla izahını istemiştim.

Yine tatlı tatlı gülümsemişlerdi:

«– Cinnet değil, Cennet... Cennet-i ef'al...»

Bir kediye bile hitaplarını hatırlasam, kaydetmeden geçemem... Ona ait değersiz bir şey olamaz.

•

Huzurlarında zaman fikri içinde kavrulurken:

– Ah efendim, dedim; şu insanların zaman emniyeti kadar boş, ne olabilir? Bir bakıma sonu olmıyan basamaklarla kıvrıla kıvrıla çıkan bir merdiven; bir bakıma tek basamak... Bütün ömür, bir göz açıp kapamaktan ibaret...

Kelimelerin kadeh kadeh taşıdığı çile zehrini içen ben değilmişim de kendileriymiş gibi, mânayı tâ kalblerinden tadarak:

«– Ne doğru!»

Diye tastik ettiler.

Bu dünya, baştan başa noksanların ve yarımların işaretçisi olan zaman ve mekâniyle, nazarlarında bir hiçtir.

Kitaplarında ve sohbetlerinde; ruh ve öz olarak, buyurdukları:

«– Zaman içinde, bir varlık, bir yokluk; bir varlık, bir yokluk... Varlık ve yokluk birbirini takip eder. Oluktan, kesik kesik, fazla hızla inen su damlaları gibi... Bunlar o kadar hızla birbirini takip eder ki, insan varlığı yekpâre ve sürekli görür: (Halbuki o, üstüste konmuş tavla pulları gibi, bir siyah, bir beyaz; bir siyah, bir beyazdır.) Her şey, her ân helâkte; yine her şey, her ân hayatta... Allah her ân her şeyi yok ve her ân her şeyi var eder. Vahdet-i Vücut nüktelerinden biri de bu...»

SADECE İNCELİK

Dedik ya; ne sorarsanız onun cevabını alıyorsunuz. O, alelâde hiçbir şey söylemiyor. Yükseklerden, aşağıdakilerin âdiliklerine lûtfen elini uzatıyor; ve bu, yüksekliğin tâ kendisi oluyor.

– Kesilen tırnakları nereye atalım efendim?

«– Toprağa gömmeli...»

Noktasına kadar...

•

– Av mubah mıdır?

«– Mubahtır; fakat yümünlü sayılmaz.»

– Ya köpek beslemek?

«– Bahçede olabilir.»

Buralara kadar...

Hamr"in haramlığı ve pisliği malûm... Bu korku, tabiî bütün alkollü maddelere sirayet ediyor, bu bakımdan kimyager Hilmi Bey (Ziya Beyin damadı, Albay) kolonyayı öne sürüyor ve esasının alkol olduğunda ısrar ediyor.

«– Ne biliyorsun?»

Buyuruyorlar.

Bu «Ne biliyorsun» hitabındaki inceliği, bilmek ne marifet!.. Asıl ilim bu... Bizzat kimyagere o maddenin «alkol mü, değil mi, hamrden murat, kolonyadaki kullanılışiyle alkol mü, değil mi; bu şekille emir arasında münasebet mevcut mu, değil mi?» inceliğini:

– Ne biliyorsun?

Diye belirten ölçü hassasiyetine ve rahmet görüşüne can kurban...

Başlıca hikmet, ölçüleri fazla kurcalamamakta, ne sağdan ve ne soldan (bindirerek veya indirerek) onları örselememekte, şüpheli şeylerden kaçınmakta ve hüküm kesip biçmemekte... Bilhassa kendi kafasiyle kıyasa gitmemekte... İşte «ham ve kaba softa»yla derin mümin arasındaki fark!..

İmam-ı Gazalî Hazretleri buyuruyor:

– Şeriate, emirde olmayan şeyleri ekleyerek nusret ettiğini sananlar vardır ki, işleri, şeriate yardım değil; onu bozmaktır.

Şeriat, Allah emirlerinin manzumesi olarak kâmildir. Kâmil ise, biliyoruz ki, ziyadesi; eksiği olmayan..

•

Buyurdular:

«– Öyle her şeye (dır), (tır) demekten çekinmek lâzım...»

•

İman, iner ve çıkar mı?

Sünnet ehlinin itikatta iki ana mezhebi olan «Matüridî» ve «Eş'arî» mezheplerinden birine göre, sabittir, ne iner, ne çıkar. Öbürüne göreyse, iner ve çıkar; bu nasıl iş?..

Buyurdular:

"Her iki mezhebin de muradı birdir; ihtilâfları lâfızda... İman, incilâ, parlaklık bakımından iner ve çıkar; esasta sabittir, ya mevcut, ya değil...»

•

«Marifetnâme»nin son kısımları için:

«– En ileri nüfuz tabakalarına ulaşmış, mükemmel...»

Teşhisini koydular. «Füsus»un Türkçe «Bosnevî» şerhi için de:

«Anlayamamış... Çok hatâlı...»

Dediler.

Hattâ «Mektûbat»; İmam-ı Rabbanî Hazretlerinin, bu, Allah'ın ve Resûlünün kitabından sonra dinde en büyük eseri bile, Türkçe tercümesinde bazı yanlışlara bulanmıştır.

•

Sed kenarında hasır koltuklarından İstanbul'a doğru bakıp dediler:

«– Şu İstanbul ne garip belde!.. İnsan, mü'min olmak için de, kâfir olmak için de burada her vasıtayı, her imkânı bulabilir.»

•

– Hıristiyan, rüyada Allah'ın Resûlünü görür mü?

«– Görür; görünce de Müslüman olur.»

– Hıristiyanlardan velî çıkmış mıdır, çıkabilir mi?

«– Allah'ın Resûlünden sonra çıkamaz.»

•

Allah'ın Resûlünü hiç duymamış bir insan; meselâ medenî âlemden uzak kalmış iptidaî bir insanın vaziyeti?

«– İlâhî tevhit ve tenzihe kendi kendisine varmışsa mü'mindir.»

•

«– Sadr-ı İslâmda (Saadet devri) fitne yoktu; aksine iddia küfürdür.»

•

Hazret-i Muaviye'yi soran birine:

«– Sen bir sahabî hakkında ne dersin?»
– (Radiyallahü Anh - Allah ondan razı olsun) derim.
« İşte o kadar!..»

•

Biri, kendilerine demiş ki:
– Allah bize adliyle tecellî etsin!..
«– Allah bize fazliyle tecellî etsin, bizi fazliyle (meccanen, hiç yoktan, hiç değerimiz olmadan) korusun... Adliyle tecellî ederse yanarız!»
Buyurmuşlar.

•

Kapalı Çarşı'dan geçerken, karşılarına, tanıdıklardan bir dükkâncı çıkmış:
– Efendi Hazretleri, dua edin de Allah, M....... Ümmetini kurtarsın!
Bir levhaya yazılıp kıyamete kadar bakılmak değerinde, bir cevap vermişler:
«– Siz bana M....... Ümmetini gösterin; ben de size onun hemen kurtulduğunu haber vereyim... Nerede o ümmet?..»

HARBE GİRİLMEZ

Sene 1941... Almanlar sınırlarımızda... Ben, bir gazetede çıkan yazılarımda da üstüne bastığım gibi, İkinci Dünya Harbine girmemizin bir ân meselesi olduğuna kaniim...
Mâverâ dâvası önünde çerden çöpten telâkki ettiğim bu meseleyi ve harbin gün meselesi olduğu tezini huzurlarında

savunuyorum. Lûtfen dinliyorlar. Etraflarında, her zamanki yakınlarından birkaç kişi ve Avukat Mahmut Veziroğlu isminde bir zat... Bu zat, sadece sevenlerden; mensuplardan değil...

Anlatıyorum, anlatıyorum; ve görüşlerinden birçoğu ayniyle zuhur etmiş bir insanın gülünç nefs emniyeti içinde, harbe sürüklenmek mecburiyetimizi riyazî bir vâkıa halinde gösteriyorum.

Sonuna kadar dinledikten sonra buyurdular:

«– Harbe girilmez. Yalnız, Birinci Dünya Harbinde olduğu gibi pahalılık olmasa, vesika usûlü çıkmasa...»

İkinci Dünya Harbi, bizi tâ canevimizden nişanladığı halde harbe girmedik; fakat pahalılık, vesika usûlü, bu cevabın hemen arkasından milleti kavurdu, geçti.

Zannedersem 1961'de, ben zindandayken Allah'ın rahmetine kavuşan Mahmut Bey, bana bu kerameti sık sık tekrar eder ve başını tutardı:

– Müthiş, müthiş!.. Herkes harbi beklerken «harbe girilmez»; ve kimse vesika usûlünü beklemezken «o olacak» diye beklemeleri büyük keramet!..

•

Almanlar için, Polonya işgalindeki zulümlerini duydukları zaman:

«– Eğer zulme başladılarsa, dediler; halleri haraptır. Şimdiden neticeyi kaybettiler.»

•

İngilizler hakkında buyurdular:

«– İslâm düşmanı olduğu halde, bilmeksizin İslâm ahlâkına en yakın Avrupalı millet...»

●

Müslüman doğup da işi Müslümanlığa düşmanlıkta bitirenlerle kıyaslayıp, bazı Avrupalıların, küfürlerine rağmen «insaf» gösterdiklerini söylerlerdi.

MÜRTED

Bir Avrupalı müsteşrikin İslâmlık aleyhindeki kitabını tercüme etmiş, «Abdullah» ismini taşıyan koyu din düşmanı eski bir muharrire şu ismi takmışlardı:

«– Adüvvullah (Allah düşmanı)...»

Bu «Adüvvullah»lar, bir - iki değildi.

En büyüklerinden biri için buyurmuşlar:

«–Ne ibadetimden, ne amelimden rahmete güvenim var... Tek rahmet ümidim, mürtede buğzum, ondan nefretimdir.»

●

Bir mürted hakkında sordum:

– Ne haldedir acaba öbür dünyada?..

Gözleriyle görüyormuşcasına bildirdiler:

«– Azapların en şiddetlisi içinde...»

●

«– Nikâh muamelesinde, Allah'ın emri diye bir serahat, yeter!»

●

Nice haramlara yemin edip sonra keffaret peşinde gezen bana, keffareti anlattıktan sonra emirleri:

«– Hem keffaretini ver, hem yapma!..»

•

İkinci Abdülhamîd'in nasıl bir insan olduğunu kendilerinden öğrendim; sonra 1939'da hocayken Maarif Vekili Hasan Âli Yücel'in Tanzimatın yüzüncü yılı münasebetiyle Dil Kurumu hesabına bana yazdırdığı «Namık Kemal» isimli eser zaviyesinden tetkiklerimi derinleştirince, hakikati bizzat gördüm. Dediklerine, elifi elifine uygun... Muazzam bir keramet daha... Ve bu dâvayı Türkiye'de ilk defa ortaya atan ve attıran muharrir olmak haysiyetini kazandım. Tafsilât verecek değilim... 1943'ten başlayarak, bütün «Büyük Doğu»lar meydanda...

– Sultandan velî olur mu?

Sualime cevapları:

«– Hayır, olmaz!»

AŞK

Hiçbir şeyle o şey için uğraşmayan ve en büyük kerameti bu noktada toplanan Efendi Hazretlerinin, o zamanlar bir «Darüşşafaka» talebesi olan Sabri'yi (Faruk Bey'in damadı, diş doktoru Albay), eteklerinin dibine oturtup nasıl başından okşadığını hayâl ettikçe içim burkulur.

İlâhî aşk âbidesi... Her şey gibi aşkını da peçelemeyi bilmiş, «nâr-ı beyzâ» içinde fıkırdarken gülümseyen ve çocukları okşayan, Allah elinin yonttuğu rahmet ve şefkat heykeli...

ÂHENK

Muhib'e akşam üzerleri, yüksek sesle okutturdukları ilâhiler, yanık türküler, kulağımda... Allah için İlâhî hikmet zaviyesinden âhenkli ses...

Bu bahisteki ölçü, «Râbıta» risalesindedir. Özü:

«– Sema' ismi verilen ses ve âhenk, vesile olduğu şeye göre kıymetlenir. Haram ve kötülüğe vesile oluyorsa o nisbette haram ve kötü, ulvîlik ve iyiliğe yardımcı oluyorsa o nibsette mübah ve iyi... Yâni döküldüğü kaba göre şekil alan bir mâyi... Zâhir ehli ona mutlaka «haram» demiştir ama, büyüklerden de iltifat gösterenler olmuştur. Âhenkli sesin, kalb üzerindeki ulvî tesiri de belli... Bu bakımdan Nakşî büyükleri, ne (mutlaka ve her türlü haram) ölçüsünü kabûl ederler, ne de (mutlaka ve her türlü helâl) düşüncesini... Onlar her şeyi yerine tahsis ederler ve âhenkli seste de had ve şekil sırrına riayeti esas koşarlar. Şu var ki, ondan ve hele ifratından çekinmeyi bir mizaç borcu bilirler. Başka yolların vecdi, şarap sarhoşluğuna benzer; coşkun ve zâhiridir. Bizimkiyse afyon sarhoşluğunu andırır; durgun ve içe doğrudur. Âhenkli sesi inkâr etmeyiz ama, ondan, pek de hoşlanmayız.»

Bir gün, bir câmide olanca fikrini ses ve musiki cehdine vermiş, Kur'ân okuyan birini görüp demişler ki:

«– Allah, Kur'ân'ı böyle okunması için inzal etmedi.»

Nasıl; muazzam mı?..

TEZ

Kılıçta, maddî fetihte, hattâ bazı Güzel Sanatlarda üstün seviyelere ulaşmış olan Türk ırkının, sâf ve mücerret fikirde, madde ötesi anlayış cehdinde, emsali müslüman milletlere göre bir fark belirttiği; meselâ bizden bir İmam-ı Rabbanî, bir

İmam-ı Gazalî, bir Muhyiddin-i Arabî yetişmediği, vecd ve aşk devrinde yetişenlerinse büyük ve usta kopyacılar olduğu, hâlis ve aslî (orijinal) müellifler olmadığı; ve nihayet hiçbir nefs muhasebesine girişmeksizin kabûl ettiğimiz İslâmlığı, yine hiç bir nefs muhasebesine kucak açmaksızın feda ettiğimiz yolundaki tezimi, en derinden dinleyip, en derinden doğruladılar.

İŞ BİLMEKTE VE TATBİKTE

Tefecilere ve tefeciliğe göre bir fark belirtmesi gereken ve iktisadî nâzım rollerini inkâr mümkün olmayan bankaların aldığı faiz için:

«–Bu namla almamak, ücret ve masraf karşılığı diye almak lâzım...»

Buyurmuşlardı.

Bankada çalışan bir memurun aldığı aylık da, kâr yekûnunda faiz ifade eden şeylerle ifade etmeyen şeylerin birbirine karışması ve neyin nereden geldiğinin bilinmemesi yüzünden kendini kurtarıyordu.

Her işde kurtuluş ve rahmet yolu bu kadar açıkken, Tanzimattan beri işlerin ve hele baş iş dinin aslını görebilen çıkmamıştı. Yâni, ya lâfta iman, ya gerçekte küfür yobazı elinde haraplık, perişanlık...

Yekpare, bölünmez, fedakârlık ve pazarlık kabûl etmez mukaddes vâhidleri, zaman ve mekâna tatbik liyakatinde insandan, dört yüz yıldır eser yok...

MEVLEVÎ

Remzi Efendi isimli bir Mevlevî şeyhini tanımıştım. Üsküdar'da oturuyordu. Gayet zarif edâlı bir insan...

Bir gün ona vapurda rastladım. Üsküdar'la Köprü arasında, bana, Efendi Hazretlerine dair, başından geçmiş şu hâdiseyi anlattı:

«– İlahiyat Fakültesinde Tasavvuf imtihanı vardı. Dersin hocası bendim. Abdülhakîm Efendi Hazretleri mümeyyiz seçildiler. Geldiler. Huzurlarında imtihan başladı. Talebeden birine bir sual sordum: (Tarikatlar arasındaki fârika ve hususiyetler nelerdir?) Çocuk cevap verdi: (Harika ve keremette Kaadirilik, aşk ve muhabbette Mevlevîlik, züht ve takvâda Nakşîlik...) Sormaya devam ettim: (Sen bunlardan birini tercih mevkiinde kalsan hangisini seçerdin?) Talebe, herhalde biraz da hocasının Mevlevî olduğunu düşünmüş olacak ki, güzel bir cemile yaptı bana... (Mevlevîliği seçerdim efendim!) dedi. Sormak, talebenin tercih ölçüsünü kurcalamak lâzımdı: (Niçin Mevlevîliği seçerdin oğlum?) Talebe, tereddütsüz, karşılığını verdi: (Aşk ve muhabbete her şey dahildir; her şey onun içinde...) Bu söz üzerine Abdülhakîm Efendi Hazretleri, çocuğa (Aferin!) dediler. İmtihan bitti. Çıktık. Efendi Hazretleriyle yanyana yürürken kendilerine dedim ki: (Çocuk, hocasının tarikati olan Mevlevîliği seçti, düşüncesini söyledi ve siz onu aferinle takdir buyurdunuz. Nakşî olduğunuz halde... Sebebini sorabilir miyim?) İşte o zaman Efendi Hazretleri bana aynen şu mukabelede bulundular: (Çocuk doğru söyledi. Aşk ve muhabbete her şey dahildir. Şu var ki, Nakşîlerin züht ve takvâsı, bu aşk ve muhabbeti örtmek için perdedir. Çocuk doğruyu söyledi. Züht ve takvâ ile örtülü aşk ve muhabbeti ayırt edecek kadar derinlere inemezdi.) Sözlerine hayran oldum. Çok büyük insandır o... Kapıyı tam bulmuşsunuz.»

O kadar inceydi ki, eski Mevlevî şeyhi, mücerret aşk ve muhabbetin yüzü suyu hürmetine, kendi aşk şeklinin eksikliğini kabûle razı oluyordu. Ve bu hâdiseyi bana Efendi Hazretleri değil, kendisi anlatıyordu.

•

Bazı vecd demlerindeki heybet ve temkinlerine dikkat ediyordum da, «Altun Silsile» büyüklerinden birinin, Mansur için «Abdülhâlik Gücdüvânî müritlerinden o zaman en değersiz biri bulunsa ve ona rastlasaydı ipe çekilmezdi» tarzındaki sözünü hatırlıyor ve o hikmeti elimle tutar gibi oluyordum.

•

«– Bektaşînin küfrü ve Mevlevinin kibri olmasaydı!»
Buyurmuşlar.

•

Her tarikat aynı mukaddes noktaya giden birer yolken, yolun istikâmet hususiyetlerini muhafazada bugün Nakşîlikten başkası kalmamıştır. O da gerçek Nakşî olmak şartiyle...

•

Bir gün Eyüp'te Hüseyin Efendi isimli bir ihtiyarı görmüştüm. Bu zat vaktiyle Nakşî postuna oturmuş ve Efendi Hazretleri İstanbul'a gelip de Eyüp'te mekân kuruncaya kadar şeyh geçinmekten çekinmemişti. Gerçek şeyhi görünce de edebiyle çekilmeyi bilmişti.

Bana demişti ki:

– Onu görünce şeyhlik neymiş anladım ve eteğine yapışmaktan başka işim kalmadığını kestirdim.

SAHTE VE GERÇEK

Tiyatrolarda muşamba perde üzerine çizili saray dekorları gibi, birkaç taklit çizgisi içinde kendisini «fenâ fillâh» makamında gösteren, halk tarafından da sihirli seccadeler üzerinde göklere uçurulan velî taslaklarının kolayca hazmedildiği bu devirde, gerçek velîye ait incelikleri göstermek, Abdülhakîm Efendi'yi de bu ayırt etme işinin mihenk sıfatlarını taşıyıcı zat olarak meydan yerine dikmek bana borçtur. Kendilerinin bütün bir hayat boyunca kaçındıkları bu şöhret ve âlâyiş hali, onca ne kadar kesik ise, onu tesbit; bence o nisbette borç... Tâ ki, bu yolun isteklileri, muhtaç oldukları mizana kavuşsunlar...

Kuyumcu, şahsiyle teneke bile değildir ama altunu ayarlamakta, bir ustalık sahibidir. Şimdi müsaade ederseniz biz de, bir velîyi teşhiste çektiğimiz bunca çile karşılığı, bir ihtisas sahibi olalım ve tenekeden âdi şahsımızla, gerçek ve sahtesini ayırd edici melekeden bir pay devşirmiş bulunalım.

Herkes şeyhini büyük ve üstün tanıdığına, asrının sadece bir tanesi olduğunu ve bunu da müsbet veya menfî, ispat mümkün olmadığına göre, evvelâ mücerred büyüklük ve üstünlük hassalarını izah ve ancak ondan sonra bu hassalardan mürşide düşen hisseleri tesbit etmek, başlıca usûl ve zaruret olmaz mı?

Halbuki bizde, Allah'ın yakınlık dairesi içine aldığı dostlarına ait kıymet ve büyüklük şartlarının ne olduğunu bilmeyenler, sâf bir bakışa, bön bir duruşa, keramet satıcı bir edâya, bir anda hemencecik meftun olup bütün tenkid hislerini, mizana tatbik şuurlarını ve müşahade selâmetlerini kaybeder, burunları halkalı vahşi kabileler halkı gibi, şeyhlerini veya şeyh sandıklarını bir (tabu) dairesi içine alırlar ve çok defa bilmeksizin şeriat bendlerini yıkıp mukaddes ölçü ve hadleri taşıra taşıra Uhud dağı büyüklüğünde bir put imâl etmeye doğru giderler...

Gûya iman ve İslâm adına yapılan bu şeylerin belirttiği ruhiyat ile, doğrudan doğruya iman ve İslâma zıt olarak, yine doğrudan doğruya küfür tarafından girişilen ve doğrudan doğruya küfrün kendisi olan putlaştırmalara ait (psikoloji) arasında fark yoktur.

Gerçek mürşid, her şeyden önce bu hâle, samimiyetsiz sözlerle değil, müridlerine üflediği fikirle, ruhla, zâhiri ve bâtınî ilimle, terbiye ve disiplinle mâni olandır.

Müridine bak, şeyhini tanı!

•

Bir gün bir doktor bana dedi ki:

– Efendinin büyüklüğüne delil aramaya ne hacet! Senin gibi birini bu hâle getirmesi yetmez mi?..

•

Velîlerin derece ve mertebelerini tâyin ederken sımsıkı muhafaza edilmesi gereken umumî ve temel ölçü, «had» mefhumunu anlamaktan ibarettir. Din, bir baştan öbür başa hadler tablosundan ibarettir ve aynen Abdülhakîm Efendi hazretlerinin, malûm tâbiriyle:

«– Edep, hadlere riayet demektir, en büyük edep de İlâhî hududu muhafaza etmek...»

HADLER

Resûle Allah dememek şartiyle ne denilse az...

Sahabîye nebî dememek ve yalnız nebîlere mahsus vasıfları kondurmamak şartiyle ne denilse az...

Velîleri de aslâ sahabî, hususiyle nebî ve resûl vasıflarına ve mertebesine yükseltmeden, bu sınır içinde istenildiği gibi yüceltmek câiz...

Bu ana ve temel ölçüden sonra, velîlere ait, kökleri bâtında, fakat alâmetleri zâhirde, şu vasıflar gelir:

1 – Anahtarın kumdaki yatağıyle kendisi arasındaki mutabakata eş, her hâli, her sözü, her hareketiyle tam bir şeriat uygunluğu...

2 – Yine Abdülhakîm Efendinin «mevzuunu bulamaz ki ben desin...» şeklinde belirttiği gibi, en küçük benlik kokusuna yer vermeyen ve bunu bilhassa sahte tarafından bir kelime oyunu halinde göstermeyen hâlis bir mahviyet...

3 – Keramet izharından, vücudunu kafes arkasında güneş bile görmemiş bir bâkirenin herkes içinde sırtından gömleği düşmüşçesine duyacağı hicaba benzer bir duygu, utanç sahibi olmak... Keramet velîlerde ya ihtiyarsızca, İlâhî iradeyle meydana gelir, yahut yine İlâhî iradeyle maslahat icabı olur; ve aslâ makinenin düğmesini çevirip çarkını işletircesine şahsî ve keyfî bir tasarruf belirtmez.

4 – Muhteşem bir heybet ve temkin... İlâhî iradeye bağlı olmaktan gelen bir teslimiyetle dünya işlerinden uzaklık ve hak yolunda olsa bile hâdiseleri zorlama mizacına yabancılık... Bu nokta, gerçek kemâl ehlini sahtesinden ayırdedici başlıca vasıflardan birini gösterir. Cemiyet meydanında, nefslerine Mehdî süsünü vererek ulu-orta bayrak açan ve çok defa başarısızlığa mahkûm hareketlere girişen tiplerle, İlâhî irade karşısında temkin ve teslimiyet sahibi kâmiller arasındaki ince fark... Kimse İlâhî iradeyi bilemeyeceğine göre, ona zıt bir

davranışta bulunmamak için, pısırıklık ve her türlü hamleden uzaklık mânasına gelmeyen bir temkin ve teslimiyet, ancak büyüklerin kârıdır. Bu temkin ve teslimiyet, ne kötülüğe rıza, ne de cemiyet alâkasından tecerrüt haliyle de izah olunamaz. Belki Allah ile velîsi arasında, son derece mahrem ve gözlerden nihan bir sır belirtir. Daima Abdülhakîm Arvasî Hazretlerinin tâbiriyle tesbit edelim: «Allah sırrını eminine verir; bilen söylemez, söyleyen de bilmez!..» Tekrar edelim ki, kendilerini âlemin ıslahına memur gören ve telâş içinde birtakım hareketler peşinde koşan, şöhret hırslısı insanların nefsanî hâllerine nispetle, bu harikulâde bir heybet içindeki temkin ve rıza tavrı, velîye ait başlıca alâmettir. Din dâvasında cemiyet içi mücadele makamı ise ayrıdır ve ermişlik iddiasına geçmemek şartı altında mübarektir.

5 – Allah Resûlünün kâinat çapındaki ahlâklarından tam bir nasip... Nefsten geldiği hissini veren en küçük kokuyu bile üzerinden silmiş olmak... Allah için öfke ve sevgiden başka, ne bir şeye kızmak, ne kucak açmak...

6 – Çarpıcı bir huzur hâli... Bu dünyadayken bu dünyada olmadığını gösterici bir hâl ve bu hâlin edebi... Bir kere bile, esnediğini, kaşındığını, gevşediğini, ayak üstüne ayak attığını, herhangi nebatî veya hayvanî, hattâ kaba mânada beşerî bir hareket yaptığını göstermeyen, maddesiyle ruhunu tek noktada perçinlemiş bir edep...

7 – Hikmet...

8 – Letâfet...

9 – Zarâfet...

Kısaca:

Bir yerde, şeriat inceliklerinde lâubali, üzerinden benlik kokuları gelen, velilik iddia edici ve keramet satıcı, gözü dünyada ve gûya dünyanın ıslahında, usûlü telâş ve didinme ve gâyesi isim ve şöhret, müritlerinin keyfiyeti yerine kemmiyetine düşkün birini gördünüz mü, rahatça hüküm mührünü basabilirsiniz:

– Bu adam bir velî değil, ancak bir denîdir!!

Artık bu ölçüleri dilediğinize tatbik edip hüküm kesmekte serbestsiniz.

Bugün ortada «şucu» veya «bucu»lara karşılık «Abdülhakîm'ci» diye yaftalı bir zümre bulunmaması bile onun büyüklüğünden ayrı bir işaret... O, asrının «kutb-ül irşad – İrşad Kutbu»ydu ve makamının şânı bakımından satıh nümayişlerinden münezzehti.

•

Bir şeye dikkat ettim:

Efendi Hazretlerinin meclislerine devam edenlerden hiçbir fert gösterilemezdi ki, o mecliste susarak oturmuş, hattâ pek az şey dinlemiş, nazarlarına hedef teşkil etmekten ibaret kalmış olsa bile, kendisinde her meseleyi çözümleyebilecek nuranî ve ruhanî bir ayırdedicilik hassası doğmamış bulunsun...

Bir gün bir derslerinde şöyle buyurmuşlar:

«– Bizim meclisimizle bulunanlar, sükût içinde otursalar ve sükûttan başka bir şey görmeseler bile, din bahsinde âlim geçinenlerin hatalarını keşfederler, bir bir çıkarırlar...»

Resûller de kıyasın içinde olarak bütün mahlûklar Allah'a ve onun yarattığı derecelere karşı birer had ile çevrilidir. Hiçbir had ile mahdut, hiçbir hükümle mahkûm, hiçbir kayıtla mukayyet olmayan yalnız Allah...

Dedik ki, Resullerin de bir haddi var. Bu had, ancak ilâhî zât ve kudretin sınırladığı son çizgi... Onlara, Allah dememek şartiyle ne denilse ve hangi büyüklük izafe edilse azdır.

KIYMET HÜKMÜ

Efendi Hazretleri, her haliyle etekleri altında bütün bir cihan gizleyen ve küfrün en kuduz devrinde gelmiş olmak bakımından derecesi en ileri olmak icap eden o büyük kutuptu ki, hikmetini doğrudan doğruya peygamberlik sırrından devşirici irşad makamının, Abdülhalik Gücdüvâni, Şah-ı Nakşibend, Ubeydullah Ahrar, İmam-ı Rabbanî, Mevlâna Halid ve daha niceleri gibi üstün temsilcileri arasında mevki sahibi bulunuyor; en büyük hususiyeti de en azgın küfür mevsiminde her kemâlin kefâletini şeriatta göstermek memuriyetinde toplanıyordu.

Uydurma Menemen hâdisesi münasebetiyle şeyh ve şeyh bozuntusu kim varsa toplayıp Menemen'e gönderdikleri zaman, Efendi Hazretlerini de, ne tarikat, ne siyaset, dış dünyaya sızan hiçbir faaliyetleri olmadığı halde yakaladılar ve oralara sürdüler. Binbir çile içinde dimdik, tevekkülle İlâhî iradeyi bekledi ve «Divan-ı Harp» huzurunda olanca müdafaasını, şu «Din Mazlumları» kitabındaki harikulâde cümleye sığdırdı:

«– Ben şeyh değilim ve o yüce mertebeye lâyık olmaktan uzağım; yok, eğer şeyhlik, devrimizde gördüklerimin hâli demekse ona da tenezzül etmekten münezzehim!»

DİNLEDİKLERİM

Vefatlarından hayli sonra... Cevat Yücemen'le karşı karşıyayız.

– Anlat bakalım, Cevat Bey, Efendi Hazretlerinin kerametlerinden ve kendilerinde tespit ettiğin harikalardan birkaç şey anlat!..

– Ne anlatayım; her hâli bir keramet... Bir tanesi ise gizli kalabilecek cinsten değil... Sakarya Harbi sıraları... Ben üsteğmenim... Ordumuz ric'at ediyor ve Ankara'nın boşaltılması faaliyetine girişilmiş bulunuyor... Bana emir buyurdular: «Hemen Ankara'ya git, orduya katıl ve her şeyden evvel Fevzi (Mareşal Fevzi Çakmak) Paşaya çıkıp de ki: Beni buraya kendi halinde bir müslüman gönderdi. Yılmasınlar, sebat etsinler, zafer muhakkaktır diyor.» Gittim ve Mareşal'e aynen söyledim, Teşekkür etti. Orduya katıldım, harbe girdim; yaralandım ve «malûl yüzbaşı» olarak emekliye ayrıldım. Zaferi de gözlerimle gördüm. İşte sana en büyük kerâmet!..

●

Muhib Işıklar anlatıyor:

– Bir cuma namazından sonra gördüm; ve görüş işte o görüş!.. Kapılandım ve bir daha eteğini bırakmadım. Daha ne söyleyeyim?..

●

Söz, onun otuz yıllık nedimi; gölgesi kadar yakını Şakir'in:

– Yedi yaşımda yanlarına girdim ve vefatlarına kadar otuz yıl yanlarından ayrılmadım. Geceleri de aynı odada, beraberlerinde kalırdım. Onu benden dinlemeyin; gördüklerinizle yetinin!.. Benden dinleyeceklerinizi akıl almaz.

– Söyle Şakir, söyle!.. Bizim aklımız; alamadığını da alır.

– Bir gece, onu, ay'ın ondördü altında, ay'ın mı ona, onun mu ay'a ışık verdiği belirsiz bir nuranîlik içinde gördüğümü söyleyecek olsam, aklınız kabûl eder mi bunu?..

– Kabûl eder, Şakir!

– Evet, onu ay'a ışık verirken gördüm.

– İnanırım, Şakir!

– İzmir'de Hisar Câmiinde... Huzurlarına oniki yaşında bir çocuk getiriyorlar. Çocuk dilsiz... Anne ve baba, çocuklarını kapmış, haberini aldıkları Velînin huzurunda... Anne ve baba câmiin giriş noktasında bekliyor ve çocuk Efendi Hazretlerine doğru ilerleyip ellerini öpüyor. Efendi Hazretleri çocuğa hitap ediyorlar: Adın ne, oğlum! Dilsiz çocuk hemen cevap veriyor. Ahmed!.. Anne ve baba çılgın bir hayranlık içinde...

– Müthiş, Şakir!

– Bir gün beraberce, Üsküdar'da medfun Abdülfettah Efendi isimli bir şeyhin mezarına uğradık. «Râbıta et ve gördüğünü söyle!» buyurdular. Râbıta ettim ve dedim: Uzun boylu ve esmer bir zat!.. «Evet, dediler; öyle, tıpkı dediğin gibi...»

– Daha, Şakir, daha...

– Bir gün sıkılmışlar... Müthiş bir kabz hali, mânevî kabz... Dayanılır gibi değil... Nida gelmiş: Dayan, ilâhî rahmet geliyor! Dediler ki: «Rahmet geldi ve bir damlası üzerime düştü, vücuduma yayıldı. Hemen o anda şifa buldum.»

DEVAM ET!

– Devam et, Şakir, devam et!..

– Ne söyleyeyim; başı ve sonu yok ki!.. Her hâliyle kerâmet, zarâfet, nezâket...

Ve Şakir:

– Sizin için gıyabınızda bir sözleri var... «Elime daha önce geçseydi daha başka olurdu!» buyurdular. Bir gün de huzurlarında sizi yermeye çalışan birine şöyle dediler: «Ben Necib'ime lâf söyletmem!»

Muhib:

– Ben bir çift sözlerini bildireyim: «İlim cehli izale eder, ahmaklığı değil...» İkincisi de şu: «Mevlevînin kibri, Bektaşînin de küfrü olmasaydı, ererlerdi!»

Muhib:

– Japonya'dan Amerika'ya kadar, bütün Asya, Afrika ve Avrupa, nerede bir İslâm topluluğu varsa gezdim. Uzun yıllarım İslâm memleketlerini gezmekle geçti. Gittiğim her yerin din büyüklerini aradım ve gördüm. Hiçbir yerde Efendi Hazretlerinin ayağına su dökebilecek bir insana rastlayamadım.

•

Muhib, Efendi Hazretlerinden sonra emanetin kime geçtiği dâvasını kesinlikle çözümleyen derin anlayıştır:

– Efendi, makamların en üstünü olan İrşad Kutupluğuna sahiptir. Aynen kendi ifadesiyle, irşad kutbu, vefatından sonra da memuriyetine devam edebilir. Medar kutbunun ise mutlaka dünyada olması gerekir. Görünüşe göre yolu dış ölçüleriyle talim edebilecek birkaç fert bıraktılarsa da yerlerine kimseyi tâyin etmediler; ve makamlarını da öbür âlemde faaliyetine devam etmek üzere bareber götürdüler.

•

Yine Şakir:

– Bir sabah tekkenin mescidinde namazdayız. Ben ve kendileri... İki kişiyiz. Her zaman olduğu gibi imamlık bende, bana uymaya tenezzül etmek lûtfu da onlarda... Mescidin giriş kısmı baştan başa camekân; ve girişteki, sofa şeklinde oturma yerinden mescidin içi apaçık görülmekte... Biz namaza hazırlanırken zevcem gelip sofa kısmında çaylarımızı hazırlamaya başladı. Namaz ve dua bitip de sofaya geçince gördük ki, semaverin etrafında iki çay bardağı yerine bir sürü fincan... Zevceme bu kadar fincana lüzum olmadığını söyleyip niçin ikiden fazla fincan getirdiğini sorunca şu cevabı aldık: «Hayret! Arkanızda büyük bir cemaat vardı. Şimdi dağılmış...»

Ve Şakir:

– Eyüp türbedarı vefat etmiş... Buyurdular: «Bizim Ceddimize Hazret-i Halid çok hizmet etmişti. Biz de şimdi onun türbesine hizmet edersek bize nimet olur.» Müzeler idaresinden iki zat gelip bana türbedarlığı teklif ettiler. Kabûl etmek istemedim. Buyurdular: «Şimdiye kadar emirlerime karşı durmadın! Yine durmayacaksın. Kabul et!»... Kabûl ettim ve yirmibeş gün kadar Hazret-i Halid'e türbedarlık ettim.

– Sonra?..

– Sonrası malûm... Sürgün...

SÜRGÜN

Sene 1943...

Ben, gazetedeki fıkralarıma ve yüksek mimarî şubesindeki derslerime devamdayım... Efendi Hazretlerini her görüşümde insan, ondan her ayrılışımda hayvanım... Yalnız ağzı ve kalbiyle birtakım doğruları geveleyen, fakat teniyle çöplükte yaşayan bir hayvan... Tam da filozofun dediği gibi, metafizik hayvan...

(Büyük Doğu)yu hazırlıyorum... Birinci oğlum Mehmed doğmuştu o senenin Temmuz ayında... Bâbıâli, Erenköy'ü, git, gel, aşırı telâşlar içindeyim... Ev, ilk çocuk, afiş, kâğıt, muharrir, matbaa, nereye yetişeceğimi bilemiyorum; Efendimi göremiyorum...

(Büyük Doğu) çıktı. Eyüb'de bir kurban kesmek ve Efendimin elini öpmek niyetindeyim.

Bir otomobile atlayıp Eyüb'e gittim. Kurban işini görüşmek için çarşıda yakınlardan birini aradım.

– Hiç gitme yukarıya!

– Neden?

– Efendiyi götürdüler!

– Kimler?

– Polisler...

– Ne diyorsun?

– Ne yazık ki, böyle... Hem de bugün... Sabahleyin oradaydım; çok sıkılıyorlardı; «Hayırdır inşaallah» diyorlardı. Biraz sonra memurlar geldi.

– Neredeler şimdi?

– Her halde Birinci Şubede...

Fazla konuşamadım; hemen otomobilime atlayıp, gözümün önünde bomboş ev, mescit, şadırvan, doğru Polis Müdürlüğüne...

Vakit akşam...

•

Nöbetçi müdürü görüp kendimi tanıttım, görüşmek müsadesini istedim. Verdiler. Son katta Birinci Şube... Ondan sonra tadını bir hayli tattığım Siyasî Kısım... Beni bir odaya aldılar. Bekledim.

Kapı açıldı, Şakir geldi. Vakâr içinde, fakat mahzun, perişan...

– Ne o, Şakir?

– Hiç efendim, bizi alıp getirdiler.

– Ne olacak?

– Galiba İzmir'e gönderecekler!

– Şu anda bir derdiniz?

– Yok efendim!

– Efendi Hazretleri?

– İyiler efendim!

Birtakım teşebbüslere girişmek azmiyle, şimşek gibi taş merdivenlerden atlayıp indim. Polis Müdüriyetinden çıktım, fakat hiçbir şey yapamadım.

•

1942 - 43 kışında ben Erzurum'da ikinci askerliğimi yaparken Efendi Hazretlerini bir iki kere ziyaret etmiş olan zevcem, parmağı ağzında, apışmış, ben ondan daha şaşkın, bakışıyoruz. Hayrola?..

•

Bir ân geriye dönelim:

1943 yılının Eylül ayı... Ramazanın 18'inci günü... Eyüb'deki evleri basılıyor ve aranıyor, tabiî kitaplardan başka hiçbir şey yok... Ne olabilir? Bir bohçaya itina ile sarılı bir hırka buluyorlar:

– Bu da nesi?

– Alelâde bir hırka, bir hâtıra...

Hırka, mürşitleri Seyyid Fehim Efendi Hazretlerinindir ve Efendi Hazretleri nezdinde en değerli emânet...

Efendi Hazretleri ve Şakir'le beraber hırkayı da alıp Müdüriyete götürüyorlar. Orada gördükleri muamele nâzik ve iyi... Galiba insandan ve hâlden anlayan bir müdüre rastlıyorlar.

Haklarında Vekiller Heyeti kararı var... Tebliğ ediliyor. İzmir'e gönderilecekler... Önce kendilerini İpek Palas otelinde yatırıyorlar ve ertesi günü Ege vapuriyle İzmir... Şakir Mersin'e düşüyor. Yâni ilk çocukluğundan beri saniye ayrılmadığı Efendisinden ayrılıyor Şakir... Hem de bu dünyada büsbütün...

Damatları Van Mebusu İbrahim Arvas, teşebbüs üstüne teşebbüste... Birkaç ay sonra yine Vekiller Heyeti kararıyle serbest kalıyorlar. Yakınlarından bir ikisi İzmir'e gelip kendilerini alıyor, Ankara'ya getiriyor. Ankara'da, biraderlerinin oğlu Faruk Işık'ın Hacı Bayram Camii tarafındaki evine iniyorlar.

•

Hastadırlar... Zaten bütün alâmetler, bu dünyadaki faaliyetlerinin kemâlden sonra zevâle inhiraf ettiğini göstemekte...

•

Derlerdi ki:

«– Her kemâlden sonra bir zevâl beklemeli...»

•

Ankara hiç sevmedikleri bir yerdir; ve bir gün o civarda gömülecekleri hayâllerine bile uğramamış bir keyfiyet... Hattâ İstanbul'da, Bağlarbaşı'nda; Şeyhülislâm Hikmet Efendi'nin kabri yanında kendilerine bir mezar hazırlatmışlar, bir de tabut yaptırmışlardır.

SON NEFES

Faruk beyin, eski Ankara tipi ahşap evinde ondokuz gün hasta yatıyorlar.

Nihayet, 1943 yılının 27 İkinci teşrin (Kasım) Cumartesi günü (H. 29 Zilkaade 1362) gün doğmadan on sekiz dakika evvel...

Tam sabah namazı vakti...

Elleri Faruk Beyin ellerinde... Rüçhan Işık (Faruk Beyin oğlu) ayaklarını uğuyor.

Dudaklarında tek kelime... Kâinatın tek kelimesi:

Allah...

Son nefes...

Vefat ediyorlar...

Seksen üç yaşındalar...

Vefat ânında zelzele...

O gecenin sabahı, hemen o sabah, damatları İbrahim Arvas'ın Keçiören'deki köşküne naklediliyorlar. Gasl, techiz, tekfin, orada...

Ve Keçiören'den ileriye doğru Ankara'ya 24 kilometre mesafede bir köye götürülüp defnediliyorlar. Ayni günün gurup vaktinde, güneş batarken...

•

Ya sen, Necip Fazıl; bütün bunlar olurken, yeryüzündeki güneşin batarken, neredesin?

BAĞLUM

Şimdi bir mesele:

Mübarek nâşın İstanbul'a nakli için resmî makamlara başvuruyorlar. Tahnit (ilâçlama) mecburiyeti olduğu cevabı veriliyor. İmkânsız!.. O halde?.. Şehrin belediye sınırları içinde ölenlerin Asrî Mezarlığa gömülmesi şartı da var... Daha imkânsız!.. O halde?.. Kırşehir'e kaldırmayı ve orada bazı yakınları arasında toprağa vermeyi düşünüyorlar. Bu da resmî şarta uygun değil...

O sırada ahşap evin kapısı çalınıyor ve kim olduğu, nereden geldiği, ne istediği belli olmayan ak sakallı bir adam:

– Ankara civarında Bağlum isimli bir köy vardır, diyor; orada Nakşî şeyhlerinden bir zat da medfun... Oraya götürünüz, kendilerine uygun yer orasıdır!

Ve çıkıp gidiyor. Meçhul adamın arkasından koşuyorlarsa da ele geçiremiyorlar.

Bağlum, Ankara'nın belediye sınırları dışında olduğu hâlde, cenazeyi battaniyeye sarıp bir taksi içine atıyorlar ve en yakınlarından birkaç kişi, Bağlum nahiyesine götürüyorlar. Yolda İbrahim Arvas'ın Keçiören'deki köşküne uğruyorlar ve techiz tekfin işini orada yapıyorlar. Bir de bakıyorlar ki, 12 kişiden ibaret olan yakınlarının cenaze etrafındaki dairesi 500 kişiye çıkmıştır. Bunlar kimdir, nereden gelmişlerdir, ne demek isterler, hep meçhul...

•

Efendi Hazretlerini; yalçın ve çırılçıplak Bağlum mezarlığının ilkokula bitişik köşesine, namsız nişansız, ilânsız, işaretsiz şekilde defnediyorlar.

Mübarek mezar, bugün, üzerinde yazısız bir taş olarak, her şatafattan uzak, semalara tebessüm etmektedir.

HABER

Efendi Hazretlerinin vefatını zevceme, Beylerbeyi'ndeki annemin evinde ve geceden değil de, sabahleyin haber verdim:

– Allah'ın emriyle toprak tabakaları tiril tiril titrerken vefat ettiler. Tam zelzele ânında...

Yatakta kadıncağızın başını yastığa dayayıp, sessiz ve mütevekkil, nasıl ağladığını, yüzü hiç buruşmadan gözlerinden nasıl yaşlar boşandığını görseydiniz...

– Biz kendi halimize ağlıyalım... O gerçek mekânına gitti.

Dediğim zaman ben, doğruluk maskesi altında ukalâlık gayretinden ibaret bir taş yüreklilikten başka hiçbir gerçeği belirtemiyordum; Neslihan ise, gözyaşlariyle ıslattığı sessizliğe bürülü, tam hakkı tercüme ediyordu.

Sonradan, Efendimi anarak, haftalarca, aylarca, hattâ yıllarca zindanlarda ağlamak üzere, o ân, taştan farksızdım.

ANKARA'DAKİ KÖY

Bağlum... Ankara'nın bir köyü... Ankara'dan çıkıyor, Keçiören'den geçip, Verem Sanatoryomunun önünden süzülüyor, dağ yoluna düşüyorsunuz. Sapsarı step... Yükseklerdesiniz. Kumları çıtır çıtır yollar, büklüm büklüm virajlar, kıvrım kıvrım tepelerden arkanıza bakarsanız, Ankara, çukurlarda, mukavvadan bir maket... Keskin yar'lar... Bir sağınızda, bir solunuzda... Nihayet iki tepe arasında manzaranın kısıldığı bir yola giriyorsunuz. Aşağıya doğru biraz inip, birdenbire, geniş bir köy meydanına çıkıyorsunuz. Solunuzda nahiye binası ve jandarma... Köylü kılığı gibi, hep aynı uslûp içinde değişik, kerpiçten, toprak damlı evler...

O gün bugün, bir hayli modernleşmiş burası da...

İlk karşılayıcınız, köpekler... Kimi kuyruksuz, kimi kulaksız çoban köpekleri... «Karabaş»lar... Peşlerinde şalvarlı ve yol yol mintanlı, sümükleri akan çocuklar... Onlar da, köy evleri gibi, sabit bir üniforma içinde...

Nahiye binasının önünden dosdoğru yürüyünce, solunuzda bir mezarlık... Ne bir ağaç, ne bir şey... Cılk ve paslı mezar taşları... Yürümekte devam ediniz. Karşınıza (asrî) bir bina çıkacak... Mektep... İşte, mezarlığın mektep bahçesine bitişik nihayetinde, yüzünüz mezarlığa doğru sağ dip köşesinde bir kabir...

Efendimin nur yatağı...

NUR YATAĞI

Hey gidi hey!.. Hayatında, üzerinde tek toz tanesi görülmezdi. Şimdi de mezarı öyle... Her türlü ilgi ve bakımdan uzak, bu pas ve küf çerçevesinde, üstünde tek harf yazılı olmıyan iki taş arasında, insana inbikten süzülmüş toprakla dolu hissini veren, küçük, yerden bir karış yüksek bir beton mustatili içinde, her zamanki derin ve tatlı tebessümleriyle gülüyor mezarı...

Mezarın ayak ucunu sağınıza alıp baş tarafına doğru bakıyorsunuz:

– Es'selâmü aleykûm, ey Allah'ın büyük velisi!

Ve çömeliyorsunuz. Ruhaniyetine sığınıyorsunuz.

Bir «Fatiha» ve on bir «İhlâs» okuyup hediye ettikten sonra, gözleriniz, kalbiniz ve beyniniz kamaşmış, öylece kalınız...

•

Bu hâle, «Râbıta-i Şerife» risalesinde yazılı olduğu gibi, mezarlara kalb bağlamak denir. Eğer mezardaki, küçük, «istihlâk edilmiş» velilerdense, tesir çabuk ve kesik olur, gelir ve gider. Büyük, irşada ehliyetli velî'lerin tesiriyse yavaş, âhenkli ve devamlıdır; çabuk gelmez ve çabuk gitmez.

Efendimin kabrini her ziyaretimde, akşama kadar tesirini taşıyor; hemen her defa bir şişe veya kutu içinde aldığım toprağından, kokladıkça bayıltıcı bir misk kokusu duyuyor ve sarhoş dönüyordum.

Bu toprağın, şişe içinde, fosfor pırıltısına benzer bir ışıldama verdiğini söylersem inanır mısınız? Yoksa işi «tabakat-jeoloji» mütehassıslarına mı havale edersiniz?

Allah, mezarımı Efendimin ayak ucunda ve yanı başında nasip etsin ama, olur da kısmetimize başka bir yer düşerse, tabutumun üstüne evvelâ o topraktan atılmasını, bütün Müslümanlar huzurunda vasiyet ediyorum. Zevcem ve çocuklarım da kendileri için aynı şeyi düşünsünler...

O GÜNDEN BERİ

1943'den sonra...

1944 BAHARI

1944 İlkbaharında (Büyük Doğu)yu, ilk defa olarak Vekiller Heyeti karariyle kapadılar. Biraz evvel de, Güzel Sanatlar Akademisi Yüksek mimarlık şubesindeki hocalığımdan, Hasan Âli Yücel'in emriyle atılmıştım.

Sebep, henüz rengini tam belli etmek imkânını bile bulamayan (Büyük Doğu)nun, bir iki hadîs meâli neşretmiş olması... Şöyle, en pest perdeden de, birazcık; birazcık Allah ve ahlâktan bahsetmiş olmak...

Kısa bir müddet evvel de, zamanın Başvekili (Saraçoğlu Şükrü) tarafından, tamim halinde, her gün bir fıkra yazdığım gazeteye çifte aylı bir emir gelmişti:

«– Allah ve ahlâktan bahsetmek yasaktır!»

(Büyük Doğu)da çıkan hadîs meâli şöyleydi:

«– Allah'a itaat etmeyene itaat edilmez.»

O zaman Ankara'da gördüğüm Hasan Âli, bana ne demiş olsa beğenirsiniz:

«– Bu hadîsi neşretmek, bize itaat edilmez demektir.»

İnkâr eden, zaten itaat diye bir şey tanımıyacağına göre, bir taraftan Allah'ı kabûl eder gibi olup bir taraftan itaat etmediğini söylercesine bu garip küfür ifadesi, idrakimi dondurmuştu.

Sonra bu adam «Allah» diye kitaplar yazarak öldü. Ne cilve, Allah'ım!

1944 Mayısı, üzerime, bir pençe gibi uzandı:

– Gel bakalım; şu 1934 Mayısında geçirdiğin mânevî buhranın daha çetinini, Efendinin vefatı arkasından, ilkinden tam on yıl sonra yaşa!..

«Aman!» demeğe kalmadı; aynı sabit fikirlerle gökler yine üzerime yıkılmaz mı?

Allah'ın emriyle bana şifamı veren ve beni bâtınında tutan Efendimin vefatiyle, yine Allah'ın cilvesi olarak, dayanaksız mı kalmıştım? Ölümün ne değeri olabilir; onun ruhaniyeti, kınından sıyrılmış, kınını atmış bir kılıç halinde daha keskinleşmiş değil miydi? Muhakkak!.. Fakat kendilerine ve yol edebine aykırı işlerimin ceza günü, demek vefatlarının hemen arkasıydı.

Sille... Sille yiyordum. Oradan geliyordu. Oradan gelen her şey ancak lûtuf... Bereket ki sille yiyordum ve dünyada yiyordum.

Al sana bir harika daha!..

HARİKA MI?

Vefatlarından sonra ruhaniyetlerinin tecellisine ait hakikatların en büyüğü, (TAN) matbaasının, milliyetçi ve mukaddesatçı Üniversiteliler eliyle, ot yolunur gibi paramparça edilmesinde göründü.

«Sertel»lerin bütün avanesiyle tam bir komünizma tezgâhı haline getirdiği bu gazetede bir muharrir, benim dindarlığımı ele olarak, bir şeyhim olduğunu, şeyhin beni önüne oturttuğunu, ağzımı açtırdığını, «hak tu!» diye ağzıma tükürdüğünü ve işte o hengâmeden beri malûm hale geldiğimi, bana ve Efendime şeni bir istihza ve hakaret üslûbu içinde yazmıştı.

Yazıyı okuduğum zaman, sırf Efendime edilen hakaretten ağlamış; ve gece herkesin uykuda olduğu bir saatte ellerimi yükseklikler âlemine kaldırıp, gönül taşırıcı bir iç acısiyle yalvarmıştım:

– Allahım!.. Efendime edilen bu hakaretin cezasını tez ver! Ben yokum!.. O'nun, onların, o yolun yüzü suyu hürmetine!..

Birkaç gün geçti, geçmedi; (Tan) gazetesi ve matbaası didik didik edildi.

İMANIMA MUSALLAT

Vefatından başlayarak harika üstüne harika gelirken beni saran eski dert birden bire öylesine dokundu ki bana, kafeslerinden boşanmış vahşi hayvanlar gibi saldırıcı sabit fikirlere, kovulmaz düşüncelere şöyle nida ettim:

– Sıkıysa imanıma musallat olun!.. Bakalım, onunla başa çıkabilir misiniz?

Sen misin bu karşılığı veren?.. Ertesi günü, yılanlı, akrepli, çiyanlı, bütün bir vehim katarı imanıma saldırmaya başlamaz mı?..

İçimde, şeriat emirleri ve ölçüleri olarak, kopmaz bağlarla yapıştığım her ne varsa, tek tek, hepsinin birden (anti tez)i, aks-i dâvası... Hatar, vehim, her şeyin hakikatini bulma gayreti, hepsi, hepsi bir arada...

•

Bir velî anlatıyor:

«–Bir gün sahradan geçerken içime bir hatar düştü: Şeriat, hakikate aykırıdır, diye... Hemen o anda bir nida duydum: (Bu türlü zanların hepsi ilhad ve zındıklıktır.) Hatar kayboldu.»

Velîye bir ân için gelip uçuveren hatar, bende, sade şüphe değil, mutlaka o şeyin özüne, künhüne inilmesi mecburî ve sonsuz bir tecrit zoru halinde ve binlercesiyle geliyor, ciğerimi delip içine göz göz yerleşiyor; ve ben, emin olduğum hakikatten tek yardım göremezken, sahteliğini bildiğim şüphelerin satırları altında kıyma kıyma doğranıyordum.

•

Bunlar benim en mahrem taraflarım; ruh macerama ait, Allah'la aramda, en gizli sırlar... Fakat erdirici yolu anlatırken, onu; en mahrem plânlara kadar çizgilendirmeden belirtmenin imkânı yok... Zaten ondan, onlardan olan her şeyi kendilerine mâl etmek, borç... Tâ ki, İslâmın ruhu olan ihlâs, samimîlik, saffet, dibine kadar tecellî etsin... Bu bakımdan bu açıklığa karşı Allah'ın rızasını umuyor; zaten sır denilen şeyin açığa vurmakla da açıklanmış olabileceğine inanmıyorum. Daima Allah'la kul arasında o...

Bu kadariyse, vazife...

İKİNCİSİ

İkinci buhranım, açıkça belli oluyordu ki, Efendimin tasarruf cilvesinden başka hiçbir şey değil...

Buna «hastalık» diyeceklere cevabım, dünyada bu kadar kontrollü, öz nefsince kontrollü bir hastalık görüp görmedikleri...

Sadece oradan gelen bir hâl, tasarruf; odur bu...

Ve devreler boyu utanmadan bıraktıktan sonra, kafama dank edince, yine utanmadan veya utançların en yakıcısı içinde namaz ve niyaz...

İmana musallat vehimler o hâle geldi ki, 1944 ilkbaharında; bir gece, sabaha karşı, ortalık henüz ağarırken namaza kalkıp, bütün kalıbımı eritecek kadar sıcak gözyaşları içinde ellerimi kaldırdım:

– Yârabbi... Eğer bu hâl bende imanıma kastetmeye kadar gidecekse şimdi, şu anda, ruhumu kabzetmeni, canımı almanı niyaz ediyorum!

İmanın bu türlü fışkırışı içinde, iman korkusu?..

Büyük Allah'ım, büyüklüğün yaratıcısı Allah'ım; ne cilve, ne cilve!..

•

O zaman 10 aylık olan sevgili oğlum Mehmed, babasının, kendisini yatakta göğsüne alıp, bükülesiye, kıvranasıya, can çekişesiye ağladığını; kendisinin de ona gülümsiyerek baktığını nereden hatırlasın?..

EĞRİDİR

– Haydi, dediler; o sıralarda; Eğridir'e, askerliğinin hocalık dolayısiyle eksik kalan kısmını tamamlamaya! Doğru, Isparta'nın Eğridir kazasına!..

Sadece mecmuamı kapatmakla bırakmıyorlardı beni; bir de garnizon kontrolü altına alıyorlardı.

Nitekim Eğridir'deki Dağ Talimgâhının başındaki kumandan, Ömer isimli muhterem bir Yarbay, bana, varışımdan kısa bir zaman sonra, hakkımda «Genel Kurmay»dan aldığı mahrem kayıtlı, çift kırmızı aylı tezkereyi gösterdi. Bunda, benim şöyle zeki olduğum, böyle hünerli olduğum, tesir ve telkinimin yaman olduğu, adım başında hareketlerimin kontrol edilerek bildirilmesi emrediliyordu.

Yarbaya dedim ki:

– Hayret!.. Böyle bir emre ordu muhatap kılınabilir mi? Ordu bir nezarethane ve siz gardiyan mısınız? Bu, orduya hakaret değil mi? Her hareketini kontrol emrini verdiği bir subayı, ordu, nasıl içinde muhafaza eder?

Eski nesilden ve içli bir insan olan Ömer Bey:

– Sus, sus, diye cevap verdi; sana itimat ettim ve gösterdim, sus!..

•

On aylık çocuğumuzu annemin Beylerbeyi'ndeki evine bırakarak, zevcem ve ben Eğridir'i boyladık.

Orada, göl kenarında bir evde bütün bir yaz mevsimi... Sabahleyin atım geliyor, talimgâha çıkıyorum, halimden hiçbir şey belli etmiyerek akşama kadar bir «hayâl-i fener» şeklinde boy gösteriyorum, akşam yine eve dönüyorum; yemek masasında bir şeyler karıştırıp doğru yatağa... İlkinden tecrübem, uykunun ne demek olduğunu gösterdiği için bana, hattâ yatsı namazını bekleyemeden uzanıyor, sabaha bırakıyorum.

Orada, ateşli Müslüman, yerli bir dâva vekilinden başka kimseyle temasım yok... Bir de Vanlı, Efendimin memleketlisi olduğu için pek sevdiğim, doksanlık ve âmâ bir kadın: Fatma nine...

1944 yılının bütün yaz mevsimi boyunca, Eğridir gölüne karşı, yanaklarımdan inen yaşlar...

Zevcemi İstanbul'a gönderdim; ben de gereken yerlere başvurdum ve kendimi İzmit'deki kolordu karargâhına naklettirdim. Orada da, 1944 - 45 kışı boyunca bu defa tek başıma, aynı hayat... Kolordu bineklerinin tavlasiyle fırın arasında küçük bir odada, ibadet ve çile... Gündüzleri «Üss-ü Bahrî»de, eski mektep sıralarımın yarbay'ları va albay'lariyle öğle yemeği, sohbet ve yine iğneli fıçı...

Bahriye mektebinden fizik hocamız, «Üss-ü Bahrî» Kumandan Muavini Albay Safiyüddin Bey'in (annesi İngiliz olduğu için «İngiliz Saffet» diye mâruf) o zaman bana ve din meselelerine gösterdiği alâkayı unutamam... Bu derin, sahici, mânen de derin kültürlü, çeyrek münevver düşmanı, fikir öfkelerinin en harlısiyle yanıp tutuşan gerçek şahsiyet Allah'a ve Resûlüne karşı öyle bir aşk sahibiydi ki, gök mavisi gözlerini üzerime dikerek:

– Bana, demişti; amellere ve ibadete ait en doğru bir kitap tavsiye eder misin?

Etmiştim. Elli yedi yaşında, talebesinden (İlm-i hal) istiyen ulvî adam, sonra ne yaptı, işi nerede bitirdi, bilmiyorum.

O günlerde beraberce gittiğimiz (Bir Adam Yaratmak) temsilinden sonra yüzünü görmediğim Safiyüddin Bey'in, 1960 hapsimde Ankara'da vefat ettiğini gazetelerden öğrendim. İçim yandı; ve 15 - 16 yıllık son hayatının aynı çizgi üzerinden akmış olacağı fikriyle kendisine rahmet diledim.

İzmit safhası da, askerlikle ve ömrümüzle beraber böyle geçti; saatler işledi; takvim yaprakları uçuştu ve her şey yine unutuldu.

SONRASI

Sonrası, o sıralarda zor altında kabûl edilen basın hürriyetiyle beraber (Büyük Doğu)nun en keskin hamlesi... Ve Efendimin yakınlariyle düşüp kalkmalarım.

•

İkinci ruh çilemde, her hafta İstanbul'a geldikçe, işim, Efendi Hazretlerinin en sevdiğim yakınlarından Halid Bakır'la düşüp kalkmaktı. Halimi bir o biliyordu. Biraz Muhib'e, biraz da Ziya Bey'e bahsetmiştim ama, Halid Bey'inki başka... Her hali başkaydı onun; açtığı şefkat ve nüvaziş kucağının... Beni her defa Sıhhat Müzesi'ndeki odasında kucaklayarak kabûl eder; çizmelerimin üzerine meshettirerek ve tabanlarını temizleterek namazımı kıldırır; o civarda «Müslümandır ve yemekleri hafiftir» kaydiyle bir lokantaya götürür, akşamları da Bakırköy'ündeki evine dâvet ederdi. Bakırköylü olduğu için bu soyadını almıştı ama, onun asıl mânası, bildiğimiz «bakır» değil, Allah Resûlünün Nur Neslinden gelen «Bâkır» Hazretlerinin ismi... Halid Bey de Nur Sülâlesinden... Ve ne ince, ne zarif bir İstanbul efendisi...

Efendi Hazretlerine râbıta ediyor, emirlerini almak istiyor, bana şu veya bu tavsiyede bulunuyor, âdeta derdime bir merhem bulmak için, kendi kendini eziyor, havanda öğütüyordu. Efendi Hazretlerine ait, kendi bulunmadığı meclislerdeki hâtıralarımı anlattıkça onların en derin tefsirlerini yapıyor, bağlılardan ve kayıtlılardan olduğuma dair hiçbir şüphesi kalmadığını bildiriyor; ve bilhassa Efendi Hazretlerinin bana söyledikleri: «Senden küfür sâdır olmaz!» sözünü şöyle yorumluyordu:

– Bu sözü kimseye söylemez Efendi Hazretleri... Zira kimsenin sonu kat'iyetle belli olmaz. Böyle bir hüküm, önceden, ancak belli başlı bir kola, irsiyet koluna aittir.

– Nedir o kol?

– Üzerlerinde, Allah'ın Resûlünden bir ırsiyet zerresi taşıyanların, seyidlerin kolu...

Halid Beyin bu sözü bana öyle işledi ki, hemen anne ve

baba taraflarımı kurcaladım, hiçbir delâlet bulamadım; nihayet 1949 kışında ilk defa Maraş'a gittiğim zaman, Kısakürek'lerin bana gösterdiği şecerenin başında ve bir ismin yanında «Seyyid» diye bir sıfata şahit oldum, fakat ne ailede böyle bir şuura ve ne de kayıtta tam bir hüccete rastlayabildim.

Bu da bir sır olarak kaldı.

Halid Bey derdi ki:

– Vaktiyle Kureyş kâfirlerinin «nesli tükenecek» dediği Sevgilisine, Allah, öyle bir sülâle vermiştir ki; bu sülâle, Arab'ı, Türk'ü, İranlı'sı, Hintli'si, Cavalı'siyle, bütün dünyayı sarmıştır. Bunlardan birçoğu kendisini bilmez, bazısı da iddiasında yalancı olabilir. Muhakkak olan şu ki, bugün yanık ve hamleli Müslümanların hemen hepsi, sayıca milyonlara varan bu sülâledendir.

– Acaba? Böyle miyim?.. Sahi mi?..

Diye üzerinde yandığım bu hikmeti, bir türlü kendi nefsimde çözemedim. Bu da bir sır olarak kaldı.

Çok sonra bir gün Muhib evimize geldi. Kendisine, Efendi Hazretlerinin Neslihan'a gönderdiği mektupları gösterdim. Muhib, hayretle bir noktaya dikkat etti: Mektubun başındaki «Neslihan kerimeme» hitabı, (sin) yerine (sat) harfiyle «Naslı han» şeklinde yazılmıştı. Bizse bu noktaya yıllardır dikkat etmemiştik.

(Nas), Kur'ân hükmü... Ne demek olsa gerek?.. Nur sülâlesinin imtiyazı Kur'ân'la sabit olduğuna göre, yoksa ebediyet sülâlesinden olan, zevcem miydi? Böyleyse, evlenme günümde o bana söyledikleri:

«– Sen kendinden şüphe et!..»

Sözünün hikmeti, gün gibi açık...

Bu da bir sır olarak kaldı.

HALİD BEY

Halid Bey her işi rahmet tarafından alır, bütün mazlûmların Hesap Gününde kendi kanlarını dökenlere şefaatçi olacaklarını söyler, her şeyi affeder, şahsî hiçbir kıyas cesareti göstermeksizin yalnız büyüklerin ölçüsüne teslim olur ve günah bahsinde derdi ki:

– Günahtan korkmanın da derecesi vardır. Fazlası da günahtır. Biz iki kanat ortasındaki âhenk ve muvâzeneye memuruz. Allah'ın Resûlü, sahabîlerin büyük bir günah korkusu geçirdiğini görünce buyurmuşlardır: «Allah dilerse hepinizi helâk eder, yerinize günah işleyecek yeni insanlar yaratır ve onları affeder.» Peygamberlerden hiç günah işlememiş biri, günah işlemek ve gufran tecellisine vesile olmak için tekrar yeryüzüne inecektir. Peygamberlerinki günah değil «zelle»dir. Dâva, günah işlemek mi? Hayır! Günah korkusu ölçüyü taşırınca bu defa o yoldan insanı sapıtmaya gelecek olan şeytana karşı durmak...

Büyük adamdı Halid Bey...

Bir gün abdest alırken, musluk başında düşüp Rahmete kavuştu. O da gitti ve ben yapayalnız kaldım.

•

Ziya Işık da, sert ifadesi içinde derin mi, derin...

Benim «Mecmua, Mecmua» diye çırpınarak (Büyük Doğu) peşinde gezdiğim bir gün, evinde, İmam-ı Rabbanî Hazretlerinin «Mektubat»ını gösterip;

– İşte bizim mecmuamız!

Demişti.

Ne güzel, ne güzel! Elbette temel mecmuamız, o... Fakat onun kaldırımlarda ve cemiyet meydanında gölgesi olacak mecmuaya da can kurban...

Bana, İlâhî geminin paspası olsam da içinde kalacağımı ve denize atılmıyacağımı bildiren Ziya Bey...

Karanlık bir yere girse veya bir yerde ışıklar sönse şöyle derdi:

– Bir de mezarın karanlığını düşünelim!..

O da gitti.

KISACA

1945 - 46 (Büyük Doğu)ları... 1946'da, bir sayımızın kapağına: «Başımızda kulak istiyoruz!» diye kocaman bir kulak resmi koyduğumuz için Örfî İdarece kapatılış, derken maddî sıkıntı, korkunç darlık, borç üstüne borç; ve nihayet 1947 teşebbüsü ve yeniden zuhur...

İlk hapsim: Türklüğe hakaretten... Beraet... (1943'te de, subayken siyasî yazı yazdı, iddiasiyle 1 gün yatmıştım; onu saymıyorum.)

Tekrar kapanış...

Halk Partisi'nin o devirde, o devrin parasiyle yüzbinler harcayıp aleyhimde tertiplediği mitingler...

1949... Haftalık gazete şeklinde çıkış... Büyük Doğu Cemiyeti...

1947 beraetinin Temyiz Umumî Heyetine bozduruluşu ve yine hapis... Bir ipe asılı kestane fişekleri gibi birbirini patlata patlata giden dâvalar ve beraatler...

Demokrat Parti devresi ve 1950 Ramazan Bayramında af kanuniyle kurtuluş... Küçük boyda mecmua şekli.. Yeni iktidarın, Meclis kürsüsüne kadar uzanan, hakkımızdaki homurtuları... Kimi ve neyi, hangi fikir ve dâvayı tuttuğu belli olmayan Demokrat Parti iktidarı içinde bir hizbin hazırladığı kumarhane baskını komplosu; bunun üzerine çıkan meşhur 54'üncü sayımız ve yine hapis... Boynu bükük soluveren Büyük Doğu Cemiyeti...

1951'de, sermaye sahibinin ihanetine uğrayan ilk günlük (Büyük Doğu) tecrübesi...

1952'de, zamane Başvekilinin yardım elini uzattığı kendi günlük (Büyük Doğu)muz... Aynı yılın Sonbaharında, zamane Devlet Reisinin baskısı ve Başvekilinin boyun eğişiyle gelen «kapat!» emri...

Malatya hâdisesi... Yine hapis... Her taraftan tam bırakılış... Acıklı hikâyesi hapishane hâtıralarımda (Cinnet Mustatili)...

1953 sonunda beraet, 1 yıl 3 günlük zindan gömleğini parçalayış, 1954'teki mecmua şekli, tekrar mahkeme ve kapanış...

1956'da yeni bir yardım istidadiyle yine günlük gazete, tek santim ilân yok; ve yine kapılarını kapat! Bu arada hep zamane Başvekilinin korunması için kaleme alınan yazılardan bir sürü mahkûmiyet ve 1957 - 58'de tam 8 ay bilmem kaç gün süren, bilmem kaçıncı zindan...

1959'da büyük kıt'adaki rotatif baskılı, renkli (Büyük Doğu), Bolu dağlarında tutuluş ve doğru kodese...

Başından sonuna kadar sadece bir ümit, ümitlerin en mahzunu halinde bir ümit muhafaza ettiğimiz, kesik kesik ettiği maddî yardımların üstüne evimizin keçesini ve bakırını da eklediğimiz, bir türlü uyandıramadığımız, madde yerine ruh ve ideolocya imarına inandıramadığımız, kadrosunu kurduramadığımız ve ruhunda sabit noktayı bulamadığımız zamane Başvekilinden artık bezip büsbütün kapanış ve 1960 Mayısında Ankara'larda çırpınırken gelen ihtilâl... Birkaç gün sonra Davutpaşa Kışlası ve Balmumcu Çiftliği... Oradan da üçüncü defa teşerrüf ettiğim ve eserin ilk yazılışında içinde bulunduğum Toptaşı Cezaevi; yani dokuzuncu hapis... Gel berû, ey her devrin mazlûmu!.. Çek!..

Bütün bunların hikâyesini size hapishane hâtıralarım anlatsın...

Kısaca hüküm şu: Vefatlarının arkasından ve kendilerini tanıyışımdan on yıl sonra tattığım ikinci buhrandan da ders alamamış ve gidişimi düzenleyememiştim. Çektiklerimin rahmet cephesi yanında, bir de ceza tarafı vardı. Belâların en büyüklerini nebîlerine, sonra velîlerine ve daha sonra derece derece müminlere veren Allah, bu sonsuz rahmet tecellisinin içinde bana, benim anlayış perdeme kahriyle de görünmekte ve hissettirmekte...

– Herkes nasıl bilirse bilsin; sen kendini suçlu bil!..

ANKARA

Efendimin vefatından sonra Ankara, hemen hemen benim için kapı komşusu gibi bir şey oldu. İki şey çekiyordu beni oraya... Biri sefil, biri ulvî... İş ve mezar... Kaç kere, kaç kere mubarek kabre gidip yüz sürdüm. Belki dünya hayatlarında, evlerine, yanlarına gittiğimden fazla... Böyle mi olmalıydı, böyle mi olacaktı?.. Hayatlarında yanlarından hiç ayrılmamalı, vefatlarında da gerektiği kadar Bağlum'a gidip yine her ân onunla olmalı değil miydim?.. Öbür yakınlara baksana; benim gibi mubarek kabre habire hücum halindeler mi?.. Hayatında Büyük Velî'nin peşini bırakmamış insanlar sıfatiyle, sırası geldikçe, telâşsız ve gürültüsüz, kabre gidiyorlar, gitmedikleri zaman da yine ve hep onunla oluyorlar.

Kabre git, kendinden geç; toprak al, yüzüne ve gözüne sür, bir şişeye doldurup evine getir ve sonra yine yolunu şaşır?.. Emanet çekmecesinde şişeler yanyana dizilirken günah ve gaflet silosunda sıra dağlar toplansın?.. Olur mu hiç?.. Böyle mi olacaktı?..

•

Ankara'da Efendimin havasından bana en sıcak iklimi bağışlayan, kardeşinin oğlu Faruk Işık... Onun Hacı Bayram'daki Ankara tipi ahşap evi. Efendimin ruhunu teslim ettiği mekân, benim için ne sıcaktı. Ve Faruk Bey, o gerçek «Seyyid», iffet, hilm, nezâket, akıl, zevk ve irfanda ne müstesna bir insan...

Evinde içtiğimiz Van işi yoğurtlu çorbaların tadı başka bir şeydi...

– Faruk Bey, inşallah iyi olur her şey!..

– İnşaallah; fakat ben ümitli değilim...

Üzgün ve mahzun bir rıza ve tevekkül âbidesi... Halinden daima razı ve Allah'a hep tevekkül halinde... Peygamber irsiyetinin ne demek olduğunu merak eden, Faruk Beye baksın...

•

Anlatıyor:

– Bundan yıllarca evvel oğlum Nevzat, o zamanlar oturduğumuz apartman katının balkonundan aşağıya, beton bir zemin üzerine düştü. Çocuğu koma halinde kaldırıp bir hastahaneye dar attık. Ayıldı; fakat aklî melekelerini kaybetmiş vaziyette... İstanbul'a götürdük ve bütün mütehassıs sinir ve akıl doktorlarından geçirdik. Hemen hepsi ümit göremediklerini söylediler. Bir rum doktor «erken bunama» teşhisini koydu ve «şifası yok!» hükmünü bastı. Bülûğ çağındaki çocuğumu, büyük amcası Efendi Hazretlerinin kollarına teslim ettim. Çocuk tekkede kırk gün kaldı. Bu müddet içinde onu nazarlarından ayırmadılar ve sadece «mahzunum, mahzunum» diye içlenerek işi Allah'a havale ettiler. Kırk gün sonra Nevzat, hiçbir zaman mâlik olmadığı maddî ve mânevî bir sıhhatle ayağa kalktı.

Nevzat, şu dakikada Ankara'da ve mâruf bir avukat...

GENÇLİK

Efendimden aldığım nurla yepyeni bir gençlik yuğurma merakı, bende, 1942'de başladı. O sene, Beylerbeyi'ndeki evimde, bir gece, pencerelerin katran rengi süt beyaz oluncaya kadar, bir gençlik gurubuyla sohbet... Bütün bir gece yapılan tarih, millet ve nefs muhasebesi... Sabaha kadar kaynayan semaver ve gençleri ilk vapura yetiştirip dönüşüm... Bu ilki... Ondan sonra ne gençler gelip geçti; fakat hayat ve hâdiseler çoğunu yuttu ve kalburun üstünde yalnız birkaçı kaldı. Her gelen yıl da yenilerini getirdi.

Dâva Anadolulu gençlerden, her biri «portör-ulvî aşıyı taşıyıcı ve bulaştırıcı» bir aşk kadrosuna maya tutturabilmekti. Ceplerde kaybedilen ve asırlardır dışarıda aranılan güneşi bulup çıkaracak, yerine oturtacak, her şeyi ilk saffet ve asliyet vâhidine irca' edecek, hasis ferd kadrolarında eskitilmiş ve pörsütülmüş mânalarla hiçbir alâka kabûl etmiyecek, mutlak hakikat ölçüsiyle aklın hakkını akla ve kalbin hakkını kalbe verecek, tarih boyunca bütün hesaplaşmaları yerine getirecek bir gençlik... Vecdiyle, estetiğiyle, ahlâkiyle, ideolojisiyle sımsıkı merkeze bağlı, solmayan renk ve geçmeyen ânın, ezel kadar eski olduğu için, ebed kadar yeni dâvanın gençliği... Efendi Hazretlerinin, hani şu «Siz bana o Ümmeti gösterin de, ben de size onun hemen kurtulduğunu haber vereyim» buyurduğu topluluğa çekirdek, ölümsüzlük gâyesine destek gençlik...

Bu gençlik, ilk çizgi üzerindeki 10'ları ve sırasiyle, 100'leri, 1000'leri; 10000'leri ve 100000'leriyle bugün maya tutmuş sayılabilir.

İDEOLOCYA

Kendi kendine hiçbir istiklâli olmayan ve temel gâyenin, aslından nokta feda etmeksizin yeni zaman ve mekâna tatbikinden ibaret olan Büyük Doğu ideolocyası işte bu gençlere mahsus bir kafa ve ruh plânı olarak örgüleştirilir ve bu ağır başlı örgünün yanında, zıdlarımıza karşı en ağır savaşlar açılırken, çektiklerimiz, bir türlü anlaşılmayışımız; bodrum katındaki çürük çuvallar gibi hep geriye irca edilişimiz, vatan kurtarıcılığı yerine vatan hainliğiyle suçlandırılışımız ve kendi aramızda bir türlü toparlanamayışımız, ancak şu türlü izah edilebilir:

Bu yurdun, tam dört yüz yıllık alçalma ve çürüme, alçaltılma ve çürütülme tarihinde, devre devre gelen ve üstüste binen tesirlerin, nihayet, çocuk ninesini ve büyükbaba torununu tanımaz hale gelecek derecede ruhlarda açtığı yara...

Muhataplarımın hali!..

Ve...

Benim adam olamayışım... Benim halim!..

Böyleyken, verdiği nimetleri dile getirmek borcunda olduğumuzu emreden Allah'a sığınarak kaydediyorum ki, bu ideolocyanın Efendimden taşıdığı nur zerresi; ve o gençliğin çakıntılı safları içinde birkaç nurlusu, sesimizin, tılsımına dayanılmaz bir beste gibi ebediyet yolunda helezonlaşacağına beni inandırmıştır.

Bende mevcut ne varsa, bütün iyileri onun, bütün kötüleri benim olduğuna göre; gençlik ve ideolocya cephesinden de gerekli devir ve teslimi kendisine ettikten ve geriye kalan bütün âdilikleri üzerime aldıktan sonra yine kendime dönebilirim.

•

Efendimden öğrendiğim ilâhî besteyi notasında hiçbir falso yapmaksızın kıyamete kadar sürdürecek gençliği bekliyorum.

TECELLİLER

Birkaç ayını Toptaşı zindanının revirinde, gerisini de Haydarpaşa Nümune Hastahanesinde geçirdiğim 1957-58 hapsinde, hastahanede beni görmeye gelen ziyaretçilerin başında, Eczacı İlyas... Hastahanenin sol nihayetinde, içerisiyle hiçbir irtibatı olmıyan, bir zemin kat odası, bir taşlık, bir lâvabo ve bir camekânlı antreden ibaret hücremde, hemen her gün, en aşağı haftada birkaç gün, her pazar, İlyas'la beraberiz.

Orada da tuttu beni babalarım... Bu defa sıkıntı yüzünden; fakat daima o yoldan... İlyas'cık, benim gibi o kapının malı ve Büyük Zat'ın yakını... Ona «benim gibi» dediğim için Allah'tan af dilerim. Bunu nisbet noktasından söyledim; yoksa asıl, İlyas gibi olabilmek benim için ne devlet ve bana ne uzak!..

Alelusûl, orada, utanmaz adamın namazları, gözyaşları, yırtınıp döğünmeleri vesaire...

Seçim Demokratlarca kazanılmış, basın affı yapılmamış, hastaheneden bir raporla kurtarılmam ümidi de suya düşmüş ve ben tam çıldıracak hale gelmişimdir ki, İlyas karşımda:

– İlyas, ne olacak benim halim?

– Üç güne kadar çıkacaksınız inşaallah...

– İlyas ne diyorsun?.. Hiçbir ümit kalmadı! Bir «tashih-i karar» teşebbüsüm var, ama, bana rapor bile verdirmeyenler bunu nasıl yapar?

– Üç güne kadar çıkacaksınız inşaallah...

– İlyas, ne oluyorsun? Ne kadar da esrarlısın, hayrola!..

«– Bundan böyle yine haramlara dalarsanız korkunuz kendinizden!...»

Ve hiçbir ümidin kalmadığı, zevcemin gece yarısı evden gelip bir Ankara telefonuna göre rapor işinin mümkün olmadığını söylediği, benim bir külçe gibi donup taş kesildiğim, «bizi düşünün!» diye bağıran zevceme aptal aptal baktığım ve «peki, git, dayanmaya çalışacağım!» dediğim, peşinden de İlyas'ı gördüğüm andan tam üç gün sonra «tashih-i karar» yoluyla kurtuluş...

Gördünüz mü, onun en küçük bağlısının halini, derecesini?..

Bunları o zaman defterime, «İptilâ defteri» ne kaydettim, çıkar çıkmaz yine eski adam oldum. Defteri bir daha açmadım; ve 1961 hapsimde, yeni halimde o defteri getirtip karıştırınca, beynimin üstüne bir yıldırım yedim.

•

1960'daki çığlığım:

– İlyas, İlyas!.. Neredesin İlyas?.. Duyduğuma göre Rize'ye gitmiş, orada bir eczahane açmışsın... Hani 1959'da (Büyük Doğu)ya gelip:

– Hastahanedeki halinizi, o güzel hali kaybettiniz!

Demiştin ya... Acaba şimdiki halimi görsen benden tekrar ümide düşebilir misin?.. Yoksa beni, temizlendikçe kirlenmeyi, sıkıya düştükçe de temizlenmeyi (mekanik) bir alışkanlık haline getirmiş bir sahtekâr diye mi alırsın?..

İlyas!.. O vakit defterime yazdığım ihtarına; evet, hiç dikkat edemeyip de şimdi derinliğine inebildiğim ihtarına, kendimi bugün muhatap olmuş kabûl ediyorum.

Allah'a ahdettim, sen de şahit ol İlyas; ben bu satırları karalarken kulağın çınlar da beni hatırlarsan, bağışlanmamı niyaz et!..

Başka ne diyeyim, İlyas?.. Onun en küçük bağlısının ve bu bağa en küçük liyakat gösterenin ne demek olduğunu sende seyretsinler...

ADAM OLMAMAK

1938 miydi, neydi; İzmir tarafında bir yerin banka şubesine teftişe gönderilmiştim. Ödemiş miydi, neydi; bu yere geç vakit vardım ve bir otele indim. Yorgundum, uyumak ihtiyacındaydım. Yatağa uzandım. Saat 12 miydi, 1 miydi, neydi; her taraf dipsiz bir sessizlik içinde... Fakat sokak tarafından bir inilti... İnilti durmadan devam ediyor. Kesik kesik ve aynı tonda... Yarım saat, bir saat sürdü. Hep aynı noktayı cızıldatan bozuk bir plâk, sanki... Sayılar boyunca süreceği hissini veriyor. Hafakanlar içinde yataktan doğruldum, zıpladım ve pencereyi açıp baktım: Sokakta, yaya kaldırımının üstüne oturmuş, sefil kılıklı bir adam... Başı önüne eğik, tekrarlıyor.

– Beykozlu Ahmet, adam olamadın!

Sağ elinin parmaklariyle sol elinin derisini büzmüş inildiyor:

– Beykozlu Ahmet, adam olamadın!

Ertesi sabah bu adamın bana, memleketin delisi olduğunu söylediler:

– Zararsız bir deli, her akşam bir noktayı seçip sabaha kadar böyle mırıldanır, durur.

Ürpermiştim. O akşam da zararsız deli, benim yerimi, ilk defa memleketine gelen bir yabancının bulunduğu noktayı seçmişti.

– Peki, «Beykozlu» ne demek oluyor?

– Galiba aslı oralı... Sonradan burada yerleşmiş...

Hal, benim halimdi:

– Kısakürekli Ahmed (küçük ismim Ahmed) adam olamadın!

BUNLAR ONLARDAN

Burada ve bu defa (1960)... Harabım... Kendimi, Amerika'daki yüz katlı bir «gökdelen» farzediyorduysam, şimdi, paf diye yere dökülmüş bir kav ve kül yığını görüyorum.

Bunun da rüyasını görmüştüm:

İhtilâlden bir iki ay evvel, Ankara'da, boğazıma kadar kötülüğe batmış, yatağa girdiğim bir gece, rüyamda Efendi Hazretleri... Yüzü fevkalâde müteessir, başını sallıyor:

– Çok sıkılacaksın, çok sıkılacaksın!.. Sonunda...

Sonunda, adet bildirerek şu kadar servetim olacağını söylüyorlar...

İşte!..

Daha sonun sonuna gelmedik.

•

Ve servet, maddî mi, mânevî mi; meçhul...

Müslümanda, şu üç hâlden biri, ikisi, yahut hepsi, eksik olmazmış: İllet, kıllet, zillet... Hastalık, darlık, horluk...

Kaide değil; umumiyetle vasıflarımız bunlar...

Toptaşı zindanında bu üç hâlden her biri, hepsi, beni en ileri çaplarda yakaladı. Ruh halimi bir tarafa bırakalım; öyle madde kıvranmalarına düştüm ki, ruh acıma panzehir gibi geldi. Bir süre, sinirden, sabahlara kadar kıvrandırıcı mide sancıları; arkasından diş ağrısı, derken bütün kış sol ayağımın topuğundan kaba etime kadar hallâç pamuğu gibi atan (siyatik) sinirimin şahlanması... Bazı günler, öğleyin bol sulu birkaç kuru fasulyeden, akşamları da çorbadan ibaret mahkûm yemeğine yetecek kadar darlık... Ne türlü hor görüldüğümüz de, ismimizle, cismimizle, sınıfımızla, zümremizle, mânamızla, ruhumuzla belli. Yalnız şu kadarını bildireyim ki; bu horluk, hor görüş, ana baba kaatilinin veya hırsızın gözlerine kadar sâri...

•

Fakat bütün bunlar, bir zarf... Ne değeri olur zarfın?.. İçindekine bakalım... Hastalık, darlık ve horluk zarfının içinde, bütün bunları yaraya konan sinekler gibi gösterici bir ruh ezigi...

Ruhum öylesine ezildi ki, içimin «Himalâya»sı, bir kav tabakası halinde topuklarımdan aşağıya düştü ve ben çırılçıplak kaldım.

Nefsim, kemâl ve İlâhî mârifet yolunda devirmekle mükellef olduğum o korkunç perde, burada ve bu defa, bütün cinayetleri üstünde tek tek yazılı olarak elime verildi. Gözümün önüne serildi ve elime verildi.

•

Saçlarım üç numara ile dibinden kesik, traşım on günlük, çocukların kedi ölüsünü sürüklemesi tarzında kendimi taş merdivenlerden koğuşa doğru çekerken genç ve hoyrat gardiyanın:

– İhtiyar! Nereye?

Diye bağırmasına kızmıyorum. Bu hançer sese karşı en küçük kırgınlık düşerse içime, hemen tövbeye yapışıyorum. Ben artık kimseye kızmak, hiçbir hakaretten kırılmak hakkına mâlik değilim...

«İptilâ defteri»ne yapıştırılmak üzere not alıyorum:

«– Ben, kaatilden, ırz düşmanından, yankesiciden, esrar satıcısından da âdi ve sefilim... Bunların arasında bulunmaktan eza duymak, nefs çığlığından, o zalim ve kâfir ejderhanın hâlâ üstünlük gayretinden başka bir şey değil...»

Allah için öfkeden başka hiçbir davranış kabûl etmiyorum. Benim kalbim kırılmak içindir; başkalarının kalbiyse okşanmak için... Asıl ben, kalb kırmamaya bakayım...

Günlerdir beni görmeye gelmeyen, gelemiyen, kim bilir ne halde olduğu için gelemeyen, ama halimi bildiği için de gelmesi gereken zevceme yazdığım sert mektubu yırtıyorum; Efendimin «Kızım!» diye hitap ettiği fedakâr kadını affetmesi için Allah'a yalvarıyorum.

Annem; ev sahibimiz çoluk çocuğumu sokağa atarsa kendisinin toplayıp, toparlayıp evine almasını rica ettiğim annem... Hasta ve mecalsiz, nefes nefese oğlunu tel örgüden ziyarete gelen annem, küçük bir tereddüt geçirip de ben ona çıkışınca, arkasından dakikalarca ağlıyorum. Hatırıma, annesi izin vermediği için Allah'ın Resûlünü görmek ve sahabî olmak şerefinden yoksun kalan velîler velîsi geliyor ve yıkılıyorum.

Bana hakaret göziyle bakan, dolar kaçakçısı, zengin ve küstah, aşağılık bir ruma sertçe bir lâf ettim diye onun bile gönlünü almak zorunda kalıyorum.

İşin içinde nefsim olduğu için, şeriat ölçülerini bile lehimde imdada çağıramıyorum.

Mukaddes ölçülerin bâtınındaki sır böyle emrediyor.

•

Ferhad'ın sevgilisine kavuşmak için deldiği dağ, benim devirmek borcunda olduğum nefse göre bir kum tanesi...

Nefse, kırk yıl bir bardak ekşi ayranı bile çok gören velîyi hatırlıyorum da, onu, kırk yıldır ne kuş sütleriyle beslediğim gözümün önüne geliyor ve...

Ve düşünün ne hâle geliyorum!..

Kırbaç altında hiçbir köpek, bu türlü, nefsimin şimdi zangırdadığı şekilde, ağlamaklı gözlerini sahibine dikerek titrememiştir.

Ödü patlıyor... Ben ranzamda bağdaş kurmuş, cinnet terleri dökerken, dışarıda biri ötekine söğse: «yanlışın var, ona değil bana sövecektin!» gibilerden bir suç alınganlığı içinde çırpınıyor nefsim... Üstüne varsanız, tarih boyunca gelmiş ve gelecek bütün cinayetlerin, şenaatlerin fâili diye kendisini göstermeye hazır...

Bu da hiyle, inanmıyorum; pusuda beklediğine ve rol oynadığına inanıyorum.

Ah o sahtekâr, ah!..

•

Kimsede istiklâl, irade, kasıt, kuvvet diye bir şey görmüyorum. Beni saran ve Allah'tan gelen şiddetlerin denizinde, yalnız onun mutlak saltanatına hayran, bir gün ayağımın dibe değeceği ve her şeyin muvâzene noktasını bulacağım ümidiyle, dalgalar arasında top gibi gidip geliyorum. Dalgalar benimle top oynuyor.

«Hiçbir nefse takatinden fazlasını yüklemem!» buyuran Allah'ım! Böylesini ve bu kadarını yüklemek liyakatini verdinse bana, daha ne isterim?...

Bütün bunlar onlardandır; «Îşan» diye andıkları ONLARDAN...

•

1960 - 61 hapsi de böyle geçti ve 1961 kışında Toptaşı Cezaevinden çıktım.

MECMUA VE KONFERANSLAR

1964'e kadar ayrı ayrı iki gazetede faaliyet ve 15'inci, son devresine doğru safha safha (Büyük Doğu)lar... Daha sonra (Sabah ve Bugün) gazeteleri tecrübeleri...

Heyhat ki, «Allah» demenin bile resmen yasak edildiği devirde yepyeni bir sesle (agora)ya çıkıp beline yediği kazmalara rağmen yıkılmayan, arada bir yeraltı tünellerine dalıp tekrar çıkan ve neticede milyonluk bir gençliğin gönlüne nakışlı bir ideolocya manzumesine sahip bir remz halinde ayakta ve yüksekte kalan (Büyük Doğu)ya karşılık, sağ basın iddiasındaki bazı türedi gazeteler, tıknefes, irfansız ve hikmetsiz hüviyetleri yüzünden dâvamızı harcamış bulunuyorlar... Yine aynı sebeple ve aynı şekilde, mukaddes dâvayı aksiyonda da harcamış bir parti misâliyle yüzyüze bulunuyoruz.

İnceden inceye teşhisi, tahlil ve terkibi gereken nâzik noktalardan biri...

1963, benim, o güne kadar ekilen tohumların verimini görmek, hızlandırmak ve demetlendirmek bakımından yepyeni bir devreme eşik oldu. İlk defa, en hâs ve hâlis Büyük Doğuculardan Doktor - Profesör Süleyman Yalçın'ın kurduğu «Aydınlar Kulübü»nde başlayan bu konferanslar, Bursa, Salihli, İzmir derken birdenbire bütün Anadoluyu tutuşturdu ve 1963'de, Erzurum'da en büyük irtifaına vardı.

Evet, yine bir konferansımda söylediğim gibi, o günedek serseri kuşlar gibi gagalarımızdan çorak topraklara serptiğimiz ve bitki haline geleceğini hiç ummadığımız tohumlardan ormanlar bitmiş olduğunu, dehşet ve haşyetle gördük.

Derken en başta Kayseri, Konya, Ankara ve İstanbul; Van'dan Kırklareli'ne, Rize'den Manisa'ya kadar bütün vatanı kaplayan bir telgraf hattı şebekesi halinde, yol yol, muazzam bir ruh örgüsü... Bu ruh örgüsü 1972 başlarında Almanya'ya kadar sıçrayacağına ve Berlin, Köln, Frankfurt dairesini çevireceğine göre, hesap edin mânasını...

•

Konferanslarımda bir tecelli:

Hani Efendi Hazretlerini henüz tanımadan bir rüya görmüştüm ya; hani (anfi) gibi bir yerde, nur yüzlü ve bembeyaz sarıklı ulu kişilere hitap edişim; ve en öndeki yüce zatın yerlerinden kalkıp beni alnımdan öpüşleri?.. Ve Efendi Hazretlerinin «İnşaallah O'dur!» buyurdukları rüya?..

İşte bu rüyanın hakikatine, aradan 30 küsur yıl geçtikten sonra, bir yaz günü Samsun'da erdim. (Anfi) şeklinde oturulan bir bahçe sinemasında ve onbini aşkın bir kalabalık huzurunda konuşurken, birden gözlerim kamaştı, herkesi sarıklı insanlar şeklinde görmeye başladım, âni olarak rüyayı hatırladım ve haşyetle gözlerimi uğdum.

Aslında rüyanın hakikati bütün konferanslarıma şâmildi.

•

Van'da bile üç, Kırklareli'nde bile iki konferans veren ben, aynı nispet ölçüsiyle 200 konferans vermiş olsam ve her birinde 5000 kişiye hitap (çok daha fazla) etmiş bulunsam en aşağı 1 milyon insan demetlemiş sayılabilirim.

Ama sadece ruhta ve o ân için... Zaaflarımızı tanıyalım!..

İhtilâl sonrası devri, benim için, çeyrek asırdır yuğurduğumuz gençliğin, su yüzüne çıkmaya ve billûrlaşmaya başladığını gösterici bir çığır oldu.

Derken Büyük Doğu'nun 15'inci devresi, 17 sayı çıkış, büyük alâka, komünizma hareketleri, Örfî İdare ve kapanış... Ve arada bir sürü dâva ve muhakeme...

NİHAYET

1972 ilkbaharından beri evimde âdeta hapisteyim. Gardiyanım, kendim... Kitaplarımla meşgûlüm ve yeni bir ruh haletine bürülü... Üçüncü çile deyip geçeyim ve fazla konuşmayayım... Hapishane çileleriyle beraber altıncısı...

Bütün bunlar onlardandır; Allah tarafından ve onların yoliyle...

İçiçe yumurtalar ki, açtıkça lûtuf, açtıkça ceza, açtıkça lûtuf... Derken yine ceza ve sonu lûtuf...

Sabır, musibetin göze görünenine değil de; bir de göze görünen minicikler arasında göze görünmeyen kocamanına nisbetle hesap edilmeli değil mi? Bilmem ki, bu ölçüye göre ben sabırlı mıyım; yoksa cılk yara halinde bir hassasiyetin muazzam mübalâğalarına burnunu kaptırmış, tam bir sabırsız mı?

Nefs hükmüne razı değilim... Allah'a bırakalım... Verdiğini; ve yine kendi iradesiyle aldığını, o biliyor.

İmam-ı Rabbanî Hazretlerinin boyuna devam ettiği mukaddes ölçünün meâli:

«– Allah'tan başka kimsede havl (davranış) ve kuvvet yoktur!»

Yatsı namazından sonra hemen girdiğim yatakta, bayılıncaya kadar bu ölçüye devam ediyorum.

Bütün bunlar onlardan...

YENİ KERÂMET

Bu devrede yeni bir kerametlerine şahit oldum, ve evliyanın dünyadan göçtükten sonra da devam eden, hattâ şiddetlenen tasarrufları üzerinde fiilî bir lâboratuar dersi aldım.

Mecmua yok, gazete yok, şu yok, bu yok; türlü geçim sıkıntısı içinde kavrulduğum ve rızk korkusu (ki büyük günah) çekmemek için Allah'a sığındığım bir dem... Yine yediğim tokatın tesiriyle o haldeyim ki, ne bastığım yeri görüyorum, ne de gördüğüm şeyi anlıyorum. Fakat dış görünüşüm, 10 küsur kilo kaybetmiş olmama ve ölü gibi sararmış bulunmama rağmen, her tokat yiyişimdeki halime eş olarak, tabiî... Ağlıyor, yırtınıyor, dövünüyor, fakat adamakıllı yuvarlanmaya başladığım hissini veren bu halden silkinemiyorum.

Bu defa da, öldürücü, ölümden öteye öldürücü bir vehim çökmesin mi içime:

– Yoksa ben efendim tarafından kovuldum mu?.. Liyakatsizlik ve sadakatsizliğimden ötürü, kapı dışarı mı edildim?.. Beni bâtınlarından çıkardılar mı yoksa?..

Bu vehim içinde kavrulurken, evime öteberi almak için gidip geldiğim sokak dönüşünde, tam ikindi namazına durmak için seccademi düzeltirken bir de baktım ki, cüzdanım üzerimde değil!.. Âdetim, para cüzdanımı umumiyetle komodinin üstüne atmak... Veya yatak odamdaki, üzeri birtakım dosyalar, zarflar ve kitaplarla çevrili yazı masama bırakmak... Hayret!.. Cüzdan ne orada, ne burada... İçinde de benim belki bir aylık geçimime denk bir para... Sokaktan gelirken de üzerimde olduğunu biliyorum.

Zevcemi çağırıp vaziyeti anlattım ve o, yatağı, masaları, her şeyi ararken ben sokağa çıkıp hiçbirinde düşürmediğime emin olduğum yerleri tek tek taradım. Yok, yok, yok!.. Paranın değeri hiç bahis mevzuu değil... Fakat ben o haldeydim ki, sigaramı yakmak için elime aldığım kibrit çöpü kırık çıksa, cinnet terleri dökebilirdim. Dönüşümde zevcem her tarafı aradığını, yazı masasını didik didik ettiğini ve hiçbir şey bulamadığını söyledi.

Yerde serili seccade; ve ben anlatılmaz bir hâl içindeyim. Ağzımdan şu sözler çıktı:

– Allah'ım; bu hâl, bu imtihan, namazımı kılmama mâni olamayacak!..

Namazımı kıldım ve yazı masasına geçtim. Para için değil, sırf halim için, bu defa ağzımdan ihtiyatsızca bir çığlık koptu:

– Efendim, imdat!..

Yüzüm duvara doğruydu ve sol tarafımdaki kâğıt ve kitap destelerine bakmıyordum.

Birden, biri çekmiş gibi sol elim kâğıtlara gitti; ve elime, ben hiç bakmadığım halde, biri tutuşturmuş gibi cüzdanım tutuşturuldu. Hâdisenin oluş mekanizması üzerinde her fikir boş... Cüzdanı oraya ben sıkıştırmış olsam bile, bulunuşundaki iş kıymeti, eser hakkı benim değil...

Gözyaşlariyle masaya kapandım:

– Allah'ım; demek kovulmadım, demek o kapının köpeği olmak memuriyetim devamda...

Zevcemi çağırıp anlatınca, kadıncağız dehşetinden dondu; bir müddet sonra da kerameti benden dinleyen, Efendi Hazretlerinin torununun oğlu Tâhâ Üçışık şöyle dedi:

– Bırakılmadığınızın bundan büyük delili olamaz. Sevinin!

YAŞAMAK ZOR - ÖLMEK ZOR

Son günlerde Muhib'le konuşuyoruz. Cemaatle kılınan namazlarla tek başına ve tenhada edâ edilenler arasındaki incelikler üzerindeyiz.

Muhib dedi ki:

– Bildiğiniz gibi namazın esası cemaatla kılınmasındadır. Tek başına kılınanlar edâ sayılsa da, topluluk namazlarının faziletine mâlik olamaz. Hele sizin mutlaka cemaat içinde görünmeniz lâzım!..

Dedim ki:

– Cemaat namazlarının üstünlüğünü ben de biliyorum. Ondan mahrum kaldığım için de kendimi yiyorum. Elimden geldiği kadar da cemaate katılmaya çalışıyorum. Fakat öyle haller ve duygular içindeyim ki, çok defa beni evimde ve kapalı köşemde ibadet etmeye zorluyor.

– Meselâ?..

– Evvelâ ruhî halim... Bu nokta anlatılır gibi değil... Sonra cemaat içinde birçoklarının bana giran gelen edâları... Hattâ, elâleme görünmek için, yani riya olarak cemaate katıldığımı sanmaları ihtimaline karşı bile bir kaygı var içimde...

Muhib, gayet mânalı, dikti gözlerini gözlerime:

– İşte bu son kaygı duygusu da tersinden bir nevi riyadır. Bu hüküm de benim değil, Efendi Hazretlerinin... Şöyle buyurdular: «Riya olmasın diye cemaatten kaçanlar, ayrı bir riya içindedirler!» Nefslerine ve mâzeretlerini bildirdikleri şahıslara karşı gizli bir riya...

Bundan sonra, dinin, gururla vakâr, yerinde öfkeyle yersiz gazap, atılganlıkla hareketsizlik vesaire vesaire gibi, birbiri içinde birbirinin mânasını tersine çeviren incelikleri hikmetine döndük.

Muhibciğim, benim kemâl örneği dostum, yüzü apacı:

– İslâm, dedi; zıt kutuplar arasında muvâzene âhengini bulma dâvasıdır; ve nâmütenahi inceliklerin, kılı kırk yarmak yerine kırk bin yarmanın işidir. Bu iş de ne kadar zor, ne kadar zor!..

Bir lâhza durdu ve sonra içini çekerek, şu, bütün Arz küresinin muhiti boyunca mahyalandırılmaya lâyık, sözleri söyledi:

– Ölmek zor, yaşamak zor! Düşün, Allah'a karşı halimiz ne çetin!..

Muhib'in yüzüne dikkatle baktım ve tepemden aşağı kızgın bir mâyi gibi yediğim hikmetin yakıcı tesirini ona göstermek istemedim. Ona bakarken de, hepimizi boş ve dibi delik kovalar misâli, nuriyle doldurmuş olan Efendi Hazretlerinin büyüklüğünden başka bir şey görmedim.

•

Rize'den İstanbul'a gelişinde bir akşam bana uğrayan İlyas Ketenci:

– Son zevcelerinden üvey oğulları bir gün huzuruna cünüb olarak çıkmıştı. Hemen hamamın yakılmasını emrettiler ve delikanlıya «git yıkan!» buyurdular. Onun kerametleri bir gül sahrası... Hangisini seçeyim?..

•

Torununun oğlu Tâhâ:

– İbn-i Teymiyye ve reformacılar hakkında da sözleri: «Dini içinden bozan kâfir...»

Bu ifadeye bir de «ler» ilâve edebiliriz.

BENİM EFENDİM!

Efendim! Benim Efendim! Benim, güzellerin güzeli Efendim!

Vaktiyle: «Keşke bu kadar zeki olmasaydın!» buyurduğun adamın beynini, zerre zerre kıskaca alıp atom gibi çatlattıkları bu hengâmede, eminim ki, her dem beraberimde, her ân baş ucumdasın...

Kaç milyon baba ve kaç milyon anne, senin milyarda birin eder? Sen benim böyle bir şeyimsin! Babamla anneme Allah'ın bana tattırdığı varlık şevkine vesile oldukları için bağlıysam, sana da, bu ölçünün ebedî hayat mikyasiyle perçinliyim... Düşünsünler farkı!..

Seni, Bağlum köyündeki, namsız ve nişansız çukurunda, bembeyaz ve taptaze bir kefene bürülü, esmer ve pembecik teninin hiçbir noktası tozlanmamış ve paslanmamış, derin gözlerin ebediyete çevrili, Allah'ı zikrederken görüyorum.

Yirmi dokuz yıl değil, iki bin dokuz yüz yıl değil, sayılar boyunca devirler gelip geçse, üzerinden zaman geçmiyecek velîlerdensin sen... Ruhun gibi kalbin de mahfuz... Kalıbın orada; fakat ruhaniyetin, Allah'ın izniyle her tarafta ve benim yanımda...

•

Benim güzel Efendim!

Baş ucumdasın, biliyorum; ama ben ne yapayım ki, dünya zindanı içinde, ayrıca beş hassemin zindanında kapalıyım ve seni göremiyorum.

Hayatta biricik gâyenin, yaşarken ölümü delmek ve öteye geçmek gâyesinin; o, anahtarını Kapı'yı açmak üzere senin elinden aldığım gâyenin, henüz, «Anahtar hangi elle tutulur ve nereye yerleştirilir?» hakikatinden bile uzak bir müflisiyim. Hakikatte müflis, sadakatte müflis, gayrette müflis, her şeyde müflis... Bendeki, sadece, dağdan geçerken, tepesinde çadır kuran şimşekleri arkadaşlarına anlatmaya yeltenici sümüklü bir mahalle çocuğu ağzı; o kadar...

Ama bu Kapı'ya beni köpek diye yazan, bu gemiye paspas diye alan sen, kabûl etmez misin ki, «O Kapı'nın köpeği» ve «O geminin paspası» olmak rütbesinin üstüne bu dünyada pâye yoktur?

Kendimi, fikirde, sanatta, şunda bunda, dünyanın en büyük adamı görmek, bilmek, göstermek, bildirmek isterdim; tek, O Kapı'nın köpeğine mahsus derece belirsin diye... Sana ve senden bağlı olduğum O'na devretmek için...

•

Gûya seni yazdım; atom ve füze devrindeki, inkâr ve ihtilâç asrındaki mâverâ kılavuzunu anlatmaya savaştım, gûya...

Soluk bir kumaş üzerinde hâreli lekeler güneşi ne kadar gösterebilirse, bu kargacık, burgacıklar da seni o derecede anlatabilir.

Eğer bu arada, kendimden, nefsimden birçok şey kattımsa, yine hâreli lekelerin güneşe bağlı olmasından; ucunda sen varsın, diye. Bu ölçü dışında, nefsim için, kendi başına ele aldığım tek nokta bulunduğunu sanmıyorum.

Seni tanıyıncaya kadar hayatım, sana yaklaşmanın, uzaklıkta yaklaşmanın saadeti; seni tanıdıktan sonra da senden uzaklaşmanın, yakınlıkta uzaklaşmanın felâketi içinde, bütün teferruatiyle senin...

Hayatım sensin!..

•

Aç bana Kapı'yı, artık aç!.. Allah'tan izin iste ve ardına kadar aç!.. Ebediyen köpeğin olarak kendi köpekliğimden çıkayım ve insan olayım...

Allah izin verirse eğer, O Kapı'dan içeriye, topyekûn insanoğlunun; atom ve füze devrinde, inkâr ve ihtilâç asrında muhtaç olduğu fikir ve ruh hamulesini kervanlaştırıp geçireyim...

Bu, senin papucunu silmekten daha değersiz bir hizmettir kapıya...

•

Kapının içini hayâl ediyorum.

Hüzmeleri ebediyet boyunca mesafeleri ışıldatan projektörler altında, fildişi kaldırımlardan sonsuz bir cadde... Şehrah... Bu şehraha açılan ve nisbet ölçülerinin her biriyle ayrı istikâmetlerden gelen nâmütenahi yol... Yollarda, ellerini yüksekliklere kaldırmış, yalınayak ve başı kabak, çığlık içinde bir insanlık... Ve tepede caddenin yokuş başında billûrdan pırıl pırıl kurtuluş beldesi...

Ebedî safâ şehri...

İman edeceklerdir ki, bu yollara düşecekler...

Ve ölmeden öleceklerdir ki, şehraha girecekler...

Ve beldeye ulaşacaklar...

Ve beldenin merkezinde bir saray...

İçinde Allah'ın Sevgilisi ve etrafında... Has oda sırrının emanetçisi «Altun Silsile» kahramanları...

•

Benim Efendim!

Çocukluğumda ve ilk gençliğimde, masal gibi bir rüya ikliminden topladığım karanlık ve karışık haberlerin, apaydınlık ve dümdüz gerçeğini bana sen verdin...

Şimdi bırakacak mısın beni, bir solucan gibi toprak üstünde sürünmeye...

Bilip de câhil, anlayıp da unutkan, görüp de kör, duyup da hissiz kalmanın felâketine düşmeyeyim!..

•

Sabah namazlarına kalkamamanın, yığılıp kalmanın, sızıp silinmenin acısiyle döğündüğüm bir gece, (1 Nisan 1961, Cumartesi, sabaha karşı) güneşin doğmasına tam 23 dakika kala, sol elime, tak, tak, tak, üç kere vurup beni dehşetler içinde yerimden fırlatan ve içinde tek telkin ve nefsimi aldatma hissi bulunması imkânsız bu harika karşısında aklımı çatlatan sen değil miydin?..

Bu tecelli karşısında büsbütün köpekleşmiş, son nefesime kadar Kapı'nın köpek kulübesinde ve o köpeğe mahsus liyakat şartları içinde kalacağıma söz veren benim!..

•

Çarklar işlemekten aşındı, vâdeler dolmaktan çatladı. Akşam oluyor... Bir mızrak boyu kaldı, benim de hayat güneşimin batmasına...

Ne olursam, bu bir mızrak boyu zaman içinde olacağım...

Allah'tan af istiyorum. Allah'ın Sevgilisinden ve bütün Silsileden teker teker suçlarımın bağışlanmasını istiyorum.

•

Benim avuçlarımdan süzülen, işte o kaynaktan aldığım sudur; ve bu suyun eğer bulanık bir tarafı varsa nefsime, nuranî özü de O'na aittir.

Bugünün, yeşillikler ve pırıltılar içinde suyu arayan ceylân gençliği o pınara koşsun!..

İÇİNDEKİLER

TANIYINCAYA KADAR (1904 - 1934)

Konak....9
Büyükbabam....10
Matmazel....11
Ruh....12
Cici Anne....13
Öbürleri....14
Siyah Kadife Tavan....17
Sirkeli Bezler....19
Telkin....20
Kısakürek....21
Yaramazlık....23
Roman....24
Acıtan Hayâl....25
Sesler Ve....26
Ermişlik Vehmi....28
Mektep....29

Büyükdere....30
Selma'nın Tabutu....33
Sen Çık Odadan....34
Heybeliada....36
İlk Muhasebe....37
Bahriye Mektebi....39
Hocalarım....40
Meselelerim....43
İlk Çile....44
Şair....46
Elveda....48
Ok Meydanı....51
Darülfünun....52
Cumhuriyet mi, Aslâ!....52
Üstadlar....53
İlk Şiirlerim....54..
Ses....56
Hayran....58
Arkadaş....59
Paris....60
Kabus Şehri....62
Fildişi Kule....65
Bohem Hayatı....66
Teneke Madalyalar....67
Onlar ve Biz....69
Ne Vakit?....72
Yalı ve İçindekiler....75
Nihayet Bir Akşam....76
Esrar Küpü....79
Anne Bu....81
Kadın....82
Üstün Haberci....84

TANIDIKTAN SONRA (1934 - 1943)

Büyük Zat....87
Rüya....89
Eyüp Sultan....90
Sus, İzah Etme....92
Saatli Bomba....95
Yine Rüya....97
Bir Yazı....97
Vehim ve Şüphe....99
İğneli Fıçı....101
Av....103
Beni Kurtarınız....104
Uzaklık....105
Bu Hal....107
Rakkas....108
Efendime, Efendime....111
Efendim....11
Daire Hikmeti....114
Veli....115
Edeb....116
Yirminci Asrın Nöbetçisi....117
Benzerlik....118
Ayna....120
Kalbe Düşenler....122
Keramet....123
En Büyük Keramet....125
Geminin Paspası....127
Memuriyet....129
O'dur....130

Alafranga Kemâl....132
Tomar....134
Nasip Meselesi....134
Üçışık....136
Piyes....137
Muhal Farz....138
Has İsim....139
Ham ve Kaba Softa....140
Ah!....141
Abdülhak Hâmid....142
Teselli....143
Keramet Mahçup....144
Râbıta....147
Usûl....148
Sır....150
Ve Zikir....151
Ölümün Hayâli....153
Safa....154
Mutlaka Namaz....155
Ve Namaz....156
Namaz, Namaz, Namaz....158
Akıl....160
Felsefe....163
Zevkleri....166
Râbıta....167
Kime Râbıta....167
Kendinden Kaybolma....168
Taklidi Bile Ne?....169
Allahaısmarladık Banka!....170
Büyük Doğu....171
Kalbim Bir Fırın....173
Altun Silsile....174

Anlayan Kim?....177
Paylamalarına Aşıktım....177
Neslihan Kısakürek....179
Ya Lütufları....181
Dua....182
Sen Şehid Olursun....183
Kur'ân....184
Ölçüler....185
Vahdet-i Vücud....186
İki Uçlu Ok....188
Ruh ve Nefs....189
Vesaire....190
Sadece İncelik....192
Harbe Girilmez....195
Mürted....197
Aşk....198
Âhenk....199
Tez....199
İş Bilmekte ve Tatbikte....200
Mevlevi....201
Sahte ve Gerçek....203
Hadler....205
Kıymet Hükmü....208
Dinlediklerim....208
Devam et!....210
Sürgün....213
Son Nefes....216
Bağlum....217
Haber....218
Ankaradaki Köy....218
Nur Yatağı....219

O GÜNDEN BERİ (1943'den sonra)

1944 Baharı........223
Harika mı?........224
İmanıma Musallat........225
İkincisi........226
Eğridir........227
Sonrası........229
Halid Bey........232
Kısaca........233
Ankara........235
Gençlik........237
İdeolocya........238
Tecelliler........239
Adam Olmamak........241
Bunlar Onlardan........242
Mecmua ve Konferanslar........246
Nihayet........248
Yeni Keramet........249
Yaşamak Zor - Ölmek Zor........251
Benim Efendim........253